"西安外国语大学学术著作出版基金"资助出版

Теория и практика русско-китайского перевода

俄汉应用翻译

安新奎 ◎著

北京大学出版社
PEKING UNIVERSITY PRESS

图书在版编目（CIP）数据

俄汉应用翻译 / 安新奎著. —北京：北京大学出版社，2017.7
ISBN 978-7-301-28382-0

Ⅰ.①俄… Ⅱ.①安… Ⅲ.①俄语 — 翻译 — 教学研究 — 高等学校 Ⅳ.①H355.9

中国版本图书馆CIP数据核字（2017）第121314号

书　　　名	俄汉应用翻译 E-HAN YINGYONG FANYI
著作责任者	安新奎　著
责任编辑	李　哲
标准书号	ISBN 978-7-301-28382-0
出版发行	北京大学出版社
地　　　址	北京市海淀区成府路205 号　100871
网　　　址	http://www.pup.cn　　新浪微博:@北京大学出版社
电子信箱	pup_russian@163.com
电　　　话	邮购部62752015　发行部62750672　编辑部62759634
印　刷　者	北京鑫海金澳胶印有限公司
经　销　者	新华书店
	787毫米×1092毫米　16开本　13.25印张　400千字 2017年7月第1版　2017年7月第1次印刷
定　　　价	35.00元

未经许可，不得以任何方式复制或抄袭本书之部分或全部内容。
版权所有，侵权必究
举报电话: 010-62752024　电子信箱: fd@pup.pku.edu.cn
图书如有印装质量问题，请与出版部联系，电话: 010-62756370

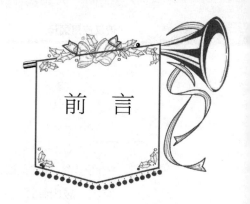

前　言

　　随着"一带一路"伟大战略付诸实施，中国和俄语国家政治、经贸、文化、科技、军事诸领域合作的水平正处于历史上的最高水平。为了顺应中国和俄语国家关系发展的潮流，服务于中国和俄语国家关系的发展，我们非常有必要加强对俄汉应用翻译的研究。应用翻译与文学翻译不同，文学翻译是用译文语言，把原作的艺术意境传达出来，使读者在读译文时能够像品读原作一样从中受到启发、获得感动和美的享受。而应用翻译则是一种以传递信息为主要目的，又注重信息传递效果的实用性翻译，它的最大特点是实用性强，应用面广，其范围几乎涵盖当今政治、经济、科技、社会、文化等所有生活领域。具体的应用翻译包括"政府文件、告示、科技论文、新闻报道、法律文书、商贸信函、产品说明书、使用手册、广告、技术文本、科普读物、旅游指南等各类文本"。（方梦之，2003:48）要在一本书内对上述文本的翻译面面俱到进行研究是不现实的，况且目前国内有关应用文本的对比研究及著述甚多，故而本专著研究的重心只集中在实用性较强的俄汉科技文本的翻译、俄汉公文事务性文本的翻译和俄汉对外宣传文本的翻译三大板块上。

　　在中国和俄语国家关系全面迅猛发展的大背景下，作为中国和俄语国家科技合作交流的桥梁，应用翻译之科技翻译也进入了一个蓬勃发展时期。俄汉科技翻译是把国内外科技知识和研究成果经过查阅、收集、翻译、整理后准确及时地提供给需求者的信息转换和传递工作。俄汉科技翻译为中国与俄语国家的科技工作者之间学习、探讨、吸收、引进他人先进技术提供便利。同样，在当今经济全球化的时代，应用翻译之事务性文本翻译作为中国和俄语国家科技、经贸、文化交流的纽带，在国际科技、贸易、文化交流中，具体说在技术输出与引进、对外贸易、招商引资、国际金融、海外投资、国际运输、文化交流等活动中，它的作用愈发突出。应用翻译之对外宣传翻译"在对外介绍我国发展进步、参与世界文明对话、促进文化相互借鉴、增强中华文化在世界上的感召力和影响力、维护文化多样性等方面的作用越来越显著，任务越来与繁重。"（王晨，2012）因此在"一带一路"战略的大背景下，为了顺应中国与俄语国家科技、经贸合作、文化交流的需求，我们有必要深入地研究俄汉应用翻译的理论和实践，探索俄汉科技、公文事务性、外宣文本翻译的共性和个性，以达到提高俄汉应用翻译的质量和水平的目的，更好地服务于中国与俄语国家的科技合作、经贸联系和文化交流。从这个意义上讲，俄汉应用翻译研究就具有很大的现实意义和实用价值。

纵观国内俄汉应用翻译，较之硕果累累的文学翻译研究，当今国内俄汉应用翻译理论的研究队伍和成果远远滞后于日益活跃的应用翻译实践活动，无法满足应用翻译实践的需求，难以对应用翻译实践起指导作用，最终影响到应用翻译的质量和科技交流、经贸合作、对外宣传的效果。

梳理传统的俄汉科技翻译理论研究，我们就可以发现，真正意义上的有分量的俄汉科技翻译理论研究凤毛麟角。现存的其他有关科技翻译书目也多为年代久远的科技翻译教程，这些传统的科技翻译理论研究的侧重点放在科技翻译微观层面的研究上，不考虑科技文本之间的差异性，忽视科技翻译文本的连贯性、篇章性，一味地重复、套用一些文学翻译理论和教程的研究模式和内容。而且目前国内现存的使用较广泛的、有代表性的俄汉翻译教程涉及科技翻译方面的内容要么是篇幅短小，要么是研究仅限于皮毛。

至于说到国内的俄汉公文事务性文本翻译方面，据我们研究发现，外贸信函类的书目居多，内容互相重复。虽说有一些俄语经贸谈判与口译或俄汉经贸翻译教程之类的书目与公文事务性文本翻译相关，但是其中的体例均以对话、词汇、词汇扩充、常用语句、练习与作业等为基本框架。这类经贸翻译教程忽视对深层次的、应用性较强的公文事务性文本的翻译研究，摆脱不了低层次的会话手册或俄汉对照阅读定式。况且，这些书目均未触及科学技术合作领域的公文事务性文本的翻译研究，未能及时地把科技、经贸翻译中的一些新现象、新问题纳入自己的研究范围，所以难以对一定交际领域的俄汉应用翻译实践提供指导。

目前国内俄汉外宣翻译的境况比前两者更差，现存的俄语导游词类的书籍确实不少，而外宣翻译研究方面除了零星的旅游、公示语的研究论文之外，真正有分量的外宣翻译研究，特别是以科技合作、经济贸易和文化交流为服务导向的外宣翻译则更不多见。

本专著研究的主要内容、研究的侧重点、研究的特色如下：

应用翻译基本理论研究，主要内容包括应用翻译在当今科技、经济、文化交流中的作用，思维在应用翻译中的作用，多种思维形式与应用翻译，口译的预测机制，口译记忆，应用翻译过程，图式理论与应用翻译，应用翻译的标准，词典与应用翻译，网络资源与应用翻译等。

应用翻译的实务研究，主要内容包括科技文本翻译、公文事务性文本翻译、对外宣传文本翻译、语言文化与应用翻译、应用翻译批评等。

应用翻译之科技文本（научно-технические тексты）翻译研究是本专著研究核心之一，研究的内容涉及一个科技翻译从业人员所必须掌握的最基本的知识和技巧。这一方面的内容主要包括科技俄语特点、科技术语翻译、静词翻译、表义结构翻译、产品说明书翻译、医疗保健品翻译、图表的翻译等。

应用翻译之公文事务性文本，在本专著中更准确地说，是指科技事务性文本(научно-деловые тексты)的翻译研究。这一部分研究对象的各种文本具有其自身的特点，每个文本的语料多多少少与科技产品有关，不同程度地融入了科技语体的成素，自然而然与前一部分科技文本翻译研究有关系。同时，这些文本又具有明显的公文事务性语体的特征，除了信息功能外，都具有明显的调节功能。这些科技事务性文本不管是从内容上、语言、体例、范式上讲，都有别于国内研究及著述较多的外贸信函类文本。事务性文本的研究包括合资企业章程翻译，认证、认可翻译，公证书翻译，实验报告翻译，标准翻译，标书翻译，专利翻译和求职简历翻译等。

应用翻译之外宣文本（рекламно-презентационные тексты）翻译研究部分在本专著中是指地区层面、企业层面对外宣传过程中所使用的文本材料的翻译。这类外宣材料的翻译是以促进科技合作、经贸往来、文化交流为导向的外宣翻译，其中主要包括地区对外宣传翻译、企业名称及产品品牌翻译、语体与企业及产品对外宣传翻译、对外招商引资项目翻译和文本功能与会展翻译等。

应用翻译中的语言文化因素常常被忽视，翻译不到位或翻译策略使用不当有时会引起跨语言跨文化交际中的误解或冲突，进而会妨碍科技合作、经贸往来、文化交流的顺利进行。本专著尝试把语言文化因素对应用翻译的影响纳入研究范围，其中包括跨文化冲突与翻译之策略、对外广告宣传翻译、语言文化和饮食文化的翻译等。

与文学翻译不同的是，应用翻译由于受条件的限制，如专业性较强、时效性较强、一些翻译文本不公开发表，所以很少被纳入公众翻译质量监督和批评的范围，致使不少的应用翻译作品质量低下，妨碍正常的科技合作、经贸往来、文化交流。本专著借助应用翻译批评理论，以国际会展指南和地区外宣资料的翻译为研究、分析和批评的对象，分别从语言视角和文化视角进行应用翻译批评。

诚愿本专著能为翻译理论研究者、广大应用翻译工作者、高等院校的教师、本科生和研究生的应用翻译理论研究、应用翻译实践、应用翻译教学提供参考、借鉴和指导作用。由于应用翻译是一门综合科学，对其研究既要具备相应的语言和翻译功底，又要具备相关领域的专业知识，因此，本专著只是应用翻译理论及实务研究的一次尝试，旨在抛砖引玉。在此笔者恳请应用翻译理论研究的同仁、应用翻译实践者和广大俄语读者不吝赐教，笔者将不胜感激。

本专著的一些研究成果已发表在国内的外语类核心或重点刊物上，收录时做了一定的修改，而"译文欣赏"或"译文对比"的大部分材料来自笔者平时的应用翻译实践，个别译例摘自国内刊物或网站，在此不一一注明其出处，对其所登载的刊物、网站及其作者或译者谨深表诚挚的谢意。

中共中央编译局中央文献翻译部资深翻译、天津外国语大学博士生导师李铁军先生在繁忙的工作之余统阅本书全稿，提出了许多宝贵修改意见。本书责任编辑李哲先生审阅校勘经验丰富，工作一丝不苟。他们辛勤的劳动为本书增色不少，在此一并表示深深的谢意！

特别感谢我的夫人李晓和儿子安定，他们在专著撰写过程中给予我莫大的帮助和支持，没有他们的关心、照顾、理解、支持，本专著是难以顺利完稿和问世的。

本专著为西安外国语大学2013—2015科研项目（编号：13XWB02），由"西安外国语大学学术著作出版基金"资助出版，特此鸣谢！

安新奎

2016年8月5日于西安外国语大学

目 录

第一章　应用翻译与对外交流……………………………………… 1

第二章　思维与应用翻译…………………………………………… 5
　　第一节　多种思维形式与应用翻译…………………………… 5
　　第二节　口译的预测机制……………………………………… 8
　　第三节　论口译记忆…………………………………………… 10

第三章　应用翻译过程……………………………………………… 14
　　第一节　应用翻译过程………………………………………… 14
　　第二节　图式理论与应用翻译………………………………… 17

第四章　应用翻译标准……………………………………………… 20

第五章　词典与应用翻译…………………………………………… 26
　　第一节　词典与应用翻译……………………………………… 26
　　第二节　网络资源与应用翻译………………………………… 27

第六章　应用翻译之科技文本翻译………………………………… 34
　　第一节　科技翻译种类及科技俄语特点……………………… 34
　　第二节　科技术语翻译………………………………………… 37
　　第三节　静词翻译……………………………………………… 41
　　第四节　表义结构翻译………………………………………… 43
　　第五节　产品说明书翻译……………………………………… 46

　　　　第六节　医疗保健品翻译 …………………………………… 53
　　　　第七节　图表翻译 ……………………………………………… 57

　　译文欣赏1——科普翻译 ……………………………………………… 62
　　译文欣赏2——产品说明书翻译 ……………………………………… 63
　　译文欣赏3——图表翻译 ……………………………………………… 64
　　译文欣赏4——中医药名翻译 ………………………………………… 68

第七章　应用翻译之公文事务性文本翻译 …………………………… 71
　　　　第一节　合资企业章程翻译 …………………………………… 71
　　　　第二节　认证、认可翻译 ……………………………………… 75
　　　　第三节　公证书翻译 …………………………………………… 83
　　　　第四节　实验报告翻译 ………………………………………… 87
　　　　第五节　标准翻译 ……………………………………………… 93
　　　　第六节　标书翻译 ……………………………………………… 99
　　　　第七节　专利翻译 ……………………………………………… 105
　　　　第八节　求职简历翻译 ………………………………………… 112

　　译文欣赏1——合资企业章程翻译 …………………………………… 116
　　译文欣赏2——合同公证书翻译 ……………………………………… 117
　　译文欣赏3——中标通知书翻译 ……………………………………… 118
　　译文欣赏4——技术要求翻译 ………………………………………… 119
　　译文欣赏5——商品鉴定书翻译 ……………………………………… 120
　　译文欣赏6——求职简历翻译 ………………………………………… 122

第八章　应用翻译之对外宣传文本翻译 ……………………………… 124
　　　　第一节　地区对外宣传翻译 …………………………………… 124
　　　　第二节　语体与企业及产品对外宣传翻译 …………………… 131
　　　　第三节　企业名称及产品品牌翻译 …………………………… 135
　　　　第四节　对外招商引资项目翻译 ……………………………… 137
　　　　第四节　文本功能与会展翻译 ………………………………… 145

　　译文欣赏1——企业名称及产品品牌翻译 …………………………… 154
　　译文欣赏2——会展宣传翻译 ………………………………………… 155
　　译文欣赏3——地区对外宣传翻译 …………………………………… 155

第九章 语言文化与应用翻译 ········· 157
  第一节 跨文化冲突与翻译之策略 ········· 157
  第二节 对外广告宣传翻译与语言文化 ········· 160
  第三节 饮食文化与翻译 ········· 164

  译文欣赏1——中餐宣传翻译 ········· 170
  译文欣赏2——旅游宣传翻译 ········· 171

第十章 应用翻译批评 ········· 173
  第一节 应用翻译批评标准 ········· 173
  第二节 国际会展指南误译之语言视角评析 ········· 176
  第三节 对外宣传误译之文化视角评析 ········· 185

  译文对比1——会展宣传翻译 ········· 194
  译文对比2——旅游宣传翻译 ········· 196

参考文献 ········· 198

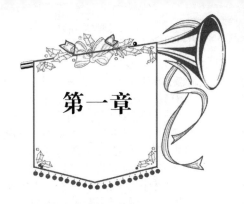

第一章

应用翻译与对外交流

当今社会科学技术飞速发展，日新月异。新技术、新发明、新创造层出不穷。全球经济一体化，文化交流日益频繁。而且科技的进步也为各个国家和地区的政治、经济、文化、科技交流插上了翅膀，人们的交流跨越时空进行交流，从这一点讲，当今的世界正是依靠科技的进步和交流而变得愈来愈小。另一方面，世界经济日趋一体化，科学技术日益全球化，当今世界文化交流、交融、交锋日益频繁，具体体现在一些新知识、新科技走出国界，对外传播，开发市场；一些国家加大对外政治宣传、对外文化交流的规模和力度；对外投资、开发项目、承包工程、技术服务都显著增多，从这一点讲，这个世界又变得愈来愈大。在这大与小的变化中、在这频繁的科技、经济、文化交流中，应用翻译需求量增大，发展速度非常快，已成为国内翻译实践的主力军。

1. 应用翻译在文化交流中作用

阿弗雷德·波拉德在评论《圣经》的翻译时曾形象地比喻："翻译如同打开窗户，让阳光照射进来；翻译如同砸碎硬壳，让我们享用果仁；翻译如同拉开帷幕，让我们能窥见最神圣的殿堂；翻译如同揭开井盖，让我们汲取甘泉。"（廖七一，2001：1）

一位美国历史学家也曾说过："任何国家的文明，来自外来影响的产物总是多于本国的发明创造。如果有人要把英国文化中任何受外国影响或源于外国的东西剔除掉，那么，英国文化就所剩无几了。"（赖肖尔，1981）

王佐良先生在谈到翻译事业时也形象地指出："如果去掉翻译，每个民族的文化都将大为贫乏，整个世界也将失去光泽，宛如脱了锦袍，只剩下单调的内衣。"（王佐良，1997：57）

孔慧怡在自己的专著《翻译·文学·文化》的总序中写道："在人类文明史上，有不少进展都是源于外来知识的冲击，令社会、文化和知识系统产生巨大变化，终于使整个文化系统面貌一新。由于知识的传递主要依赖语言为工具，外来的知识明显地牵涉到外语，所以翻译一直是传播外来知识的重要渠道。我们甚至可以说，世界上各主要文化系统的发展都和翻译活动脱离不了干系。"（孔慧怡，1999：1）

可以看得出，以上四种形象的描述都折射着同一个哲理，即都突显出翻译活动的意义和价值。

在当今社会，随着经济全球化进程的发展，政治、文化也趋于全球化。在经济全球化的背景下，各个民族的文化通过交流、碰撞、渗透、补充、融合，不断地跨越各民族文化的地域限制和模式局限，走出国界，使自己的文化得到其他民族的感知、了解、评判、取舍、接受，进而使自己的文化由一个"民族的"资源转变为世界各民族共享的资源。

王蒙先生曾经说过，文化发展的一个特点，就是既保持自己本土的族群特色，又不断地在外来文化的接触和碰撞中对其加以吸纳才能得到发展。那种纯粹的文化只能存在于博物馆里，那样就不会有变化和受到冲击的危险了。半坡村的"半坡文化"很纯粹，埃及的卡纳克神殿，它的金字塔文化、木乃伊文化和圣殿文化很纯粹，但是古埃及人现在一个也找不到了。所有活的文化都是充分利用开放和杂交的优势，在和异质文化的融合和碰撞当中发展的。中华文化的发展历程也同样如此，"中华民族是一个兼容并蓄、海纳百川的民族，在漫长历史进程中，不断学习他人的好东西，把他人的好东西化成我们自己的东西，这才形成我们的民族特色。文明因交流而多彩，文明因互鉴而丰富，对各国人民创造的优秀文明成果，我们当然要学习借

1

鉴，而且要认真学习借鉴，在不断汲取各种文明养分中丰富和发展中华文化"。（习近平，2014）可以说，"不同民族语言文化之间的交流，是一种需要。任何一个民族想发展，必须走出封闭的自我，不管你的文化有多么辉煌，多么伟大，都不可避免地要与其他文化进行交流，在不断碰撞中甚至冲突中，渐渐相互理解，相互交融。在这个意义上，翻译又是民族文化在空间上的一种拓展，在内涵上的一种丰富。"（许钧，2001:7）

一个国家的软实力是通过一个国家的文化和意识形态的吸引力呈现出来的。而对外宣传则肩负着把自己民族的软实力资源进行研究、挖掘、整合、选择，并在国际舞台上使自己民族的软实力资源得到有效的传播、接受和运用的重大使命。胡锦涛同志曾经指出，外宣工作要着力维护国家利益和形象，努力赢得国际社会对我国的理解和支持，不断增进我国人民同世界各国人民的相互了解和友谊，为实现我国总体外交目标，为全面建设小康社会营造良好的国际舆论环境。习近平同志也强调，提高国家文化软实力，要努力提高国际话语权，加强国际传播能力建设，精心构建对外话语体系，发挥好新兴媒体作用，增强对外话语的创造力、感召力、公信力，讲好中国故事，传播好中国声音，阐释好中国特色。（习近平，2014）学者衡孝军针对提升国家形象和文化软实力提出自己的观点，他认为，"在当代国际关系中，综合国力竞争的一个显著特点就是文化的地位和作用更加突显，因此，树立良好的国家形象、扩大中华文化的国际影响力、提高国家的文化软实力已经成为我国的重要战略任务。"（衡孝军，2011:2）可以看出，对外宣传已成为国家层面的宏观战略，对提升国家的软实力意义重大。而一个地区的对外宣传，一个企业的企业形象、企业文化、企业产品的对外宣传无疑是国家宏观战略的具体化和补充，对提升一个地区、一个企业的对外影响力起着非常重要的作用。这一切无疑对促进外宣翻译事业的蓬勃发展，自然而言，也对外宣翻译实践提出了新的课题和新的挑战，需要翻译界同仁花大力气去实施和研究。

2. 应用翻译在科技交流中作用

再说科技翻译，科技知识如同其他文化一样，只有交流才能有进步，否则就会待在保险柜里或在一个封闭、狭小的范围内慢慢地趋于落后、退化，以至销声匿迹。以中国为例，当今社会科学和技术日新月异、突飞猛进，科技交流日益频繁。试问，若去掉通过翻译而来的那些"舶来品"，中国的科学和技术的成果中又有多少真真正正是属于我们自己"土生土长"的？我们的创造发明中又有多少是一点也不借鉴外国科技成果的成分？答案自然是否定的，因为当今社会科技交流日益密切，每一个国家的科技进步、发明创造中或多或少都会借鉴国外的一些科技成分。正是在科技知识的传播与交流中知识自身得以更新，人类得以不断进步。而在整个的科技交流过程中科技翻译起了至关重要的作用。可以说，没有科技翻译，就不会有科技文化知识的交流，就不会有科技进步和经济繁荣。

科学技术知识本身就是一个开放的体系，它能无穷无尽地汲取外来先进的科技知识，而这些外来的先进知识作为一种新事物也很容易被人们所接受并渗透溶入我们的科技领域和日常生活中。我们不妨看看，近些年来日益活跃的科技交流使我国的技术水平在一些领域突飞猛进，已步入世界前列。技术的引进与创新也体现在我们的日常生活中，与生活相关的科技产品不断更新，民众生活水平、生活质量不断提高。

科技翻译是科技知识传播的桥梁。正确的科技翻译使原文文本的科技信息在另一文化土壤中续写生命的篇章，在提高译入语科技水平的同时，也使自身（原文本的科技信息）得以传播、繁衍、进化。例如，正确的科技翻译帮助我们引进、消化、吸收新的科技知识，造福于我们的民众，并在此基础上予以创新，推动了科学技术的完善、发展和创新。而蹩脚的翻译则会妨碍译入语读者了解科技信息的真谛，使科技交流不通畅，进而会对原科技知识自身的发展产生影响。通过翻译，科学技术进入另外一种文化之中，凭借科学技术的种种契机融入另一国的科学技术之中，并在新的土壤里获得重生。事实上也如此，每一个科技知识只有被人们广泛运用，才能体现其价值，才能不断被完善、发展、创新。

3. 主动参与对外交流的意义

吸收引进国外的科学技术可促使一个国家科技领域的发展，与此同时也使所传播的科学和技术在传播与交流中得以完善和进步。历史经验告诉我们，一个国家、一个民族，只要不是由于主观或客观上的种种原因，长期处于孤立、闭塞的状态下，那么这个国家或民族，一定会或多或少地在科技交流中获得实惠。今天，国际间的科技交流之迅速，交流规模之空前，内容、形式、手段之丰富多样为我们亲眼所目睹、亲身所感受，伴之而来的传达科技信息、传播科技知识、促进科技交流的科技翻译的比重越来越大。

对外经济贸易从广义上讲包括的内容较多，具体指的是对外贸易、利用外资和对外投资、技术进出口、对外承包工程和劳务合作、对外经济技术援助和接受国外援助、同联合国发展系统及其他国际组织的经济技术合作。对外经济贸易使我国经济发展具有更广阔的回旋余地，有助于调动国际资源为我国现代化建设服务。对外经济贸易是我国国民经济的重要组成部分，是联系国内外市场的纽带。随着我国社会主义现代化建设的发展和国际经济分工的深化，对外经济贸易在国民经济中的地位日趋重要。自然而然，随着我国对外贸易的发展，随着改革开放的深入，经贸翻译和涉外法律翻译业务也迅速增加，在一个阶段里经贸翻译成为国内翻译实践的热潮。

从文化发展的过程来看，"一种文化在其形成期间需要通过翻译吸引被认为是优越于本民族文化的外来文化，这种翻译是内向的；随着本民族文化的发展，就积极开展外向翻译，就是说，通过翻译把自己的文化传播给其他民族。这两种翻译都是文化交流中不可缺少的"。（欧阳桢，转摘自郭建中，283页）在文化、科技、经贸的交流中不管是进行内向型翻译，还是外向型翻译，我们都要积极主动地去参加交流，要努力提高国际话语权，要成为交际活动的倡导者，这样在交流中才能使自己处于有利地位。习近平同志分析了我国对外文化交流的现状并提出了解决问题的要求和对策。他明确指出，"现在国际舆论格局总体是西强我弱，我们往往有理说不出，或者说了传不开。要着力推进国际传播能力建设，创新对外宣传方式，精心构建对外话语体系，发挥好新兴媒体作用，增强对外话语的创造力、感召力、公信力，讲好中国故事，传播好中国声音，阐释好中国特色"。（习近平，2014）

只有积极主动地参加交流，才能有准备、有选择地去翻译异域文化中优秀的成果；只有积极主动地参加交流，才能防止在传播过程中我们的文化被丑化，才能有利于传播和弘扬本民族的文化。例如，在历史上正是我们积极主动地参加交流，才使我国包括四大发明在内的先进科学技术走向了世界，同时也把国外先进的技术带回我们的国家，如在早期的文化交流中我们从朝鲜传入了乐曲、乐器；从印度和阿拉伯等地区传入了艺术、医学、天文、历算等。众所周知，我国历史上西汉的张骞、东汉的班超、唐朝的玄奘和鉴真、明朝的郑和等都是中华民族积极主动开展对外文化交流的使者和楷模。

而消极、被动、毫无准备地参加交际才会出现恐慌，消极、被动、毫无准备的文化交际可能是泥沙俱下、良莠混杂，有时可能对民族文化造成很大的冲击，带来阵痛甚至是毁灭性的打击。中国文化对外交流史上也有过那些令人伤心的章节，故步自封、闭关锁国、以我为中心的心态使我们落后挨打。使得我们在洋枪洋炮与大刀长矛不平等的比拼中，在惨痛的血的事实面前，认识到自己的落后，才迫不得已打开对外交际之门，开始轰轰烈烈地译介西方先进的政治、科学和文化知识。如鸦片战争期间，林则徐、魏源等为抵御敌寇入侵而侧重翻译各国地理、地质，兼译一些历史、法律、舰炮等资料。洋务派创办江南制造局翻译馆，侧重翻译舰船、枪炮、汽机、冶炼、军事工程及其自然科学等。这一切翻译活动开阔了国人的眼界，掌握了一些西方先进的科学文化知识。而据《严复传》作者王栻考证，严复正是在甲午战争失败的刺激下开始翻译《天演论》的，他是主动译介西方先进的学术思想。严复认为中国谋自强最需要先进的学术思想，因此翻译时他并没有选择西方的技术方面和文艺方面的书籍，而是选择西方哲学、政治、经济、社会方面的名著。

近几年中国的综合国力日趋强大,特别是经济、科技、军事等表现出来的"硬实力"举世瞩目。但是"和中国对外贸易'出超'相比，中国的对外文化交流和传播则是严重'入超'，存在文化赤字……其根本原因是我们文化这个软实力本身，包括文化对外传播能力还不够强大。"（赵启正，2006）学者衡孝军对我国外宣方面存在的不足也有很清楚的认识，他指出，"进入21世纪以来，我国的对外宣传工作取得了明显的进展。然而，应该清醒地认识到，我们现在面临的状况仍然是西强我弱，西方媒体目前仍占据主导权，控制话语权，利用意识形态竭力丑化中国。要改变这种现状尚需时日,还需要我们做出极大的努力,这既包括重视对外宣传工作,制定外宣工作长远计划,创新对外宣传的方式方法,增强对外宣传的吸引力、亲和力和影响力。同时还要花大力气提高外宣材料的编写和翻译质量,善于用国外公众易于理解和接受的语言和形式,提高国际传播的能力和效果。"(衡孝军,2011:2)

今天政治、经济、科学技术、文化日趋全球化,我国也不断地深化改革开放政策,国家"引进来""走出去"双管齐下。应用翻译界应紧跟时代步伐,要把国外先进的科学文化知识译介给国内,使我国能够吸收和引进当代世界先进的科学文化成果,使我们紧跟国际科技发展的步伐,进而增强我国的经济实力。与此同时,应用翻译界紧跟国家对外宣传的步伐,发挥应用翻译在我国对外政治、经济、科技、文化等方面合作的桥梁作用,积极主动地把我国在政治、经济、科技、文化方面的先进理念和成果翻译介绍给世界,使国外能够及时、详尽、准确、真实地了解我国在这些方面的现状。

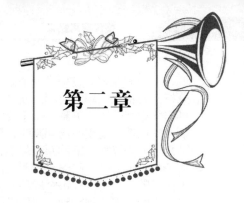

第二章

思维与应用翻译

第一节　多种思维形式与应用翻译

翻译研究"……今后的研究应重点探讨抽象思维、形象思维和灵感思维在各类文体翻译中的活动规律,深入研究推理论证结构和描述显象结构的特征和形成过程。另外还应用对比的方法研究译者跟原文作者思维活动的异同,以揭示译者思维的特殊规律。"(杨自俭,1999:15)而在我们的外语教学中,"外语学习到一定程度,其主要障碍已不在语言本身,而在于对所学语言的社会文化知识的了解程度,以及在此基础上对所学语言思想内容进行分析、推论、评价等思维能力。"(许卉艳,1997)基于以上两点,我们认为,有必要研究一下应用翻译实践中译者的思维特征,应用翻译的过程也是译者展现其多重思维能力的过程。

1. 应用翻译中的创造性思维

所谓创新或创造指的是人首次获取崭新的精神成果和物质成果的行为,其中可见创新和创造的本质是新和独特。而创造性思维顾名思义,一则思,二则创,是指人们在创造发明和科学发现的过程中,产生出新的思维成果,是一种创造新事物或发现新规律的思维方式。

应用翻译是一种思维和语言的活动,它是从形式到内容,从语音到语义,从形象到逻辑,从达意到传情,从语言到文化的多层次、多方位的语际转换过程。而语言又是历史长期发展的产物,一切发达的语言都有具其丰富的词汇和严密的语法结构,同时,不同的语言在语音、词汇、语法、修辞等方面又各有特点。译者如果简单机械地复制原文的语言形式,那么最终只能导致表达不通顺、不贴切、不流畅、不符合译文的语言规范,因此要顺利地实现语际转换并非易事。应用翻译是一种艰辛的、富有创造性的脑力劳动,因为究其本质而言,对原语各种文本的理解和表达本身多多少少是一种再创造、再创新。然而需要指出的是应用翻译这种创造性的脑力劳动又有别于其他的发明和创造,应用翻译中的创造性不是抛开原作语言所表达的思想内容而自由发挥、为所欲为,而是以原作的语言为基础,受制于该语言所表达的思想内容,译者若不发挥其积极思维、不发挥其创造性思维是无法把握住原作者思维的脉络,是难以透过原作语言理解原作的思想内容的。

2. 应用翻译中的逻辑思维

语言是思维的物质外壳,同时语言只是思维的一种材料。思维离不开材料,构成思维模式和进行思维活动的材料可分为两种,一是实物材料,二是符号材料。语言只是符号材料的一种,具体体现为抽象的概念——词语,它通过音、形、意的结合成系统的储存于人脑的皮层细胞内,参与人们的思维活动。应用翻译也是一种思维活动,不管科技文本、事务性文本,还是外宣文本的翻译都是译者思维的转换过程,在这一过程中同样不可缺少各种实物材料和符号材料。

在各种应用文本的翻译过程中思维总体上讲,应属于以概念、判断、推理、论证来反映客观规律的抽象思维。那么反映这个认识过程及其结果的语言必然是抽象的、概括的,其思维过程也是非常严密的。进而在应用翻译过程中译者的思维形式也主要是抽象思维、逻辑思维,"两种语言的翻译以逻辑思维为基础。"(朱星,1979:23)即译者运用他所掌握的语法概念来判断各种文本中词与词、句子与句子之间的联系,以推断语义,构建文本的总体的语义结构,而判断、推断、构建的过程实质上也就是应用翻译时对原文的理解过程。应用翻译实践告诉我们，"理解原著的过程是一个十分复杂的过程，一般来说，是一个语义辨认、语法分析和逻辑分析三者相互作用的过程。要辨认清楚各种概念的确切含义，运用判断与推理的方法，理顺各种概念之间的逻辑关系。概念反映客观事物一般的、本质的特征，而判断则可以帮助译者辨明事物的属性。运用概念和判断，译者就能避免在翻译过程中产生不合乎事理逻辑或让专业人士不知所云等弊病。既然原著的语言结构是一种推理的结构，其词与词之间，词组与词组之间，句子与句子之间，段落与段落之间，必然存在着内在的、合乎逻辑规律的联系。也就是说，每个句子的各个单词，每个段落的各个句子，说明每个中心议题的各个段落都不是孤立的，它们彼此之间的组合都受到逻辑思维的支配。因此，通过语义辨认与语法分析，从揣摩、理解到真正掌握原著作者的原著全文中逻辑思维活动，是确切理解原著的关键。而要掌握原著作者在原著中反映出来的逻辑思维活动及其行文的逻辑关系，就必须了解原著内容所涉及的各种学科的知识。"（凌宗项，摘自《科技翻译论著集萃》，1994：287）由此看来，要完成应用翻译任务，除了语法、语义、修辞知识以外，译者还得从篇章层次理解原著，即要把握住篇章层次的逻辑关系（体裁逻辑、结构逻辑），事理逻辑也是译者所必须掌握的，译者必须运用所掌握的应用文本所涉及的专业知识以及相关领域的知识，否则就不能进行正确的判断和推理。请看科技翻译中的例证：

① В самом деле, на чём держатся Земля и планеты?
译文1：那么，究竟是什么支撑着地球和行星呢？
译文2：那么，究竟是什么支撑着地球和其他行星呢？

较之译1，译2概念明确，理清种概念和属概念之别，避免概念含混不清。

② Защита действует на отключение повреждённого элемента.
译文1：保护装置作用于断开出现故障元件。
译文2：保护装置的作用是断开出现故障元件。

较之译1，译2判断周密恰当，译文组织合理，行文合乎逻辑。

③ Сущность выщелачивания руд заключается в том, что в предварительно взрыхленный взрывным способом массив руды закачивается жидкий растворитель, который циркулирует в нём и растворяет золото. Насыщенный раствор откачивается на поверхность, здесь из него различными способами извлекают золото, после чего он снова нагнетается в руду.
矿石浸出法的要点是，先以爆破法震松矿体，然后向矿体内注入溶剂，溶剂在矿体内循环并溶解金，最后将饱和的溶液汲至地面，再以不同的方法从溶液中提取金。此后，又把溶液注入矿体，进行下一个循环。

通过对比可以发现，译者根据事理逻辑添加"先……然后……最后……此后……又……"使整个句段连成一个整体，动作衔接紧密，而"进行下一个循环"已与原文的个别词语无关，它是从整体上由全句、整个句群（包括段落）乃至篇章上下的逻辑关系而决定的。

3. 应用翻译中的形象思维

应用文本体裁繁多，应用翻译是对原作所描述的各种信息的解码，这种解码主要借助于概念、判断和推理，所以说译者的思维从主体上说属于抽象思维和逻辑思维。但是并非说应用文本从原则上排斥形象性或对应用文本的理解形象思维不重要。对具体物质和现象进行分析是人们认识事物的组成部分，而语言的形象往往有助于表达概念化的思想。任何抽象的理性思维都离不开直观所得到的感性认识（实物材料），况且语言有时不仅表达概念信息，更重要的是它还可以表达一定的形象信息。科技文本、事务性文本以及外宣文本中都含有形象成分，所以应用翻译也需要发挥形象思维。应用翻译过程中往往不只是一种思维在起作用，而是两种（或多种）思维方式共同发挥作用。应用翻译的过程中既离不开概念、判断和推理所构成的逻辑思维方式，又不排除形象、联想、摹拟及创造的成分，离不开形象思维。

就拿译者在科技翻译中的形象思维为例，黄忠廉教授曾专门写文章研究科技翻译中的形象思维。他认为，"在科技翻译中贯穿感受与体验全过程的想象在译者的理解中占非常重要的位置。所以科技翻译中形象思维的本质是想象。作为译者理解中形象主要是再造性想象，其次才是创造性想象。译者的再造性想象由原作的普遍表象直接唤起，是据脑中已有形象的库存而再造相应形象（译语形象）的过程。再造性形象除了再现原作所思所想的事物外，它还在能动的理解中进行了新整合，故具有一定的创造性。

想象，就其心理机制来说，离不开记忆和联想等心理机能。任何想象都需要从记忆中提取表象素材才能进行活动。译者能理解原作，要凭借语言中介，把符号转换为意象，根据语言描述的提示，调动大脑储存的感性材料来加以重新组合。语言符号是第二信号，它能刺激译者的想象，全仗译者脑中有相当的表象材料的有机配合，若无表象储备，再造想象便成了无源之水。"（黄忠廉，摘自《科技翻译论著集萃》，1994：110）在应用翻译实践也确实如此，如在翻译技术性文本、科普文本、科技产品的宣传、地区对外的宣传、旅游文本、事务性文本时，这些文本中也会使用一些描述性语言，这些语言手段不仅仅在表达一些概念信息，而且更重要的是，这些描述性的语言还可以在译者头脑中诱发种种静态的或动态的形象，如：

T-образное соединение（T形连接），V-образное соединение（V形连接），U-образный болт（U形螺栓）。

Учёные во всём мире давно доказали, что нужно тщательно обдумывать всякое вмешательство человека в природу. Ведь и нашему потомству нужна *зелень, чистая вода, пение птиц* – вся красота Земли.

世界各国科学家早就指出，必须周密地考虑人类对大自然的各种影响。因为我们的子孙后代也需要山清水秀，鸟语花香——风景优美，环境宜人。

应用翻译工作者进行形象思维要具备三个要素：一是对原文的解码能力；二是自觉运用形象思维的意识；三是自己头脑中不同领域和不同专业的形象积累。一般说来译者储存在大脑中的各种形象素材（生活和工作实践中所积累的实物、图片、图像等形象）越丰富，应用翻译时形象思维的能力就越强，所以应用翻译工作者就要去积极体验生活。如果条件允许，译者不妨去翻译对象实地去考察，去旅游景点，去民俗村，去车间，下工地，深入科研院所，去了解对外宣传的对象，了解事务性文本中所涉及的实物，科技文本中技术设备的构造、操作的方法、工艺流程等，尽可能地获取第一手的感性材料，在记忆里储存大量的实物材料。

4. 应用翻译中的辐合思维和发散思维

应用翻译中的辐合思维指的是在翻译实践中译者遵循单一的模式归一地求取对某词或某句的翻译，其思维过程的显著特点就是思维活动明确指向目的地，即明确地指向对某词或某句的译文。而应用翻译中的发散思维则与辐合思维截然相反，一般它都假定一个词或句有多种译法，这时译者思维的方向朝外分散，尽量去寻找各种可能合适的、正确的译文。在应用翻译实践中，这两种思维是紧密相连的，应用翻译作为一种创造性的活动固然要进行尽可能多的联想，需要提出多种假设的或可能的译法，事实上创造过程并非到此终止，它还需要根据一定的翻译标准，从诸多的译文中选择一种更合理的、更贴近于原文的译文，或经过译者自己的评价、批判，如发挥自己的形象思维进行形象检索，看一看译文中的形象是否与原应用文本中的形象相一致；发挥自己的逻辑思维，看一看译文中前后的逻辑衔接是否紧密，有没有出现逻辑脱节或前后自相矛盾。总之，发散是为了更准确地辐合，而辐合则是发散的目的和归宿。

5. 应用翻译与思维灵活性

思维迅速地、轻易地从一类对象转变到另一类内容相隔很远的对象的能力，被称之为思维的灵活性。相反，思维缺乏这种能力，就称之为思维的惰性、刻板、僵化或者呆滞。应用翻译中译者思维的灵活性一般体现在以下几方面：一是翻译时转移经验的能力。"翻译中经常要求译者具备提出对策、做出对应转换的能力，也就是思维的'迁移'作用。"（刘宓庆，1990：103）这就要求译者要善于利用现有的知识对遇到的问题进行分析比较，把一个生疏的事物变成一个熟悉的事物，把一个领域使用的方法应用于另一个领域。因为多次的翻译实践经验能使我们摸索出规律、获得技巧，进而能够迅速地找到翻译的方法，"熟能生巧"这个成语说明的也正是这一道理。二是翻译时侧向思维的能力。这是一个当我们为某一词、句的翻译苦思冥想而不得其法时，从一个与我们翻译不相干的领域里得到启示的思维方法。常常一个"局外"的信息像一把钥匙，使我们茅塞顿开，发现并找到该词、句的译法。我国古代艺术史上有一段佳话：唐朝书法家张旭观看公孙大娘的剑舞而草书大进。在西欧艺术史上可以举出类似的例子：法国作曲家德彪西受了印象派绘画着重"瞬间感受"的启发，在音乐表现手法上有所创新，开创了印象主义乐派。而俄国作曲家拉赫玛尼诺夫正是欣赏了象征派画家彪克林的作品《死亡岛》后而得到灵感，最后成功创作了标题音乐交响诗《死亡岛》。由此看来，在我们的应用翻译实践中要善于发挥侧向思维，善于利用"局外信息"，善于捕捉思想的"火花"——灵感。三是翻译时的联想能力。所谓联想指的是由某事物想起另外有关的事物，常常联想能使人把意义上差距很大的两个概念联系起来。但是应用翻译时译者的联想也并非随心所欲的自由联想，而是一种定向的联想，有一定的目的——寻找在形式、内容、风格等方面更贴近于原文内容的译文。另外，应用翻译的经验告诉我们，学识渊博、思维又灵敏的译者触类旁通、发现解决问题的方法的机会要多一些，而那些思想呆滞、僵化的人其机会就要少得多。思维灵活必须以广博的学识为基础，有了广博的知识，翻译时我们转移经验、侧向思维、联想才不会误入迷津；翻译时才能思路开阔、左右逢源、妙思泉涌、笔底生花。

在应用翻译中虽然译者主要进行的是逻辑思维，但是不可否认形象思维和灵感思维及其他思维的作用。在应用翻译中要注重多种思维的综合运用，因为它们并不是相互对立、相互排斥，而是相互联系、相得益彰、相辅相成的。

第二节　口译的预测机制

在应用翻译实践中，比如在会晤、谈判、考察、演讲、报告的翻译时，译者常常会感觉到，说话人言虽未尽，而作为直接受话者——译者已明其意了。这种在未听完讲话人的全部意思，就能以一定的交际场合和专业背景为依托、据相关的语法知识或主题知识进行评判、推断并开始翻译的能力就叫做口译中的预测。

口译方法视具体的交际内容和交际形式之异而有别。如会见、谈判、会谈、答记者问、庭审等都是交际活动，其形式为对话语言，对话的特点是参加谈话的双方积极加入，通过相互质疑、反驳、回答、补充，使谈话得以继续进行。由于所谈的事物或事件要么是以前会谈中涉及的，要么是谈话双方所共同感兴趣的，总之谈话双方对其均有所了解；再加之谈话双方面对面直接交际，还可以充分利用自己的面部表情和肢体动作来帮助完善自己的语言。译者作为双语交际的桥梁，在这种交际场合多使用接续式方法进行翻译，翻译过程中根据讲话者的只言片语或眼前的情境而心领神会，理解并转达讲话者的全部意思，其中也包括讲话者的未尽之意。言语交际的另外一种表达形式是独白式的，如宴会祝词、典礼致辞、专题演讲、专题报告等。其特点是讲话者言语内容计划性强，内容系统连贯，用词准确，词句组织严密，语法结构完整，逻辑强。这种场合大多要求译者采用同声翻译法，译者要边听（有时还得边看）、边想、边译，难度自然加大，对译者的要求也就更高。但是，不管祝词、致辞还是演讲、报告都是在一定的场合进行，都是针对某一相对确定的主题。如祝词、致辞、演讲、报告等是在什么样的会议或宴会上进行的；会议或宴会缘何举行、要达到什么目的；演讲者或致辞人的身份、态度等一切线索和各种提示都能使译者对讲话者所要涉及的内容预先有所了解，都能给译者在理解、预测时提供信息资源。

在口译实践中，不管讲话者使用何种语言（原语或译语），我们都有一种感受——即译者作为直接受话者，其思维活动往往都略超前于说话者，且一般都要比说话者提前几秒钟。那么超前的时间间隔的长短，超前预测的准确性，超前预测的敏捷性及超前预测能力的训练与哪一些因素有关系呢？我们在本节将尝试予以阐述。

1. 语言知识底蕴与预测

语言知识底蕴也可称之为语言功底。它是译者对语言（原语和译语）知识掌握程度的综合反映，它几乎涵盖了语言的形式与内容、词汇与语法、语言与语义、语言与修辞、语言与语用、语言与文化等多层次、多方位的知识。这些知识是译者在双语转换过程中的立足点、出发点，也是译者充当交际中介的工具，对这些知识的精通与否直接影响到口译中的预测。

拿语法规则来讲，美国著名的语言学家乔姆斯基认为，语言是受规则支配的体系。人类学习语言绝不是单纯模仿、记忆的过程，而是创造性活用过程，即利用规则（其中主要是语法规则），来推导、转换、生成句子。我们以为，这里所说的"推导"当然也属于创造性地使用语言，"推导"中自然也就包含预测的成分，因为在口译实践中译者正是利用这些语法规则，根据各语言单位之间的相互联系来预测、推断下文（讲话者未尽之言）中即将出现的词、句或意义。曾在联合国译员训练部担任教员的王若瑾教授对此感触颇深，王教授认为，要做到在未听完讲话人的整个意思就开始翻译，必须善于切割最合理的概念单位，并能随时抓住句子的核心，因为抓住了核心单位，或者预测到了核心单位的位置，不管主语有多长，或谓语前后有多少定语和状语，总可以较主动地按译文需要，适当加词或重新安排，达到忠实传译。为了切割合理，预测到家，就必须利用一切提示和线索。有关题材的大语境可以是很好的提示（关于这一点我们将在下文中予以论述）。原语中的许多小语境，如外语特有的表达方式，连词的语义和句法功能，译员也必须尽量利用，以便能预测到整个句子的构架，增加遣词造句的余地，缩短转换过程。（王若瑾，1986〈3〉）从王教授的阐述中我们不难看出，在口译实践中语法知识对预测的影响作用。

语感与预测。所谓语感，用刘宓庆先生的话来讲，就是"语感来源于民族语言的漫长的历史的经验和广泛的共时运用。"（刘宓庆，1990：71）在交际中我们也常听到"凭语感我觉得……"这类话语，其实学习语言或从事语言研究的人应该知道，语感首先是以掌握大量的语言知识为基础，再经过长时间的训练或语言环境的熏陶，在自己的思维方式、思维特征和思维风格与原语民族的思维方式、特征和风格相近或等同的条件下方可产生。试设想一下，若译者与讲话者思维的方式、特征和风格相近或等同，那么这无疑会给译者在预测时消除交际的思维隔膜，同时语感在双语交际中还起一个自觉的疏导作用，进而又会加快译者预测的准确度和速度。

2. 交际场合、交际双方的信息与预测

不管是会见、谈判，还是致辞、演讲、报告都是有预先确定的目的，而要达到交际目的又离不开交际的参加者和一定的交际场合。正是这些交际目的、交际场合、交际背景影响着人们的言语交际，明显地制约和约束着交际双方的言语行为。一定场合言语交际中出现的话语免不了都是在特定交际场合制约下生成的话语，其话语的内容和表述形式与具体的交际场合是分不开的，同时一定交际场合中交际者的言语行为又免不了带有交际者个人的特征和色彩。译者作为双语交际的中介和桥梁就必须了解这些因素，"如果我们不把听话者和讲话者的特征和行为都考虑在内，就别想搞清楚他们的谈话内容。双方毕竟在用语言'进行活动'。……只有在我们了解活动参加者的全部情况，他们的个性，他们的信念、态度和文化素养，他们彼此间的关系，他们的社会地位，他们从事的活动，他们谈话的用意，先前发生过什么事（包括语言方面和非语言方面），后来又发生了什么，他们在什么地方，以及其他有关他们及其处境的许多事实以后，我们才能充分描述这场谈话的经过。"（刘焕辉，1990：79）由此可见，交际场合以及来自交际双方个人的信息都会帮助译者进行更准确的预测，因为预先已确定的交际场合、交际背景以及交际双方的个人特征不但会限定交际中所要阐述的内容，也会直接影响交际双方对使用的语言有所选择，其中包括词汇、结构方式（即句型）及修辞手段的选用，这样一来就势必会缩窄预测的范围，有助于译者快而准地进行预测。

3. 主题知识的积累与预测

除了语言知识、交际场合及来自交际双方的信息外，译者在翻译过程中预测能力的高低还依赖于相关的主题知识。一定的交际总会涉及某一交际主题，参加会谈、谈判、演讲、报告等的译员既要具备某些一般知识，又要具备某些特殊的知识。这些知识既包括在学习和工作中日积月累得来的知识，又包括专门为参加某一次翻译活动而预先突击、搜集、整理得来的知识。这些知识的底蕴愈厚实、范围愈广、熟练程度愈高，译者"对情况越熟悉，就越容易了解当时的语义群。而无须某人把话说完，自己也就都明白了"。（达尼卡·塞莱斯科维奇，1992：30）

主题知识总是体现为一定的语言材料（文字的、声音的或图像的）。译者选择材料时要有目的、要有针对性，即要为以后的翻译实践做准备；另外选择主题知识材料时要注意选用真实、地道的语言材料，因为这样的语言材料会有助于口译过程中的分拆、理解和预测。诸多相关的语言材料经过译者系统地、反复交错地训练和使用，达到训练纯熟和运用自如之境界。在实践中，在一定的场合，当大脑里积累主题知识与交际时所涉及的主题知识相吻合时，译员就会做出积极的、敏捷的反应，调动所积累的知识，对说话者即将转达的语言信息做出预测，并完成语际转换。关于主题知识与预测的关系张维为先生在其《英汉同声传译》一书中也有论述，我们在此摘引，以为佐证。张先生认为，"同声翻译需在一瞬间完成思考的过程，而且是在信息不完全的情况下，即还没有听完说话人的话时，就要开始翻译。这就涉及迅速调动自己的语言和知识资源，运用各种同声传译技巧，充分利用讲话人已提供的信息，包括已听到的语言和非语言信息（语气、语调，甚至表情、手势等），不断地对讲话人的思想和情感做出果断的判断。"（张维为，1999：10）

4. 逻辑思维与预测

语言离不开思维，思维是语言的基础。口译作为一种语际转换的言语活动自然而然摆脱不了与语言和思维的联系，因为译者不但要听懂讲话者的话语，而且还要透过话语形式，通过逻辑思维，即依靠概念、判断、推理等思维方式来把握讲话者思维的脉络和规律。况且讲话者的话语首先体现为一定数量的字、词、词组、句子、段落或篇章，而这些字、词、词组、句子、段落或篇章之间是靠一种内在的、本质的联系组合在一起。译者就得依据他所掌握的语法概念去理解、评判这种关系来完成对已知信息的理解。况且，已知和未知信息之间总会存在某种关系（如因果、时空、条件、让步等），这就使得译者可根据这些已知的信息来推断出新信息（即将说出来的话语）。同时讲话者的话语还要受一定的事理逻辑（即某一专业特有的表述方式，俗称为行话）限制，这些行话大多体现为一定数量的语义群，而推理在语言上又表现为复句或多重复句或句群组成的语义群。故而译者在翻译时就可调动自己的相关主题知识，利用某一专业的事理逻辑，再加之发挥自己的逻辑思维，就可以更好地对讲话者未说出的话语进行预测。

口译中预测的作用不容置疑，而译者预测能力的高低，即预测的速度、预测的准确性都影响着双语的转换。在口译实践中底蕴厚实的语言知识是预测的基础，具体的交际场合、交际背景及来自交际双方的信息可有助于缩小预测范围，大容量的使用娴熟的主题知识是预测的数据库，而逻辑思维是译者预测的航标。只有当以上条件都具备时译者才能快而准地做出预测，进而为表述提供更大的空间。

第三节　论口译记忆

什么是"记忆"？《辞海》里所下的定义是："对经历过的事物能够记住，并能在以后再现（或回忆），或在它重新呈现时能再认识的过程，包括识记、保持、再现或再认三方面。识记即识别和记住事物特点及其间的联系；保持即暂时联系以痕迹的形式留存于脑中；再现或再认则为暂时联系的再活跃。"

结合口译实践，我们不难发现，口译过程完全与记忆过程相吻合，口译过程也包括三个阶段：识记信息（即接受、获取信息或对始发信息进行解码）、保持信息（即记住、储存所接受的信息或对所接受的信息进行再编码）、再现或再认信息（即重新表达信息、信息再输出或对用文字、符号储存的信息进行再解码）。本节拟将对口译记忆的具体环节进行研究，摸索记忆规律，以图提高口译记忆的效率。

1. 口译中信息的识记

口译中信息的识记就是译者接收（听和理解）始发信息。较之其他记忆活动，口译中的信息识记有所不同，口译中的信息识记具有瞬间性和一次性的特点。口译中译者不可能对信息进行长时间的分析，也不允许多次反复信息以加深其印象，这也排除了译者机械性识记信息的可能，另外"谁也不可能听一遍后就能记住国际会议上构成几分钟讲话的数百字词，也不可能用同一语言或另一语言凭记忆重新将它们表述出来。"（勒代雷，2001）因此口译的识记只能是意义识记，它是以建立新信息（新材料）和译者已有知识间的意义联系并以新信息（新材料）各部分之间的意义联系为基础的。况且，心理学家已证实，意义识记要比机械识记的效果要高20—25倍。

1）如何识记信息？

释意派翻译理论创始人达尼卡·塞莱丝柯维奇认为，翻译的对象绝不是语言，而是借助语言表达的意义。在实践中译者要记下来的不是他听到的所有的词，而是由语言所表达的意义。同时人的记忆能力有限，要记住话语中所有的词也是不可能的，因为在听力记忆跨度之内最多只能同时记住7—8个字词，其余字词只能留下意思痕迹。另外话语的构成也为我们捕捉话语的思想提供方便，在任何一个话语中都有许多不承载实质性意义负荷的多余词，它们仅仅充当前后话语的连接功能，所以在识记信息时可以抛开它们而不损及话语的整体意义。

口译中的信息识记的本质就是译者接收（听）和理解始发信息，其目的在于向信息接收人转达信息。可见，较之一般记忆中的信息识记，口译中的信息识记是一种有意识的识记，它首先要求译者在接受信息时集中注意力。而在具体工作中可影响译者注意力的有以下几种因素：①译者自身因素，包括译者的体力和情绪；②客观因素，即译者工作的外部环境，包括各种干扰（如宴会、会场、工地、车间、军演、航展的噪音）、技术设备的质量、温度、湿度等。比如说，如果译者情绪积极、愉快，那就能促使人体的各种生理机能活跃起来，使大脑的工作状态最佳化，最终大大提高大脑的工作效率和记忆功能。如此看来，在工作中译者要保持良好的体力和精神状态，同时要排除一些客观因素的影响，这样才能集中注意力，捕捉住信息中所蕴含的思想。

其次，译者要识记信息，就要善于确定和把握交际双方的交际目的、交际的主题、双方话语的结构，这些因素都为信息识记提供了一个大背景，进而可减轻识记的紧张程度，并为下一步保持信息和再认信息奠定基础。

再次，译者要善于在理解的基础上归纳、概括所识记的信息。任何理解都是我们利用已知信息去了解未知信息，都是我们在有关经验和知识中去建立联系的。在口译实践中译者的经验愈丰富，积累的主题知识愈多，那么他的联系就愈丰富，就愈容易在需要时将这些经验知识调出，就愈容易理解新信息。

2. 口译中信息的保持

通过接收信息、理解信息，译者完成了信息的识记，而这只是口译记忆的第一个环节。在具体实践中还要求译者具备在一定时间里（比如2—3分钟）保持信息的能力，也就是说要具有把"暂时联系以痕迹的形式留存于脑中"的能力。因而对于口译人员来说除了具有发达的瞬时记忆能力外，还得具有把所识记信息物质化，即以口译笔记形式留存下来的能力。

口译时，不管是心记还是笔记，都必须对信息进行归纳和概括，这是保持信息的关键环节。孔子曰："《诗》三百，一言以蔽之。"这就是说人们在记忆信息时要善于归纳和概括，用精炼的字句来表达庞杂的信息。对于本节着重研究的口译笔记来讲，就是要求译者在保持信息时要善于抓住那些关键性的字词和话语前后的逻辑关系。

1）口译笔记的重要性

首先我们来看一组数据：

人说话的速度一般是每分钟120—150个字词。

人的瞬时记忆可保存7+2个独立的、没有联系的字词或数字。

人的瞬时记忆一般可记住20个按一定规则和次序排列的字词。

以上数据告诉我们，人的记忆能力是有限的。在译者翻译之前，发信者说话时间一般为2—3分钟（当然演讲、致辞、报告、推介等的时间要更长一些），虽然这一时间段并不算长，但是要不借助其他手段而把两三分钟之内所接受的所有信息完全一字不漏地保存下来，对译者来说是不可能的。况且，在一个时间和心理较为紧张的工作条件下，译者若极力去转达更大的信息量，反而会大量地遗失始发信息。因此就必须寻求一种辅助性手段，来帮助译者保持通过识记得来的信息。这种辅助手段就是我们要研究的口译笔记，它的任务不是记住句子中的每一个字词，而是记住始发信息中的意义支点、关键性字词、逻辑关系。

2）口译笔记的可能性

首先，我们讲话的平均速度为每分钟120—150个字词，而在一分钟内我们能听300—500个字词，因此我们可以利用这一速度差去分析、把握说话人的思想，同时这一速度差也为做口译笔记提供了可能。

其次，有人做过统计，在各种不同的语言中冗余性成分达50%—70%之多。为了保证交际的可靠性，言语链中常会使用许多不同层次的、互相重复的语言单位，如同义词、同位语；重复、复指等修辞手段，这些成分在口译时都可以缩减或省略掉。

再次，在交际中也会遇见一些人故意拉长或啰里啰唆，这些交际中的"垃圾"成分并没有传达什么明晰的、实质性的语义信息，属于我们常说的"闲话"或"冗词赘句"，口译时也完全可以抛弃。

最后，在交际中我们所接受的信息总是体现为一定数量的字句，而思维正常的人所发出的信息的组成都是有一定规律的，因为交际时使用的词句一般都受制于语言环境和交际背景。组成信息的词句在结构和意义上前后都存在一种密切的联系。一般说来，在交际过程中通常是已知的、旧的内容在前面，作为起点，而新的信息、新的内容在后，作为核心。因此新知在前、未知在后，就构成了连贯性话语结构的基本规律。（王福祥，1984：26）在前一句中为未知的（新内容），在下一句中就成为已知（旧内容），已知的部分自然不再承载新的信息，因而也变成了话语中的冗余性成分。译者的工作重心总是那些不断出现的新知信息，而被遗失的往往是那些已知信息，况且被遗失的部分还可依据话语链的逻辑关系得以复现。

以上因素使我们可以在边听、边记、边译这种复杂的工作环境中，通过捕捉承载信息的成分、舍弃次要性成分、使用词汇和语法转换，完成对信息文本的压缩，以口译笔记形式保存所接受信息的思想。

3）口译笔记的产生

口译笔记最早是在20世纪30年代产生于西方。到了20世纪50年代末，瑞士人J.F.Rozan对其进行科学研究，首先在其书中予以阐述。后来A.van.Hoof对其发展完善，并于1962年在他发表的《口译理论及实践》一书中提出了自己的口译笔记版本。1969年苏联也出现了由Р.К.Миньяр-Белоручев制定的俄语口译笔记版本。到了20世纪70—80年代德国海德堡的一位学者Hans Matissek为此不懈努力，研究了一套通用的口译笔记体系。他认为，不管始发语言和译入语言为何种语言，他的这套体系均可通用。而在我们国家完整、系统的口译笔记体系尚未成熟，只在一些学者的著作或文章中出现了一些只言片语。其实，翻译实践告诉我们，现存的几套口译笔记体系或多或少存在一定的局限性，总是受制于不同的译入语和始发语。到底使用哪一种体系还得因语言而异，因人而异。

4）口译笔记的语言

用哪一种语言做笔记，各家众说纷纭。有人主张用始发语言，有人用译入语言。我们以为，以上观点各有利弊，即不能完全肯定一种而完全否定另一种。用始发语言做笔记，虽然直接、不需转换，从这一点讲可以省时，但从原语所做的笔记转换成译入语时要花费一定的时间。而用译入语做笔记，虽然解读笔记时无须语言转换、较轻松，但是最初要把始发语言表达的信息转换成译入语笔记，自然也要花费一定的时间。总之，不管用那一种语言做笔记，语言的转换是在所难免的。所以我们认为，作口译笔记不妨两种语言混用，发挥各自的优势，记一字词用哪一种语言更简洁、更便利、更易"解码"，我们便使用这一语言。另外，口译笔记个性化的特点比较明显，口译笔记都是个人在实践中不断总结来的。说到这里有必要谈一谈口译笔记的特点或原则。

5）口译笔记的特点

首先经济性要强。口译时接受信息的时间短，对一信息的接收多为一次性行为，译者不可能花费大量的时间做笔记，因而做笔记所用的文字或符号要少、精、易于书写，比如可多使用一些缩略语（如 WTO,WHO,GDP，西外〈西安外国语大学〉等）；一些符号（如"↗"表示"升高、增长、提高"等，"↘"表示"降低、减少、缩减"等，"≈"表示"大约、近乎"等）。

其次直观性要强。做笔记时要多使用一些符号，因为这些符号较之写得潦草的字词要易书写、易解读、形象性强、易联想、易移行。如"？"常使我们联想到"问题、疑问、提问"等词，而"√"使我们很容易想到"同意、赞同、肯定、支持、正确"等。另外直观性还包括借用符号 / 和 // 把句和段隔开。

再次通用性要强。笔记中所使用的符号在译入语和始发语言中可以引发相同的联想。如"囗"在不同语言中可代替"国家、地区"等概念，"△"可指代"代表团、代办处、大使馆"，"✕"可指代"否认、反对、禁止"等，"〇"可代替"圆桌会议、论坛"等。

最后个性化要强。做笔记时，使用什么语言、什么符号是由译者自己决定：取决于译者听和理解的能力、译者做笔记的习惯和速度，取决于译者所能接受信息量的大小。随着时间的推移，加之翻译经验的积累，译者慢慢会形成一套自己的笔记体系（符合自己思维方式的个性化的缩略语、个性化的符号，这些语言和符号具有译者自己可以理解的语义），并对自己笔记体系的使用近乎自动化。

人常说："好记性不如烂笔头"。科学的口译笔记可避免信息的遗失，可提高译文可靠性，可减轻译者记忆的负荷。同时我们也应该清楚意识到，口译笔记终归是一种辅助性手段，不是什么灵丹妙药。蹩脚的笔记不但不会保持信息，反而会延缓翻译的速度，成为口译的绊脚石，更甚的是会歪曲始发信息的内容。始终要记着，口译中对信息的保持起决定作用的当然是译者的记忆力。

3. 信息的再认

如果说口译中信息的记忆经历了信息识记和信息保持阶段，即"思想转化为另一语言符号"，那么到了信息记忆的第三阶段，就得完成信息的再现或再认，即"语言符号还原为思想"。（劳陇，1994〈3〉:32）识记信息和保持信息是转达信息的前提，而对所识记和保持（心记和用笔记）的信息进行再现或再认则是我们记忆的最终目的，也是我们翻译的任务和目的。这一点我们不妨用许钧先生的一段话加以证实，"我们认为，思想或口译的交际意义可以某种载体存在于记忆中：除语言符号（中文文字、外文字母或词）外，还有数学符号、画面、形象、数字等。它们可跃然纸上（边听边记，但不是速记），也可记忆在脑中，可随时帮助译员回忆起言语链传输的交际意义，然后他再按照译入语规则将理解的意义表达给自己的听众。载体可被视为提示符号，存储在短时记忆中，帮助译员立刻回忆起长时记忆中储存的讲话意义。"（许钧、袁筱一，1998:201）

信息再现或再认正是译者对这些"提示符号"的再解码。要破译自己的"密电码"，译者就要启动自己的瞬时记忆和长时记忆，发挥逻辑思维，联系交际的背景，以自己的笔记为基础，"添枝加叶"，便可转达出自己概括的意义，完成原语信息的转达。

第三章

应用翻译过程

第一节 应用翻译过程

应用翻译和文学翻译一样也是一个语言和思维的转换过程。我们认为,应用翻译也是一个创造性活动,因为一种语言转换成另一种语言,一种思维转换成另一种思维,不管是文学性的还是应用性的信息,只要存在转换,就一定伴随着创造,差别只在于创造性成分的多少而已。目前,翻译过程中的思维是如何转换的至今还未被科学研究明确化。但是,根据翻译实践,应用翻译过程与文学翻译一样,也可以分为以下四个基本阶段:

1. 准备阶段

准备阶段其实也是译者开始接受和认识翻译对象的阶段,在这个阶段译者要花费力气去了解与翻译对象有关的信息。如俄罗斯当代翻译家洛金斯基为了翻译《神曲》,他进行了长达十年多的准备,随后又用了六年半来翻译《神曲》。他大量地研究了包括各种调查、文摘、提纲、考察结果、笔记、草稿、摘要、图片等等几十本材料,研究了《神曲》中直接和间接反映的历史时期。把他的翻译准备阶段的时间与具体翻译的时间相比,我们不难看出,在翻译实践中准备阶段是何等之重要和艰辛。翻译的准备工作是一项严肃的科学研究和探索,是后续其他翻译阶段的基础。应用翻译的准备过程同样如此,一个严肃认真的应用翻译工作者并不是一接受翻译任务就匆忙动笔翻译的,他需要通过各种途径去了解与所翻译的应用文本有关的信息,例如在科技翻译时译者通过专业技术人员的介绍,或阅读与所需翻译对象有关的书籍或手册,或去相关的车间、院所、工程所在地获取理性的和感性的知识。有了足够的、相应的知识储备,翻译时才能在记忆里找到合适的参照物,才能充分理解应用文本原文的内容,才能未先动笔已"成竹在胸"。

2. 理解阶段

柯平先生认为,"理解原文是整个翻译过程第一步。这是关键、也是最容易出问题的一步。理解是译文这座大厦的地基。地基没打扎实,大厦迟早是要倒塌的。许多译本里含糊不清、语焉不详的地方,正是译者自己没有透彻理解原文的地方。大部分的翻译错误都起因于译者的理解错误。没有正确的理解,翻译者传达的就不是原作的意思,翻译活动就根本上失去了意义。"(柯平,1991)理解阶段本质上是译者认识翻译对象的继续,是译者具体获取翻译信息的过程。这一过程和一般的信息接受者所获得的信息有所不同,在一般交际中受信者可能仅满足于对所发信息总体上的、近似的理解,不在乎原信息的结构形式;而译者则不同,翻译时他需要理解原文文本中的各种信息,从内容到形式,因为还有一项任务等待译者去完成 —— 把原文信息在内容和形式上有机地、统一地再现出来。在理解时译者所面临的文本都是由抽象的语言符号所组成的文本,比如应用文本中的科技文本的每一个片段大多是由一些概念和语法关系和逻辑关系组成的,译者的理解对象正是这些概念、语法和逻辑关系。为了理解,译者总会把原文文本切分成大小不一的片段,如果在一个句子范围内就可以理解一个概念(词或词组)及其前后的关系,那么这时理解的片段就是一个句子,一般情况下构成片段的最小单位也就是一个句子。如果在一个句子范围内不能理解某一概念或关系,那么所切分的片段就要向前或向后拓展延伸,这时构成这一片段的有可能是几个句子。译者的理解总是从原文中概念所处的某一片段向其前或其后的片段延伸。由此看来,应用翻译中理解要从术语、概念着手,理清前后的语法关系,句子与句子之间的逻辑关系，这样才能理解全部文本。

3. 表达阶段

翻译阶段的表达也可称之为传达，"传达是译者把自己所理解的内容正确、充分而又自然地传送给译语接受者的过程。在理解过程中，译者注意力的焦点是原作者；他力图弄懂原作者说些什么，是用什么方式说的。在传达过程中，译者注意力的焦点则是译语读者，告诉他们原作者所说的东西。然而由于原语和译语在言内和言外两方面所存在的差异，要做到这点并非易事。他需要艺术家的灵感和良知，也需要工匠的技巧和汗水。"（柯平，1991）由此可以看出，应用翻译的表达阶段同样重要，译者既需要很高的双语驾驭能力，又需要接受一定的翻译方法和技巧训练。

《中国经济周刊》报道过一个案例，2012年底一个北欧项目，南车株州电力机车海外营销团队经过两年多的艰苦努力，离竞标成功只有一步之遥，连对方企业CEO都同意了，最终因方案翻译错误而被对方技术专家否定。问题出在表达方面，译者在翻译时竟然把"刮雨器"译成了"抹布"，叫人哭笑不得的中式翻译。翻译过程理解的对象是汉语文本，显然理解是不会出现问题的，谁知表达时犯了大错！

从实质上讲，表达阶段是指译者选择译入语语言手段、形成译文文本的阶段。这一阶段也和一般信息接受者的表达有所不同，一般信息接受者对所接受的信息做出反应时，只需用自己的语言表达出自己的思想；而译者则不行，除了要完整地表达原文的信息外，译者表达时还得受制于原文的语言和译入语的语言。表达阶段实属不易，范存忠先生在《漫谈翻译》中谈到了一般表达与翻译传达的差异，他认为，我们写作或讲话，无非是把自己的思想、感情等等表达出来，至于翻译中的表达，那是把一种语言里已经表达出来的东西用另一种语言准确而完全地重新表达出来……一种语言和另一种语言之间，总有差距——词汇上的差距、结构上的差距等等，这就增加了译者在表达上的困难。除此以外，在应用翻译中还存在专业知识或文化知识传达的困难。应用文本的体裁不一，题材多样，有的文本强调信息内容，有的文本内容和形式并重，有的文本强调交际效果，再加之原文与译文语言的差异，是需要直译还是需要意译，是需要拓展信息还是要压缩信息，译者需要根据交际背景、交际环境文本体裁和交际目的来决定。

事实上理解和表达并非两个孤立的阶段，理解是基础，表达是目的和结果。理解和表达紧密相连、相互融通，因为在理解和表达阶段我们都要进行分析和综合。在翻译时译者要把原语单位与译语单位、把理解原语时切分的片段与表达时所使用的译入语片段进行比较，不停地从一种语言到另一种语言，理解时想着如何表达，表达不顺畅时又回到理解，如此反反复复，理解和表达相互交替。茅盾先生所言极是，在翻译实践中"好的翻译者一方面阅读外国文字，一方面却以本国的语言进行思索和想象，只有这样才能使自己的译文摆脱原文语法词汇的特殊性的拘束，使译文既是纯粹的祖国语言，而又忠实地传达了原作的内容和风格。"（罗新璋，1984：513）

例如，在科技或经贸文本汉译俄时，如何理解汉语中的"在……条件下"或"以……条件"介词词组的意义和如何在表达时选择俄语中相应的前置词词组就很有意思。通过对俄汉两种语言比较，我们就会发现，与汉语相比较，俄语中前置词使用频率较高，所以汉译俄时如何准确的选择前置词也很重要。例如在科技或经贸文本中会经常见到一些表示条件意义的结构，汉译俄时应予以注意。俄语中表示"在……条件下"意义的可以用以下几组前置词词组：при каких условиях 或 при условиях (-ии) чего; на каких условиях 或 на условиях чего; в каких условиях 或 в условиях чего。

究竟应该选用那一种词组？我们认为，准确的理解汉语原文是正确选词的基础。必须吃透原文，确定汉语中"条件"所表示的具体内涵，即行为、现象与该"条件"到底有什么关系。

1）如果汉语原文中的条件指的是人为的，即协约双方经过讨价还价而最后确定的，同时该条件为谈判缔约双方均可接受，此时宜选用 на каких условиях 或 на условиях чего，如：

① 我们愿在平等互利的条件下与各国进行贸易。

Мы готовы вести торговлю с другими странами *на условиях* равенства и взаимной выгоды.

② 我方愿以互惠的条件贷款给贵公司。
Мы согласны кредитовать Вашу фирму *на взаимовыгодных условиях*.

另外，有时汉语原文中并未有"在……条件下"之类的介词词组，但句子却隐含此意，翻译时应理解清楚，以前置词词组译出。如：

③ 近来已形成一种惯例，即完成"交钥匙"工程后，在用户方国出售建筑设备及未使用的材料。
В последнее время сложилась практика продажи строительного оборудования и неиспользованных материалов в стране Заказчика по завершении работ, выполняемых *на условиях* "ПОД КЛЮЧ".

本例中"完成交钥匙工程"是对外承包工程领域的一个套语，是指"按照或以'交钥匙'条件完成工程"。该条件为对外工程承包领域的一种惯例，为用户方和工程承包方（施工方）均可接受，故而应使用"*на условиях чего*"。

2）如果汉语原文中的"条件"指的是客观存在的、不以人的意志为转移的，并决定着行为或现象的产生、发展和变化，则宜选用 *при каких условиях* 或 *при условиях (-ии) чего*。如果汉语中的条件为各个方面因素的综合或其条件比较笼统，则宜选用其复数形式 *при каких условиях* 或 *при условиях чего*；如果条件是唯一的，则宜选用其单数形式 *при каком условии* 或 *при условии чего*。试比较：

① 在怎样的条件下才会出现海市蜃楼？
При каких условиях возникает мираж?

② 动物性食品，只有在取自健康动物的条件下，方可以食用。
Продукты животного происхождения могут употребляться в пищу только *при одном условии*, что они получены от здоровых животных.

③ 若用户遵守使用和存放规定，厂方保证自购买之日起一年内电视机使用正常。
Изготовитель гарантирует нормальную работу телевизора в течение года со дня приобретения его в торговой организации *при условии* соблюдения потребителем условий эксплуатации и хранения.

3）如果原文中的"条件"是指行为或现象所处的情况或环境，也是一种客观存在，但不强调该"条件"对行为或现象的产生、发展或变化是否有决定性作用，则宜选用 *в каких условиях* 或 *в условиях чего*。

① 橡树可以在各种不同的土壤条件中生长。
Дуб растёт *в довольно разнообразных почвенных условиях*.

② 这些仪器使医生能观察到在最特殊条件下的人，即处于高度超重和失重情况下的人。
Эти приборы позволяли врачам наблюдать человека *в самых необычайных условиях, в условиях больших перегрузов, в условиях невесомости*.

③ 危机条件下企业人力资源的管理。
Управление персоналом *в условиях* кризиса на предприятии.

值得注意的是，有时对同一汉语原文的理解角度不同，表达时可以选用不同的前置词，因而可能会产生几种不同的译文。试比较：

① 贵方银行提供贷款有哪些条件？
译文1：*На каких условиях* Ваш банк предоставляет кредиты?
译文2：*При каких условиях* Ваш банк предоставляет кредиты?

② 我方借钱给贵方的条件是贵方要按期还款。

译文 1：*На условиях* возвращения в срок мы можем дать Вам деньги.

译文 2：Мы можем дать Вам деньги *при условиях* возвращения в срок.

如果把"条件"理解为通过双方协商而规定的条件，则选用译文 1；如果把"条件"理解为不以借款人的意志为转移的条件，则选用译文 2。以上例证虽仅以汉译俄为例，但已充分说明，翻译的准确与否取决于对原文的正确理解，也取决于表达时正确的选择译语中的表达方式。在没有理解清楚的情况下不要轻易动笔，具体动笔时要概念清楚、行文畅达、规范得体。把"笔下有财产千万，笔下有人命关天"这句话用之于应用翻译也不失其道理。

4. 加工阶段

加工完善阶段是翻译过程的最后一个环节，也是一个不可或缺的环节。英国著名的翻译理论家纽马克就举过与译文加工有关的例子：有一位荷兰译者在把财经文件的译本交付用户后，却发现了翻译错误并及时向用户指出错误，仅仅因为及时指出这一翻译错误，译者获得了用户的奖赏——译者获得的奖金是原来翻译费的三倍。这一例证从另一方面显示了在应用翻译中修改、加工阶段的重要性。

在加工阶段译者需要对翻译草稿进行最后的修改和完善。译者需要核实一番，译稿在内容方面有无遗失，译稿中的数据、指标和度量衡单位是否和原文一致；对于模糊不清的概念和术语，译者需要再去查字典或手册核实或求证于专业人士；文本中出现的行话，译者得去求教专业技术人员，看一看是否符合行业表达习惯。工作量大的、由多人完成的译稿最后还需一个权威译员在整体上进行润色，看一看行文是否符合译入语规范，文字是否简洁明了，不同译者的译文的衔接是否紧密，译文前后有没有逻辑错误，整个文本中的译名是否前后统一。由此看来，"花在文字加工上的气力会三倍于初译"（沈苏儒，1998：223）这句话毫不夸张。加工完善阶段也并非是一件轻松的工作，这一阶段所持续时间的长短取决于原文文本的大小、文本信息的复杂程度、译者个人的才能和译事经验。另外，加工完善阶段也体现了译者或译者团队的责任心。

总之，应用翻译过程的四个阶段相互联系而又各具特点。准备阶段愈细致，其他三个阶段进展就愈顺利。"理解原文自然是最重要的，如果不理解就不可能进行翻译；如果理解不透、不充分，译文就不可能充分表达原意；如果理解错误，则译文势必以讹传讹。但理解了，并不一定就能在译文中表达或表达得十分完美，这是翻译作为跨语言、跨文化交流所必然遭遇的困难，所以后两个阶段（指'用译文表达'和'使译文完美'——笔者注）同样非常重要，有时表达会变得比理解更困难、更重要。有过翻译实践经验的人对此均有体会。"（沈苏儒，1998：246）在文学翻译中出现几处不正确的、不明了的翻译，一般不会妨碍读者从整体上欣赏原作。而在科技翻译、经贸翻译和外宣翻译中则无小事，表面上只是一个术语、一个句子或一个数据的错误，可能会误导用户操作，会破坏生产流程，会损毁机械设备；或给经济纠纷埋下伏笔，或会给企业造成经济损失；或引起跨文化交际冲突。如果说不准确、不通顺的文学翻译影响的是人们对原作美的享受——精神享受，那么不正确、不通达的应用翻译则会妨碍人们对科学技术的使用、经贸活动和跨文化宣传的顺利进行，最终损害的是国家的物质财产、企业的经济效益、个人的人身安全、国家或地区的国际形象。

第二节　图式理论与应用翻译

图式理论（Schema Theory）是认知心理学家用来解释理解心理过程的一种理论。图式概念最早由德国哲学家、心理学家康德（Kant, I.）于 1781 年提出，后经英国心理学家巴利特（Bartlett, F.）、瑞士儿童心理学家皮亚杰（Piaget, J.）、美国人工智能专家鲁梅尔哈特（Rumelhart, D.）、美国认知心理学家安德森（Anderson, J.）等人的充实发展，趋于成熟和完善，形成理论体系。概括地讲，图式理论的主要观点是，人们在理解新事物的时候，需要将新事物与已知的概念、过去的经历，即背景知识，联系起来。对新事物的理解和解释取决于头脑中已经存在的图式，输入的信息必须与这些图式相吻合。（王初明，1990：151）翻译时译者视觉感触到的是用文字所表达的信息，为了理解这一信息，读者总是在自己的记忆中去搜寻可以说明所输入的文字信息的图式。如果找到了这些图式，就说明译者理解了所输入的信息；如果译者的记忆中缺少与所输入信息相关的图式，那么译者就有可能不理解，或者不能完全理解所输入的信息。由此看来，对原文的理解是我们头脑中先前储存的图式与所输入的信息之间相互作用的过程。这一点也可以从认知学派的结构同化说中得以印证。结构同化说认为，"新知识的获得主要依赖认知结构中原有的相应概念，通过新旧知识的相互作用，把新知识同化于已有的认知结构，或改组扩大原有的认知结构容纳新知识"。（朱纯，1994：70）根据图式理论，译者对原文的理解取决于三种图式：语言图式、内容图式、结构图式。本节我们结合应用翻译实践，试图把图式理论与应用翻译实践结合起来。

1. 语言图式与应用翻译

语言图式是指译者的语言知识，如词汇、语法、句型、修辞等方面的知识。从本质上讲，对原文信息的理解是从感知原文的言语信息、从最基本的文字符号的辨认开始的。翻译中的理解经历了由所译文本的表层结构到深层结构，再到理解最深层的语义表象的解码过程。理解过程中译者"经历了内部词汇检索，在词汇信息基础上建立句子的结构，最后把词汇信息和句法信息综合起来进行解码形成语义表征以理解其意义"。（朱纯，1994：75）不难看出，语言知识是翻译的基础，语言知识的运用贯穿于译者理解过程的始终，在这一过程中译者是否具备相应的语言图式是完成翻译理解的先决条件。

在应用翻译中译者可能会面对不同文体、体裁、题材的翻译对象，不同类型的应用文本必然会有其词汇、语法、习惯用语、句法等语言特点，丰富的语言图式的积累是进行应用翻译的基础。例如应用翻译中的科技文本主要是描述科学现象或原理、阐述科学观点、揭示自然现象、介绍发明创造、推广先进技术等，而在科技文本的不同体裁中就会有自己特定的术语、专有名词或惯用语、句法结构等，积累这一方面的语言图式无疑是进行翻译的前提条件。

应用翻译会涉及政治、经济、科技、文化、社会等领域，除了这些领域俄汉语的基本词汇外，常常会出现一些描述新事物、新现象、新规律的文本体裁和相应的新词汇，因此译者就必须了解这些新词词汇语义、词汇修辞色彩的变化和构词领域的新现象，了解俄汉语语法领域的新现象、大众传媒修辞和文体方面的变化。译者只有不断更新自己的语言图式、积累新的语言图式，才能面对不断变化中的新的翻译对象。

2. 内容图式与应用翻译

语言图式是理解得以顺利进行的基础，没有语言知识的支撑，译者是难以获得内容图式和结构图式的。同时，图式理论也认为，语言图式，即任何语言信息，无论是口头的，还是书面的，本身都无意义。它只是指导听者或读者如何根据自己原有的知识恢复或构成意思。美国认知心理学家安德森（Anderson, J.）认为，"人对环境中各种特征之间的相关有一种基本的敏感性，能够注意并记住在一范畴中哪些特征组合往往连同出现，并根据这些相关的特征建立起有关该范畴的图式。也就是说，人脑中将保留该范畴的若干特征，并由此形成一整套完整的记忆组织，而该范畴中一些无关全局的方面则不予保留或记忆"。（吴庆麟，2000：132）安德森的研究证明，人们在获取信息的过程中是有所选择和取舍的，并非是悉数接受的，有些信息留在记忆之中，有些则被舍弃。原作者使用语言图式、依照一定的结构图式而构筑内容图式，而在翻译时译者通过语言图式、借助结构图式而获得内容图式。往往在理解结束后在译者的记忆中较多保留下来的心理痕迹却是内容图式而非语言图式和结构图式。

具体地讲，内容图式也可以称之为"主题图式"，是指译者对应用文本的有关背景知识的熟悉程度，如应用文本中可能会涉及历史、地理、政治、经济、文化、科技等方面的内容。翻译时译者要以语言背后的相关领域的专业知识、文化知识、民族心理等为背景，对文章（讲话）的主题思想和内容意义进行理解和掌握。应用翻译实践表明，这种内容图式涉及的面比较广，有可能包括某种文化的生活环境、社会制度、风俗习惯等方面的知识，也有可能包括相关学科或专业领域的知识。

我国古人刘勰的"观千剑而后识器，操千曲而后晓声"说的就是内容图式的长期积累和储存的重要性。原文作者也正是利用一定的背景知识来传达自己所要明确交代的信息，这时译者把自己记忆中的内容图式与所译材料提供的内容图式结合起来，两种图式在译者的头脑中相互作用，内容图式的输入和激活同时进行，译者就获得了原文作者所要表达的内容图式。

在应用翻译实践中可以发现，比如在涉及一定专业的谈判时，一些翻译新手听完会谈双方的话语，但不能理解其内容，其原因有可能是语言方面的因素。但是，有时也会出现译者语言方面虽无障碍，但仍不理解谈话的内容，这时一个很重要的原因就是翻译新手的记忆中缺少与所译内容相关的内容图式，或者是译者的记忆中储存的内容图式与谈话所提供的内容图式不完全一致或相距甚远，因而译者就难以理解会谈双方讲话的内容。

按照美国人工智能专家鲁梅尔哈特（Rumelhart, D.）的研究成果我们可以得出结论，译者难以理解一篇文章（或讲话），其原因有三。第一，译者未具备适当的图式。在此种情况下，译者根本无法理解文章（讲话）所表达的意思。第二，译者或许具备适当的图式，只是文章的作者（讲话人）未能提供充分的线索使译者的图式发生作用。因此，译者依然不能读懂文章或听懂讲话。如果提供合适的线索，译者对文章的理解便得到保证。第三，译者对文章（讲话）会予以始终如一的解释，但未理解作者（或讲话人）的真正意图。在此种情况下，译者"读懂"了文章或"听懂"讲话，但误解了作者（讲话人）的意思。因此译者内容图式的积累和译者记忆中所储存图式与所译文章（讲话）所提供图式是一种相互作用的关系。

在应用翻译过程中内容图式是应用翻译的重要依据。无论是对应用文本的词汇意义、句子意义、篇章结构的理解，都必须依赖于对整体内容的准确把握，可以说对应用文本主题的了解程度常常直接影响到应用翻译的准确度。

3. 结构图式与应用翻译

每一个具体的内容都是使用一定的语言材料、按照一定结构模式构筑的。结构图式是指译者对文章体裁、逻辑结构、修辞方式的了解程度。程千帆曾经说过，考体式之辨，乃学文之始基。程千帆虽然指的是做文章时要了解文章体式和结构的差别，但他的观点对我们的应用翻译也具有指导意义。读者在理解原文时要形成全文总体结构的另一些线索，必须依靠译者记忆中对不同应用文本的结构已具有的图式性知识。

我们不妨以应用翻译的体裁新闻评论的俄译汉为例。新闻评论一般都是针对俄罗斯国内和国外重大政治、经济、社会、文化、军事等问题进行阐释和评论。翻译时译者要理解原作者的观点、态度、主张及其所持的理由，就要善于把握住原作者行文的思路：作者如何提出问题→分析问题→解决问题的。美国认知心理学家迈耶（Mayer, R.E.）曾列述五种评论性文体的结构模式：第一，前提—结果结构，揭示两个主题之间的因果关系；第二，比较结构，论述两个主题之间的相似点与差异处；第三，组合结构，收集与某一主题有关的各方面事实；第四，描述结构，展开某一主题的细节或提出一些实例；第五，反应结构，提出问题然后予以解答。这些不同的文本结构作为各种文本的图式储存进熟练读者的陈述记忆之中后，便可指导他把握文章各部分的关系，使之能对现在所阅读的内容较快地形成总体概括。（吴庆麟，2000：244）记忆中储备有评论性文章的各种形式图式，译者在解读原作时便易于把握作者是如何安排其观点和材料的，就可以辨别作者各观点之间的内在关系以及作者在文章中是如何安排这些观点的地位和顺序的，再加之使用综合与归纳方法，译者就可以准确地辨析篇章的框架结构。只有理清了作者的思路，剖析了文章的结构，把握了局部与整体的关系，把内容和形式统一起来，才能达到掌握全文，理解作者所要表明的基本观点和主张。

总之，应用翻译涉及的面比较广，它是一个鲜明的认知和言语交际的过程，这是一个极为复杂的生理、心理过程。在这一过程之中译者作为交际的中介不是传声筒，不是被动地而是积极地参与双方的交际过程，因为翻译时译者需要调动自己记忆中储存的语言图式、内容图式和结构图式来对所传递信息做出反应。如果译者在自己的记忆中储备的语言图式、内容图式和结构图式的数量越多、种类越丰富，在翻译时可以被激发调动的机会也就越多，就越能保证准确又迅速地理解不同主题的文章。应用翻译的表达阶段道理也如此，跨越理解阶段后，译者的表达若能考虑到交际双方（或应用文本译文的未来读者）的语言、内容和结构图式，自己译文中又能够提供足够的信息激活交际的双方（或应用文本译文的未来读者）的图式，才能完成自己的使命——从译者自身对原文的理解过渡到交际的双方的相互理解（或应用文本译文的未来读者对译文的理解）。

第四章

应用翻译标准

翻译的标准是译者翻译实践的行为准则，也是人们用来评判他人翻译质量的尺度。人们围绕翻译标准的争论由来已久，古今中外，不同的学派、不同的职业的代表人物对这一主题展开无止无休的讨论甚至是论战。人们各抒己见，谈论翻译标准的视角不同，花样翻新，名目繁多。本章拟将对应用翻译的标准进行研究，那么首先我们先检索一下现存的翻译标准，其中是否有适用于我们的研究对象——应用翻译的标准？若有，那么这一标准在应用翻译中的具体内涵、它的合理性何在？这就是本章所要研究的内容。

1. 文学翻译标准与应用翻译

应用翻译的客体包括政府文件、科普读物、学术论文、技术文件、文化宣传、经贸函件及文书等文本。这一类文本的特点是实用性很强，文本的首要任务是传递信息。而且每一文本有自己的主题、交际对象、交际功能，因而都有自己的内容、结构和语言程式。

以应用文本的科学技术文本为例，科学技术是用来分析、研究、揭示自然现象的产生、发展和变化的规律，并把这些规律运用于人们的生产活动中，并以此来指导生产、提高生产的水平。科技文本大致分为科学著作（专著和论文）、科普读物、技术性文本（实验报告、产品说明书、技术标准等等）、科技事务性文本、科技广告性文本。从整体上讲，这些科技文本都具有很强的概念性、抽象性、逻辑性。除一些科普文本和科技广告性文本外，大多科技文本文学性、文化性、个性都不强。

再如对外宣传文本，对外宣传材料服务的对象是不懂中国语言和文化的外国读者群，宣传的目的是向他们传播有关中国政治、经济、文化、科技等方面的信息。外宣的作用对一个国家或地区而言可以直接影响到一个国家或地区在国际社会的形象，提高一个国家或地区的"软实力"；对一个地区而言，对外宣传可以扩大一个地区的影响力，影响到一个地区的招商引资环境，最终带来经济文化效益；对一个企业来说，对外宣传可以提高企业及产品的知名度，帮助企业拓展国际市场。

应用文本体裁多样、种类繁多，那么怎样的标准才适合于应用翻译呢？我们不妨先梳理一下中外现存的几个有代表性的翻译标准。

1790年英国的泰特勒在其《论翻译的原则》一书中提出了翻译必须遵守的三大原则：①译作应完全复写出原作的思想；②译作的风格和手法和原作属于同一性质；③译作应具备原作所具有的通顺。

1898年严复在其《天演论·译例言》中提出"译事三难：信、达、雅。"

1951年傅雷在《高老头重译本序》中提出，"以效果而论，翻译应当像临画一样，所求的不在形似而在神似。"

1953年俄罗斯的费道罗夫在《翻译理论概要》一书中指出，"翻译的确切性就是表达原文思想内容的完全准确和在修辞作用上与原文的完全一致。"

1974年美国的尤金·奈达在《翻译理论与实践》一书中指出，"所谓翻译，是指从语义到文体（风格）在译语中用最贴近而又最自然的对等语再现原语的信息。"

1988年纽马克在《翻译教程》一书中指出，翻译的标准必须能够衡量某种翻译方法是否准确，是否最大限度的重现了原文的意义。他提出的翻译标准比较笼统：准确（内容准确，事实准确，风格准确）和简洁，并且认为只有语义翻译法和交际翻译法才能达到这个目的。纽马克对奈达的等效提出了自己的看法，他认为，等效对译者来说是一个很高的标准。它实际上只是翻译中的一种理想而不是翻译的目标。译文是否能产生等效，不仅取决于译文的特点和类型，也与文化背景密切相关。

通过对比上述翻译标准我们不难发现，人们对翻译的标准表述各异，侧重点不尽相同，但是共同点在于他们均主张对原文内容的忠实，译文通顺流畅、合乎译语规范，都强调原语与译语行文风格应保持一致。另外，从以上翻译理论家所研究的领域和翻译家的实践领域来看，他们中大部分人所提出的翻译标准是针对文学翻译的。对于文学作品来说，作家对语言修辞手段的选择多呈现一定的个性，应此也就产生了作家的个人风格。在文学翻译中，对于作家风格的理解和表达非常重要。古人云："文如其人"，不同的作家风格各异，"不同作者在叙述和描写同一事物时，在语言的运用上会各有各的特点，各有各的笔调：有的喜欢运用一些积极修辞手段（如比喻、借代、对偶、排比等）；有的则只重消极修辞，但求作品的意义明确，层次清楚，词句平匀。有的作品是简约的，刚健的，平淡的或严谨的，有的作品又是繁丰的柔婉的，绚烂的或疏放的。所以译者还要注意原作风格笔调的表达。"（王育伦，1985：27）风格的传达是文学翻译的特点之一，再现风格是译者的职责，在文学翻译中译者不能张扬自己的个性。从另一方面讲，不张扬个性也是译者所必须面对的一道难题，因为在文学翻译中译者有责任再现原作者的行文风格，同时又免不了受自己行文风格的影响，因此同一原作会有不同的译本，各译本行文风格又有细微的差别。

与其他文本的翻译相比，"应用翻译是一种以传递信息为主要目的、又注重信息传递效果的实用翻译，它的最大特点是实用性强，应用面广，其范围几乎涵盖当今政治、经济、社会、文化生活的各个领域，大大不同于强调艺术审美与文学欣赏的文学翻译。"（贾文波，2004：1）比如拿科技翻译来说，我们知道科学研究的主导思维是抽象思维和逻辑思维，科技文本的主要特点是高度的概念性、抽象性、概括性和逻辑性。科技文本要求在表达思想方面力求准确，语言手段使用严密，层次分明，逻辑性强，以避免产生歧义，所以科技文本中一般很少使用带感情色彩的语言手段和形象性词汇。刘宓庆曾经说过，科技文本"总是力求少用或不用描述性形容词以及具有抒情作用的副词、感叹词及疑问词。……尽力避免使用旨在加强语言感染力和宣传效果的各种修辞格，忌用夸张、借喻、讥讽、反诘、双关及押韵等等修辞手段，以免使读者产生行文浮华、内容虚饰之感。"（刘宓庆，1998：333）由于缺少了以上语言因素，科技文本就失去了个性，其词义、句式趋于单一，叙述客观准确，行文风格趋于统一，这样一来也便于人们交流科技信息。如果让不同的科技人员就科学研究过程中的某一具体的观察、发现、发明或实验结果进行叙述，或让不同的科技人员制定参数相同的某一技术标准，那么对比所得到的不同文本，我们不难发现，不同的科技人员所使用的术语、句式结构以及整体的行文风格都是近似的。其实对于科技作品的读者来说，他们在阅读时是不太在意原作者的行文风格，而只注重原作中所表达的科技信息。有关科技作品风格问题英国翻译理论家西奥多·萨瓦里在他的《翻译艺术》一书中也作过阐述，西奥多·萨瓦里认为，"阅读一本科技书很少是因为作者的风格是如何吸引人，事实上科技作品的作者倒是力图戒免自己的风格，所以译者的任务仿佛轻松许多，毕竟长期困扰他们的风格如何传译的问题一下荡然无存，他们不必再戴着镣铐跳舞，为不能在自己的译文中展示原作的文采而担忧，也不必为跟不上原作者的韵律而难过。但是反过来说，不传译风格又成了他们的一大清规戒律，不得随意违反，更不可妄自加入自己的风格。"（廖七一，2001：68）

再说外宣文本，我们常见的外宣文本有国家（或地区）政策方针、民族文化的宣传材料，有旅游产品对外宣传材料，有企业（机构）或产品的对外推介材料等等。人们通过把这些信息材料翻译成外文，借助于图书、期刊、报纸、广播、电视、互联网及其他新媒体以及会谈、国际会议、会展对外发表和传播，对外国宣传对象的思想、态度和行为产生实际的影响。这些的外宣文本体裁和题材不尽相同，传播手段五花八门，那么翻译的原则和策略也会有所差异。

文学作品风格鲜明，文学翻译强调再现原作的风格；应用文本强调匿名性，忌讳个人风格，译者翻译时不能画蛇添足、张扬自己的风格。由此看来，上述的文学翻译标准大多不完全适用于我们的应用翻译。

与他人不同的是，纽马克突出翻译文本的类型差异和文本功能差异，纽马克把文本分为"信息型""呼唤型"和"表达型"文本。不同的文本具有不同的交际目的，采用不同的交际策略，选择不同的文本形式。因此纽马克认为，翻译中不存在放之四海皆适用的翻译标准，使用什么样的翻译标准必须顾及文本的类型、时代风格、语言文化等因素。

而"严复是将西方资产阶级古典政治经济学说和自然科学、哲学的理论知识介绍过来的第一人。"（李泽厚，1982：128-129）严复的翻译实践涉及哲学（赫胥黎的《天演论》）、经济学（亚当斯密的《原富》）、法学（孟德斯鸠的《法学》）、逻辑学（穆勒的《穆勒名学》）、社会学（斯宾塞的《群学肄言》）、哲学（穆勒的《群己权界论》）、政治学（甄克斯的《社会通诠》）等社会学专著，况且严复的"信、达、雅"也是基于《天演论》的翻译实践而提出的。毋庸置疑，较之以上各位名家的翻译标准，唯有严复的"信、达、雅"标准最初是针对应用翻译之社会科学著作的翻译而提出的，只不过是严复的标准适用范围较广、具有普遍性的指导意义，并被后人运用于诸多翻译领域，进而也就成为一个普遍性的翻译原则，由此也引发了后世人对这一翻译标准问题的争论。

2. 现存的应用翻译标准分析

文学翻译的实践和理论研究在我国的历史上高潮迭起，所出现的翻译标准层出不穷、名目繁多。相较之而言，应用翻译标准的研究始终未被重视，应用翻译的研究就显得滞后几分。其原因我们认为，一是我国翻译理论研究历来是重文不重理，二是应用翻译的专业性和时效性较强。诚然，我国的翻译理论的研究者和应用翻译工作者在应用翻译标准方面也作过一些研究，也提出过一些应用文本翻译的标准，下面我们不妨罗列一些标准进行剖析，以确定这些标准对应用翻译是否适用。

对于科技翻译，马谷城在《漫谈科技英语翻译》一文中指出，"'译事三难：信、达、雅。求其信，已大难矣！顾信矣不达，虽译犹不译也，则达尚焉。'这是翻译家严复的真灼见解。'信、达、雅'的要求，大体上也就相当于我们今天的'正确、通顺、易懂'六字标准。……科技英语翻译与文学作品翻译的要求不尽相同。但是我们却不能因此就得出结论说，科技英语翻译可以不讲'信、达、雅'了，或者说'正确、通顺、易懂'的标准可以降低要求了。"（《翻译通讯》编辑部，1984:345-346）

张树柏在《谈科技论文的翻译》一文也提出了自己的标准，他提出了三个方面的要求，"一、怎样保持科技论文的风格。二、怎样保存原文的本意。三、翻译科技论文，不要用方言。"（刘靖之，1981）

张忠华在《科技英语汉译的"达"和"雅"》一文中指出，"科技英语的翻译，首要的标准是准确，即通常所谓的'信'，这是不言而喻的；但是，'达'和'雅'这两个因素也同样不应忽视。当然，科技翻译的'雅'与文学翻译的'雅'有所不同。概括地讲，科技英语汉译的'雅'就是简洁明快、流畅通顺，体现科技英语的特点。'达'和'雅'是构成英语翻译质量标准的又一个方面。可以说，欠缺'达'和'雅'的译文不是好的译文。"（张忠华，1984：18-21）

罗新璋在《我国自成体系的翻译理论》一文指出，"信达雅在较大程度上概括了翻译的特点，适用范围较广，即使是科技翻译，译笔优美，引人入胜，何尝不可？"（罗新璋，1984：13）

对于商务翻译，刘法公认为所应秉承的标准是：忠实理解源语、准确表达译语、统一术语名称。（刘法公，2002:45）

彭萍则提出商务文本的翻译标准应是"（1）意思准确；（2）术语规范；（3）语气贴切"。（彭萍，2004：20）

贾文波认为，对于应用文本而言，"从某种意义上说，它的文本功能决定了它的翻译目的不是'求异'，而是尽最大可能地去'求同'，以尽量减少信息交流的障碍，有效实现译文预期达到的功能和目的。"（贾文波，2004：xii）

而对于外宣翻译也有一些学者提出了自己的标准。时任中国外文局副局长、中国译协副会长的黄友义倡导，"……除去所有翻译工作都需要遵循的'信、达、雅'标准之外，外宣翻译更需要翻译工作者熟知并运用'外宣三贴近'（贴近中国发展的实际，贴近国外受众对中国信息的需求，贴近国外受众的思维习惯）原则。"（黄友义，2004:27）

安新奎在总结自己外宣翻译经验的基础上也曾提出，"对外宣传材料的翻译要忠实传达宣传信息，切忌随意发挥；翻译时要使用规范的译入语，禁止机械地复制原文的语言结构；选词择句要注意宣传效果，必要时可在内容不变的情况下调整和改变宣传的表述形式，使之适应于译入语的语言和习惯。"（安新奎，2006:45）

而有的学者考虑到文体的差异对翻译标准提出了自己的看法。王佐良也曾提出翻译要"根据文本定译法"。他说译者"似乎可按照不同文体，定不同译法"，"当然，体中有体，不能同样对待"。（王佐良，1989:4）

刘宓庆对文体翻译归纳了四个基本原则：重理解，重对比，分文体，重神似。针对"分文体"他强调，"不论英语或汉语都有不同的文体类别，不同的类别具有不同的文体特点。译者必须熟悉英汉各种文体类别的语言特征，顺应原文的需要，做到量体裁衣，使译文的文体与原文的文体相应，包括与原文作者的个人风格相适应"。（刘宓庆，1998:5-7）

方梦之指出，"翻译——两种语言代码的转换——过程中，必然要重视相应文体特征。翻译不可能脱离文体。实际上，得体与否正是译品高下的重要尺度之一。"（方梦之，2003:166）

季羡林先生在谈到翻译标准时曾经指出，"我没有深入研究过翻译理论，凭我自己的经验，不同门类的翻译有不同的要求。有的需要严格对应，有的不需或很难对应，能达意也行，所以翻译很难有统一的标准。"（李景端，2005：30）

显而易见，以上各家之言实质上都承认"信、达"作为应用翻译的标准，也对应用翻译中的"信、达"做出了自己的阐释。马谷城先生试图用"易懂"来替代严复的"雅"。这一点我们难以苟同，虽然科技翻译的重心在于传达原文本的科技信息，求得易懂，但是科技文本有自己的语言特点，试问，在译入语文本中能否用口语化的语言去解释原文文本中的抽象性的和概括性很强的科技术语吗？在翻译时可以用口语化的句式去替代科技文本中特有的推理有据、逻辑严谨、层次分明的句式结构吗？答案自然是否定的，我们认为，科技翻译既要"易懂"，又要注意原语和译入语中的科技文体的对等。张树柏先生虽未旗帜鲜明地提出在科技翻译中运用"信、达、雅"，但是他的三项要求实质上也是对严复"信、达、雅"的具体阐释。我们认为，"保持科技论文的风格"乃是"雅"字内涵的一部分，"保存原文的本意"实乃"信"也，"不要用方言"即要求使用标准规范的译入语，是"达"字要求之一。张忠华先生完全赞成用"信、达、雅"于科技翻译。虽然他注意到了科技翻译之"雅"与文学翻译之"雅"有别，但他对科技翻译中的"雅"的解释有不严密之处。我们认为，他的"流畅通顺"应归之为"达"，而科技文体之"雅"未必只是他所说的"简洁明快"，因为有时为了表达严密的推理，科技文本要使用复杂的、逻辑严密的复合句。罗新璋先生虽然也承认"信、达、雅"对科技翻译的指导作用，但是他的"即使是科技翻译，译笔优美，引人入胜，何尝不可？"的论断却值得我们商榷。在文学翻译界至今人们尚未完全同意严复的"雅"就是"译笔优美"，更何况冷冰冰、无生机、科学性强、概念性强、逻辑性强的科技论文和技术性材料。如果翻译的是科普作品且原作讲究文辞，那么译者为宣传科学、普及科学而修饰文辞，"译笔优美"，达到"引人入胜"之效果，我们认为这种有文采的译文也无可厚非。而其他应用文本（如事务性文本、科技著作和技术材料）的文笔原本就不优美，我们有义务对其美化吗？能把表现力不强的科技术语形象化吗？能把科技和事务性文本严密的句式结构情感化吗？答案同样是否定的，应用文本翻译的文笔还需忠实于原作，以再现应用文本之文体为本。

刘法公和彭萍所提出的商贸翻译的标准则稍欠严谨，两者均奉承"信"，然而在"达"方面前者忽视了商贸文本体式方面的要求，而后者"术语规范"未能包括表达时的句式和篇章层面的规范，"至于语气贴切"可能主要是针对商务谈判而言的，而对于整个商贸文本来说不能用语气贴切来衡量。众所周知，商务文本具有法律之特质，其行文的严谨、逻辑性强是非常重要的，况且商务文本的译文必须考虑到译文语言的规范和程式。

黄友义、贾文波和安新奎所提出的标准从其实质上都承认"信""达"二字，至于说"求同""贴近国外受众的思维习惯"和"调整和改变宣传的表述形式，使之适应于译入语的语言和习惯"则强调为了达到好的交际效果，应用文本的译文要考虑到译文读者的具体情况，要做一些取舍和变通。

王佐良、刘宓庆、方梦之和季羡林则着重强调文体的差异性，强调文体不同，标准则应有所不同，强调译文文体应与原文文体对应。

3. 应用翻译中的"信、达、雅"

由于"信、达、雅"适用范围广，也多被用于文学翻译领域，人们几乎忘却了"信、达、雅"正是严复基于应用文本的翻译而提出的。在此我们"返璞归真"，来研究一下"信、达、雅"作为应用翻译标准的合理性，对"信、达、雅"在应用翻译中的具体内涵加以确定。

在严复的"信、达、雅"中"信"是被放在第一位的，"信"指的是忠实于原作的内容。而在应用翻译中"信"指的是以原应用文本为出发点，准确无误、完整地传达原应用文本所表达的信息，准确地理解原文的内容，不理解之处译者不许主观臆断。要忠实于原文，还得保持信息的完整性，即禁止对原作的内容任意增添或删减（或遗漏），这一点对应用翻译尤为重要。而奈达先生对此却有自己的观点，奈达认为，"如果有人坚持认为翻译决不允许发生任何信息流失的情况，那么很显然，不仅翻译不可能，一切交流都不可能。没有一种交流——不论是同语的、语际的或符号的——能在进行中不发生一些信息的流失。即使在专家间讨论一个属于他们本专业领域的题目，他们彼此之间的理解恐怕也不会超过百分之八十。信息流失是任何交流过程中必然会有的，因此在翻译中有些流失的实际情况是不奇怪的，也不应该据此对翻译的合格性提出质疑。"（沈苏儒，1998：133）我们不否认人们交际过程存在一定的信息流失，但是我们必须强调产生信息流失的条件和交际的场合。众所周知，在信息量相同的情况下，人们通过视觉所获得的信息要比通过听觉所获得信息完整得多，即人们借助视觉阅读文本所接受的信息要比借助听觉所接受的信息要完整得多。虽说应用翻译也是一种信息交流，但"专家讨论"和具体的应用文本翻译是有本质区别的，应用翻译的任务是要求完整地再现信息，而"专家讨论"目的则在于对所关心的主题进行探讨，注意力集中在他们感兴趣的信息上，有时还存在交际双方知识水平不对等、交际双方注意力不集中等情况，这些因素自然会造成交流中的信息流失。由于文化因素或语言差异，文学翻译中的确存在信息流失，但是"有些流失的实际情况是不奇怪的"，是不妨碍对原文学作品的整体内容的传达。而应用翻译是来不得半点马虎的，它讲求精密、准确、严谨。一些关键信息的流失，比如加工饮料时忘记添加一种原料，或添加的比例与原作中的比例不相符，可想而知，所配制饮品的口味会与原作中的不尽相同。商贸翻译时如一些关键数据未准确翻译，那就会使双方产生误解，为将来的贸易纠纷埋下伏笔。如果专家"彼此之间的理解恐怕也不会超过百分之八十"，那么对一般的翻译人员来说，原科技文本中肯定有超过百分之二十以上的内容难以理解。若允许译者在没有搞清楚原作的百分之二十以上的内容的情况下去翻译，那么译者要么是放任"信息流失"，要么是主观臆断，他的译文有可能使用户把阴极接到阳极或把阳极接到阴极，他的译文有可能使用户遗漏了某一操作或把操作次序前后颠倒，他的译文中出现了交易数据的重大误差，诸如此类的翻译所产生的后果可想而知！应用翻译是忌讳，更准确地说，是禁止信息理解错误和信息流失的。应用翻译要求所表达的信息要完全忠实于原文，要非常准确，在理解时不允许模糊不清、模棱两可，更不允许因不理解而自由发挥。

严复的"达"是指"通达、明达"，也就是要求你的译文别人能看得懂，通过你的译文读者（用户）可以了解原文文本所要表达的观点或按照你的描述正确地完成操作。应用翻译中的"达"要求译者使用规范的译入语忠实流畅地传达原作。转换原文信息时要摆脱原文语言形式的束缚，不要硬套原作的语言形式。要依从译入语的行文习惯，不矫揉造作，通顺自然地传达原作的内容。较之文学翻译，科技或经贸文本不带有文化负载，所以就这一点来说，应用翻译中的表达要相对容易一点。在应用翻译实践中表达方面常出现的错误要么是对原作未尽理解（专业知识或语法关系），要么是译入语水平不高，所以应用翻译既要求懂专业、了解翻译对象，又要求译者具有很高的双语驾驭能力。

根据沈苏儒的研究，"严复的'雅'如上所说，是泛指译文的文字水平，并非专指译文的文学艺术价值。当然，他很重视译文的文学价值，也对自己在'文辞'方面的造诣很自负，但他始终不承认他是单纯追求译文的'古雅''高雅'。"（沈苏儒，1998：50）沈老先生把

"文字水平"归之为"雅"有不严密之处,难道"文字水平"就不是"达"吗?所谓"达"就是指译者的译入语操作能力要达到一定的水平。译者的译入语文字水平低下,翻译时就有可能不"达"。严复"始终不承认他是单纯追求译文的'古雅''高雅'"是有其原因的。我们再分析严复的原话,"故信、达尔外,求其尔雅。此不仅期以行远耳,实则精理微言,用汉以前字法、句法,则为达易;用近世利俗文字,则求达难。"(刘靖之,1981:136)人们在理解严复的这一段话时只注意到"尔雅"二字,总以为严复的用心在于"期以行远"(优美的文字流传久远),在于心目中的读者对象——当时的士大夫阶层,却很少有人注意到严复随后所提及的"实则精理微言,用汉以前字法、句法,则为达易;用近世利俗文字,则求达难",其中"精理微言"指的是"饱含着深奥的理论和含蓄深沉的思想的著作",是"哲学、数理及自然科学"。(沈苏儒,1998:43)由此可以看出,严复当时已经注意到原文本的语体特征——概念性、抽象性、概括性、逻辑性、应用性很强。严复认为"汉以前字法、句法"较之"近世利俗文字"要更严谨一些,是更适合用来翻译社会科学著作等应用文本的,这一点在当时的社会背景下、针对译文既定的读者群来说无可厚非。这一点也得到了王佐良先生的肯定,"严复着眼于社会改革、富国强兵,介绍了一系列资本主义理论大书,却偏偏要用桐城派的古文笔法去译,理由是:精理微言,用汉以前字法句法,则为达易;用近世利俗文字,则求达难。(《天演论》译例言)深入一层看,他另有目的。原来他寄望于官僚和上层知识分子阶层,想引起这些人来看他的译本的兴趣,因此必须投其所好,写出古雅的古文来。'汉以前字法句法'是他的推销术,其目的在于打动他心目中特定的读者。这一点,倒证明最近外国的翻译理论中的某些论点是有道理的。"(杨自俭,1999:705)我们不妨从目的论再加以论证,目的论认为"任何形式的翻译行为,包括翻译本身,顾名思义,都可以看作是一种行为。任何行为都有一个目标或一个目的。……在这一理论框架中,决定翻译目的的最重要因素便是受众——译文预期的接受者,他们有自己的文化背景知识、对译文的期待以及交际需求。"(Nord,2005:15)翻译的目的决定翻译的手段,翻译的策略必须依据翻译的目的而定,自然而然严复当时为求其"雅",为了士大夫阶层而采用"用汉以前字法、句法"就没什么可以指责的了。美国翻译工作者协会(ATA)制定的译文标准中强调的也是这个道理——"非科技原著应按译语规范、以受过教育的人士通常使用的文体译出……""一切译文,特别是推销广告和其他宣传品时,主要标准都是毫不歪曲地确切传达原意,同时还要心中有读者,有听众,也就是要考虑到他们的文化背景和心理状态。要做到这一点,有时还要修改原文,以便按译语的规范传达出最接近原文的信息。"(杨晓荣,2005:133)

不同的文体有不同的特点、优势,社会科学文体以客观性、正确性、严密性、逻辑性见长,要求行文的概念准确,组织结构眉目清楚、层次分明、前后逻辑关系严密,不允许前言不搭后语和含糊其辞。较之其他文体,我们认为这也正是社会科学文体"雅"之所在。在与某一专业领域的专业人士交流时你若讲土话、"外行话",那就是不得体,不"雅"。在我们的应用翻译中也是不允许用口语语体来替代科技、经贸和外宣文体的,否则,你的译文会使读者对象(或用户)对你所表达的信息产生疑问。所以应用翻译中除了"信、达"以外,还要注意"雅"——即要再现原作的文体特征。

严复的"信、达、雅"最初是基于应用文本之社会科学著作的翻译而提出的。应用翻译既重视"信",也注重"达",同时也不忽视"雅"。但是,在应用翻译时要注意文学翻译之"雅"与应用翻译之"雅"是有区别的。如果说文学翻译之"雅"是力求译作与原作风格的相似,那么应用翻译之"雅"则重在文体的对等。这一点可以用周煦良的一段话加以证明,"译文要具有与内容相适应的体裁,这就是我叫做的雅。今天要我解释信、达、雅,我会说,信就是忠实于原文的意义,达就是使译文能使人看懂,雅就是和原文的内容和体裁相称,要得体"。(周煦良,1982:2)

第五章

词典与应用翻译

第一节 词典与应用翻译

应用翻译涉及的知识面比较广,我们在翻译应用文本时不可避免地要使用词典,词典是阅读和翻译外文材料的最基本的工具。在翻译时为了理解,我们需要查字典,为了表达还得查字典,就是在加工润色阶段还得反反复复查字典,对一些概念予以核实,可以说离开词典的翻译不是一个真正的翻译。应用文本涉及的知识领域非常多,对应用翻译工作者来说不但需要词典而且需要大量的辞典!有时在一些特殊的情况下,还需要查询有关的手册和百科词典。在当今社会,科学发展的主要特点是学科相互渗透,合作密切,进而就导致了各学科专业术语互相借用。这样一来,在翻译某一技术文献时,仅靠某一专业的词典往往是不够的。如果要翻译家用小汽车的技术材料,译者可能需要查询机械专业、通讯专业、无线电专业、微电子专业、计算机专业等专业词典。

1. 如何使用词典?

学会活用词典对于译者来说非常重要。同时还得记住,词典并不是万宝全书,翻译时千万不可时时处处囿于词典中的词条和释义。在词典中找一个所需的词和词义也不是那么简单,一些词可以在普通词典中去寻找,而一些词要去专业词典中去寻找。词典都有其分门别类,因而也就存在各自的局限性。

经常会遇到这样的情形,译者在词典中找到了所需的那个词,但词典中提供了几种不同的解释,我们不知道在上下文中到底选哪一个意义,这时能帮助我们做出抉择的是交际领域和专业知识。如果不懂专业,随意主观臆断,或者仅凭词典的释义去生搬硬套,可以想象,所产生的译文会使专业人士(或用户)莫名其妙,一头雾水。在翻译实践中同一词条的不同释义常常会给译者提供一些启发,使他可借助其他翻译方法译出该词来。

有时词典对我们所需的词只给出最基本的释义,这时译者可根据词的基本释义,发挥他的主观能动性,依托词所处的上下文、根据词的搭配、考虑到译文所涉及的具体事物来加以确定。

有时我们所需要的有些词的词义在词典中并未收录,其原因要么是词典未曾收录该词的所有词义;要么是一些新概念、新术语或术语性词组现存的词典未来得及收录。出现这种情况是可以理解的,因为知识在发展、在更新,而词典的编写则需要一定的周期,所以我们手头的词典总会落后于社会的发展。遇见这种情况时要求译者首先从整体上确定该术语为哪一领域,它的功能如何,它所描述的对象的实质。其次,要求译者必须根据其词根、其构成来确定词义。在确定复合词词义时有时要按照一种词根,有时要按照另一种词根,而有时就得根据复合词的各组成部分的意义来单独确定其词义。

2. 译者得具备哪些词典呢?

合理地使用词典也不是一件简单的事,首先必须了解,现存哪些词典,每个词典的优点和缺点是什么,该词典是如何编撰的,然后才能实际使用它。

要从事一般的应用翻译,译者至少需要哪些词典呢?我们以为,译者得具备以下四种词典:外文词典、母语词典、双语词典(如俄汉和汉俄词典)、一般的专业词典(手册、指南、百科等)。我们以为,大凡从事俄汉应用翻译的译者一般要具备以下词典:

1. Толковый словарь русского языка（俄语详解词典）
2. Энциклопедический словарь русского языка（俄语百科词典）
3. Словарь иностранных слов в русском языке（俄语外来词词典）
4. Словообразовательный словарь русского языка（俄语构词词典）
5. Большой русско-китайский словарь（大俄汉词典）
6. Китайско-русский словарь（汉俄词典）
7. Русско-китайские словари по отдельной специальности（俄汉专业词典）
8. Китайско-русские словари по отдельной специальности（汉俄专业词典）
9. Англо-русские словари по отдельной специальности（英俄专业词典）
10. Русско-китайский международный коммерческий словарь（俄汉国际商务词典）
11. Словарь сокращений (缩略语词典)
12. 汉语专业词典

3. 如何使用"活字典"？

译者在进行应用翻译时固然需要许多的词典，但是同时也需要耐心、执着、细心和虚心。遇见新术语或使用字典后仍不知如何准确表达时，译者就要求证于我们的"活字典"——某一知识领域的专家，译者要经常请教相关的专业人士，因为他们在工作中正在使用这些术语，他们清楚那些术语是什么意思。词典上没有收录的词有时是新词，有时是某一专业领域的行话，所以这些"活字典"常常会给我们指点迷津，令我们茅塞顿开。他们会帮助我们理解词典上难以查询到的词和并帮助我们在译语中寻找到相应的表达方法。

4. 创建自己的术语库

人们常说，译者要成为一个活百科，译者要成为一个各种知识的储存器，译者要了解各种过程和现象的实质等等。可以看出，人们对翻译的要求是很高的，几乎是可望而不可即的，因为人们的精力有限，每个人都会存在一些知识盲点，尤其是对一些外语院校毕业的翻译人员提出过高的要求是不切合实际的。虽然这些要求过高，但并非说译者无需努力，作为一个应用翻译工作者，要善于迅速地掌握一个陌生领域的知识，比如在翻译前阅读一些该领域的基础知识文献或一些普及性的读本。虽说是"临阵磨枪"，但却有助于我们完成基础知识入门，了解该专业，为后续的翻译做铺垫。

人常说："处处留心皆学问"。应用翻译工作者要做一个有心人，要常常在翻译实践中充实自己的术语库，其中包括收集在翻译过程中令自己苦思冥想的那些术语、专业人士的行话等。上面谈到的要求过高，难以实现，然而译者应至少在某一知识领域内使自己的知识专业化。这种专业化可能比较广，有可能涉及一些交叉学科。熟悉了本专业，译者就会成为该知识领域的专家，就能够自由应对该专业翻译任务了。

第二节　网络资源与应用翻译

我们在翻译时不可避免要使用词典、手册、百科全书，这些工具书是阅读和翻译外文材料的最常用的帮手。前文说过，翻译时为了理解，我们需要翻阅这些工具书，为了表达还得求助于这些工具书，即使在加工润色阶段还使用这些工具书反反复复查证核实，所以对于从事翻译的人来说工具书是多多益善。翻译实践中我们常常发现，现存的工具书难以满足我们翻译工作的需求，因为我们所需要的有些词、术语在现有的工具书中并未收录或释义不全。其中的原因要么是这些工具书未曾收录该词和术语的所有释义，要么是一些新词、新术语现有的工具书出版时未来得及收录。出现这种情况是可以理解的，因为时代在发展、知识在更新，而工具书的编写则需要一定的周期，所以我们手头的工具书总会落后于日新月异的知识。特别是俄汉工具书的编写团队远不如英汉工具书的编写团队力量那么强大，相较之而言，俄汉工具书的编写周期要更长些，市场上出现的俄汉工具书的种类也相对少多了。况且，工具书的出版跟不上时代的发展，工具书出版之日也常是工具书落伍之时。这时我们就有必要求助于网络、挖掘网络信息资源。当今社会网络技术迅猛发展，网络已成为译者的得力助手，广泛地在翻译中使用网络资源不但可以有效地解决翻译中出现的诸多问题，同时也可以实质性地提高我们的翻译效率和质量。可以说，在未来网络资源的使用是译者的必备的能力之一。

1. 网络信息资源的特点

网络平台为我们翻译工作提供了容量大、范围广的信息资源，无论传统的工具书怎样再版修订、扩容，无论图书馆、资料室怎样增加藏书，它们承载的信息的容量总是有限的，而以互联网为平台的信息资源可以说是"包罗万象、取之不尽"。

和传统的图书馆、资料室、情报室等相比，网络信息资源的传播是高度开放的、不受时间、空间和地域限制的。只要有网络和电脑，我们就无需奔波于不同的图书馆、资料室、情报室进行翻阅查询，并受到时间、空间和地域等因素的制约。

网络资源相当于一个免费的语料库，使用网络资源既经济又节约。网络的使用成本低廉、费用很低，较之传统的纸质工具书，网络在线查询要方便得多，从而使译者节省了大量的时间和精力。同时使用网络资源可节省购置大量工具书的资金，也避免了翻译时案头各种工具书和参考资料堆积如山。

网络信息资源的增长速度快、更新快，避免了一些纸质工具书出版之日也就是工具书落伍之时的尴尬局面，在传统纸质工具书中难以查到的新词语及其用法和译法在网络资源中就可能找得到。

使用网络进行信息查询时，除了以往的译者和工具书面对面这种方式外，互联网可以给我们提供一个相互交流、互相作用的语言环境。译者可通过微博、微信、QQ、E-mail 等交际平台进行在线实时的信息交流，译者可以和作者、读者、生产厂家技术人员在线交流咨询，可以与译界前辈、专家、同行切磋技巧或咨询疑难，也可以和用户方进行沟通交流等。

2. 翻译类网络信息资源

1）通过互联网下载和安装俄汉电子词典，如千亿词霸、灵格斯翻译家、俄语一典通、华建俄汉双向词典、俄汉新译家等。除了传统的纸质工具书以外，这些电子词典也可以作为我们翻译的基本工具书。

2）网络在线词典等，这类词典容量超大，更新速度快，使用便捷。随着无线网络技术的发展和完善，网络在线词典的潜能和对翻译工作者的作用将会非常突出。如俄语在线辞典的网站就有很多，其中比较常用的就有 http://wwww.dic.academic.ru/，http://www.slovari.ru/，http://www.slovopedia.com，http://www.gramota.ru，www.dict.t-mn.ru，http://www.dic.academic.ru，http://www.sokr.ru/，http://www.onlinedics.ru/ 等等。

在以上的俄语在线词典中我们推荐 http://www.onlinedics.ru/ 网站，因为较之其他网站，该网站上所汇集词典的类型最多，词典的数量也最多。其中不但有常见的俄语详解词典和一些的百科词典（如 Энциклопедический словарь, Словарь Ефремовой, Энциклопедия Кольера, Энциклопедия Брокгауза и Ефрона, Толковый словарь Ушакова, Словарь Ожегова, Словарь Даля），而且还有大量的实用型的不同专业和类型的词典（如 Финансовый словарь, Большой бухгалтерский словарь, Медицинский словарь, Морской словарь, Социологический словарь, Сексологический словарь, Астрономический словарь, Архитектурный словарь, Джинсовый словарь, Словарь по ландшафтному дизайну, Автомобильный словарь, Кулинарный словарь, Исторический словарь, Религиозный словарь, Словарь по мифологии, Библейская энциклопедия, Словарь по искусству, Философский словарь, Словарь логики, Психологический словарь, Словарь наркотического сленга，Словарь воровского жаргона，Словарь молодёжного сленга，Словарь компьютерного жаргона，Биографический словарь，Словарь эпитетов，Словарь курортов，Словарь русских технических сокращений，Этимологический словарь Фасмера，Словарь иностранных слов，Словарь фразеологизмов，Словарь географических названий，Словарь символов，Словарь синонимов，Словарь нумизмата，Словарь имён，Словарь мер，Словарь русских фамилий，Этнографический словарь）。网站所收录的在线词典愈多，译者使用起来就愈方便。为了查找必要的信息，译者用不着奔波于各类图书馆、资料室，去反复地翻查各类工具书，只需在网站的搜索栏中输入所要查的词，轻轻一点，便很轻松地找到某一词的释义或相关背景知识。

3）在线各类百科词典。人们经常要求译者成为一个活百科，却不知我们每个人大脑记忆的容量有限，而且每个人的知识总会有许多盲点。翻译实践中我们总会涉及相关的政治、经济、文化、科技、军事、历史、地理、文学、艺术、民俗等方方面面的知识，这使我们不得不求助于百科词典类的工具书。传统纸质的百科词典也大多是部头较大、种类繁多，而在线的百科网站为我们搜寻这些知识提供了非常广阔、非常便利的平台。如常用的汉语百科网站有互动百科网（http://www.hudong.com/）、百度百科（http://baike.baidu.com/）、中国百科网（http://www.chinabaike.com/）、中文维基百科（http://zh.wikipedia.org/zh-cn/）等；常用的俄文百科有俄文的维基百科（http://ru.wikipedia.org）、环球百科（http://www.krugosvet.ru/）、布洛克达乌斯和叶夫龙百科词典（http://dic.academic.ru/contents.nsf/brokgauz_efron/）、大苏联百科（http://dic.academic.ru/contents.nsf/bse/）、现代百科（http://dic.academic.ru/contents.nsf/enc1p/）、科尔耶尔百科（http://dic.academic.ru/contents.nsf/enc_colier/）、大百科词典（http://dic.academic.ru/contents.nsf/enc3p/）等。翻译时使用这些在线百科词典和网站可使我们对一些生疏的专业、陌生的事物能有一个初步的了解。

4）在线俄汉词典和俄汉翻译网站。在线俄汉词典及其一些在线翻译网站是我们依托互联网进行俄汉互译时主要使用的网络工具，大部分词汇在这些网络工具书中都能查找到译法，同时这类词典或网站查找起来非常方便，从而大大节约了译者的时间和精力。近几年这类在线俄汉互译词典或俄汉在线翻译网站有：大 БКРС（bkrs.info）、千亿词霸（http://www.igimu.com）、北极光俄语词霸（http://www.bjguang.com/）、谷歌在线翻译（http:translate.google.cn/）、俄语词霸（www.eyuciba.com）、文国词霸（http://ru.v.wenguo.com/）、译俄语（http:www.yieyu.com/）、俄汉汉俄词典（http://eluosi.cc）、银河弘星在线翻译（http://www.yhhxw.com/fanyi）、Mindexplainer句译（http://www.juyy.net/ruindex.htm）、新天地翻译网在线翻译（http://www.tran168.com/zxfy.asp）、新天地翻译网（http://www.tran168.com/zxfy.asp）、俄语学习网翻译（http://www.ruchina.com.cn/fanyi/）、123cha！多语言翻译（http://www.123cha.com/tran/）、多语言互译网站（http://freetranslation.imtranslator.com/）、Google在线翻译（http://www.google.cn/language_tools）及其http:www.itools.com等。

5）在线汉英互译、英俄互译词典及翻译网站。俄汉互译与这些在线汉英互译、英俄互译词典及翻译网站能有什么关系？众所周知，英语作为世界上最普及的语言，较之其他语种，在俄罗斯从事英俄词典、英俄互译和在中国从事英汉词典、英汉互译的力量要强大得多，所以在俄罗斯英俄、英汉翻译软件、在线词典和在线翻译也都要发达得多，且容量要大、更新更快一些。我国传统的俄汉纸质工具书自不用说，现代的俄汉在线词典和翻译网站较之英汉在线词典和翻译网站要逊色得多了。所以在翻译过程中我们不得不借助于英汉、英俄词典或在线翻译网站，曲径通幽，找出合适的译文来。如汉译俄时汉语中的新概念、新术语在现有的俄汉纸质工具书、在线词典和在线翻译网站中都找不到，这时我们不妨采用迂回战术，先查汉英词典（或在线汉英词典、翻译网站）找出这一词的英语译文，然后再查英俄词典或在线英俄翻译，最终找出这一词的俄语译文来。可提供汉译英的在线词典和网站例如：爱词霸（http:www.iciba.com/）、海词（http://www.dict.cn/）、百度词典（http://dict.baidu.com/）、Google在线翻译（http://www.google.cn/language_tools）、百度在线翻译（http://

site.baidu.com/list/104fy.htm）等；而英俄翻译在线词典和网站例如：http://slovari.yandex.ru/，http://www.lingvo.ru/，http://dict.rambler.ru/，http://verb.ru/verb/，http://lingvo.abbyyonline.com.ru，http://www.translate.ru/eng/，http://babelfish.altavista.com 等。

6）俄语、汉语的搜索引擎。利用搜索引擎我们可以搜寻到在线翻译词典和翻译网站，同时互联网上的信息资源相当于一个免费的超大型的语料库，它涵盖了方方面面的语料，为我们的翻译提供了丰富的语料支持。在翻译过程的理解和表达阶段我们均可使用搜索引擎，如理解时我们可以利用搜索引擎在网络信息资源中找到某一词、术语的释义，找到与所译对象相关的背景知识和材料；表达时我们可以利用搜索引擎在网络信息资源中找到某一词或术语的正确译名，又可以利用搜索引擎去验证我们的译文是否正确。汉语常用的搜索引擎有百度（http://www.baidu.com），Google 谷歌（http://www.google.com.hk/），搜狗（http://www.sogou.com/），Bing（必应）（http://bing.com.cn/），有道（http://www.youdao.com/）等。俄语常用的搜索引擎有 http://www.yandex.ru，www.rambler.ru，http://www.google.ru/，http://www.mail.ru/，http://www.ru.msn.com，http://www.ru.yahoo.com/ 等。

7）俄语学习网站（论坛）、翻译网站、译者博客、俄语知识及翻译微信群。在这类网站上我们有时不但能查找到一些专业的分类词汇的译文，可以就一些翻译中的疑难问题求助于译界同行，可以学习到一些翻译的方法和技巧。这类网站、博客、微信群如：俄罗斯中文网（http://eluosi.cn/），俄语学习网（http://www.ruchina.com.cn/index.html），俄语翻译李铁的博客（http://laotie1972.blog.hexun.com/），俄语娱乐综合论坛（http://www.china-lesha.cn/）你好！俄罗斯专业俄语博客（http://www.hirussia.net/），米什卡俄语在线（http://www.mishka.com）；潮流俄语、俄语在线、俄语翻译之友、亿酷俄语、叶琳工作室、俄语之家等。这些网站、博客、微信群除了可以对我们的翻译工作提供帮助以外，我们还可以从这些网站、博客和微信群中获取各种不同的俄语学习资源。

3. 网络信息资源在翻译实践中的具体运用

我们根据多年的翻译实践总结了一些使用网络信息资源的方法技巧供大家参考。

1）翻译时以手头传统的纸质词典为依托，反复查证，即使是查不出来，这些字典中的词条、构词方式、相关术语的成素等也会给译者一些启示，为我们进一步在网络资源中搜寻所需的信息奠定基础，提供提示和参考。

2）用俄语搜索引擎 yandex.ru 作检测、核实工具，去验证自己的译文是否正确。在翻译时译者经常会根据自己的译事经验、俄语的语言知识、翻译对象的所属专业领域的知识提出自己初步的翻译方案来。至于这一译文是否正确，译者自己有时难以确定，这时译者不妨把自己初步的译文（词或术语）输入到 yandex.ru 搜索栏中去检索。若 yandex.ru 搜索结果中有自己最初的译文，那么这一译文有可能就是正确的，当然这还需译者依靠自己的译事经验进一步的核实。yandex.ru 对所搜索到的词条中的核心词汇（词组）均用粗体标识，如果词条中所标识的词或词组与译者初步的译文不一致，这时 yandex.ru 会提供自己的方案——与核心词不同的组配方案，译者只要耐心查阅这些词条和仔细地比对辨别，就有可能找到合适的译文。

例如，我们在给用户翻译"普斯科夫州投资委员会主席"时，由于用户没有提供以前他们合作的相关俄文背景材料，所以我们先在 yandex.ru 搜索栏中输入自己的初步译文"Комитет Псковской области по инвестиции"，在搜索结果中有一条"Председатель Государственного комитета Псковской области по экономическому развитию, промышленности и инвестициям"，这样就获得约定俗成的表达法，从而也校正了自己的译文，获得了正确的译文。

同样在翻译"圣彼得堡工商会"一词时，我们就在 yandex.ru 搜索栏中输入了自己初步的译文"Санкт-Петербургская промышленная и торговая палата"，但是搜索结果中大多显示的却是"Санкт-Петербургская торгово-промышленная палата",虽说我们的译文与显示的搜索结果众所标识的词条没有实质性的差别,但是我们认为还是取"约定俗成"的 Санкт-Петербургская торгово-промышленная палата 为好。

3)汉语文稿中俄语人名的回译。

在翻译中常会遇见汉语文稿中有一些俄语人名,常见的俄语人名译者应该能回译成俄语,而一些生僻的姓名就要按其发音去查询《俄罗斯姓名译名手册》。当然还有一些姓名手册中未予收录,这时就要求助于 yandex.ru 了。例如,有一次我们在给陕西省政府翻译一篇讲话稿时就出现"尊敬的别兹柳炳科副州长先生"称呼,我们在《俄罗斯姓名译名手册》中就没有找到相关对等的姓名。若按汉语的"别兹柳炳科"去音译,译文就有可能是 Безлюбенко,后来的网络搜索证明这一译文是错的。我们在翻译时又使用 yandex.ru,在其搜索栏中输入"заместитель губернатора Псковской области"进行搜索,在诸多搜索到的词条中我们发现普斯科夫州有一副州长姓"别兹罗炳科(Безлобенко)",显然是以前的译者由于粗心在音译时出错了,把"别兹罗炳科"随意翻译成了"别兹柳炳科"。试想一想,在隆重场合致辞时竟然把对方的姓名都翻译错了,那是对听者多么的不礼貌,会让听者多么不愉快!

4)汉语文稿中涉及的非中国和俄语国家公司、企业、人名、地名的翻译。

在一些用户如企业或政府的宣传材料中会出现一些非中国和俄语国家的公司、企业、人名、地名的汉译名,这时译者不能想当然,不能依汉语字面而音译。之所以不能按照这些汉译名的发音而音译成俄语,是因为这些汉译名是从其他语言翻译而来的,若再转译成俄语,避免不了要犯错。出现这种情况时我们建议多使用百度中的"翻译"栏,在"翻译"栏中选中"中文→英文",输入非中国和俄语国家公司、企业、人名、地名,则会得出相应的英文名称,然后把"英文名称+перевод"放在 yandex.ru 中去搜索,就可以得到这些名称的俄文译名。如,爱默生(Эмерсон)、班加罗尔(Бангалор)、可口可乐(Кока-кола)、百事(Пепси)、波音(Боинг)、空客(Эйбарс)、西雅图(Сиэтл)等等。当然也有一些 yandex.ru 的"翻译"栏不能提供相应的俄语音译,这时我们在译文中也不妨使用其英语原文,如美国的甲骨文公司(американская корпорация Oracle)、американская корпорация(концерн)United Technologies Corp. 等。

5)新词汇的翻译。

在俄译汉时常会遇见一些新概念、新词汇。如 хемалитоавтотрофия 一词,在我们现有的工具书中难以查到,虽说根据该术语的构词成素我们也可以大概知道它的意义,但如何用汉语准确地表达则难以确定。后来求助于 yandex.ru,在 yandex.ru 的搜索栏中输入"хемалитоавтотрофия перевод",得到译文"chemolithoautotrophy",再在百度搜索栏中输入"chemolithoautotrophy 翻译",最后得出最终译文"化能无机自养型"。

汉译俄时,如果一些概念、词汇是汉语原发自生的,我们一般采用意译或直译方法译出。关于这一类概念和词汇的翻译在此无须赘述,因为译界已研究得很多。如果是一些国际通用或流行的新概念、新词汇,我们可采用迂回策略译出:先查汉英词典,然后再查网上的英俄词典(或由英语音成俄语,这时要求译者熟练掌握英语音译成俄语的规则),最后再用 yandex.ru 或 google.ru 搜索确认。有时一个词(术语)的某个音节在搜索栏中输入错了,但 yandex.ru 或 google.ru 也会给你提示"Быть может, вы искали: '…'?(您找的可能是'……'?)";"Исправлена опечатка '…'(打错的字词已改正)""Добавлены результаты по запросу '…'.Искать только '…'(根据查询,增加其他搜寻结果'……'。或者仅仅只查询'……'。"搜索引擎的这些提示可以为你的检索提供参考。

我们再回过头来谈谈使用谷歌来翻译这类概念或词汇。不妨通过具体的例子来说明使用的方法。

例1:"软件服务外包"的翻译。我们先使用 google.ru 中的"翻译"工具栏,再在"翻译并搜索"输入"服务外包",可得到 outsourcing。然后再使用"翻译"工具栏,输入 outsourcing,进行"英语→俄语"转换,可得 аутсорсинг。也可在"搜索"工具栏中直接输入"服务外包","我的语言"中选"中文→俄文",也可得到аутсорсинг。同时在搜索结果中可以获得"外包"一词相关的搭配,如:IT服务外包(IT аутсорсинг)、会计外包(бухгарский аутсорсинг)、外包服务(услуга аутсорсинга)、外包项目管理(аутсорсинг управления проектами)等等,这时细心的译者会趁机把这些词汇存入自己的术语库中。

例2:"物流"一词的翻译。如果在"翻译下列文字"一栏中输入"物流"一词,并选择"中文→俄文",则可得到логистика。若要在俄汉大字典中去核实,则会发现логистика:①(哲)逻辑斯提(也指数理逻辑,符号逻辑)②(转)繁琐的空洞的议论。显然这两种释义都难满足我们的要求。所以在"语言"栏中进行"跨语言文字搜索"。输入"物流"一词,并选择"中文→俄文"转换,在搜索结果中发现术语解释:Логистика-стратегическое управление(менеджмент) закупкой, снабжением, перевозками и хранением материалов, деталей и готового инвентаря (техники и проч.). Понятие включает в себя также управление соответствующими потоками информации, а также финансовыми потоками. Логистика направлена на оптимизацию издержек и рационализацию процесса производства, сбыта и сопутствующего сервиса как в рамках одного предприятия, так и для группы предприятий. В зависимости от специфики деятельности компании применяются различные логистические системы. 因此这段文字解释我们就可以断定логистика一词就是我们所要找的"物流"的译文。同时可在搜索的结果中找到替她与物流相关的术语,如仓储物流(логистика по складу(складская логистика))、物流服务(логистические услуги)、物流公司(логистическая компания)、国际物流中心(международный центр логистики)等。

例3:"宣传片"一词的翻译。如果用google.ru的"翻译并搜索",可得API(API(application programming interfaces-интерфейс программирования приложений〈是指应用程序编程接口方面〉),这显然和我们要翻译的"宣传片"一词分风马牛不相及。如果进行直译,则为агитационный фильм或пропагандистский фильм。这两个译文涉及的均是意识形态方面的内容,如国际国内政治、军事、大选前的宣传造势等。这使我们想起另一个译文"рекламный фильм"(реклама в виде телевизионных клипов, фильмов. Широко используются два типа рекламных фильмов: короткометражные, которые носят развлекательный или познавательный характер, и фильмы-минутки продолжительностью от 30 до 90 секунд.)。在google.ru核实时该译文时我们在搜索到的词条中除了"рекламный фильм"外还有"презентационный фильм"(Презентационные фильмы〈презентации〉используют для демонстрации товаров и услуг. Также презентационный фильм может быть посвящен определенному событию или акции〈презентация фирмы или нового направления деятельности, открытие нового объекта и т.д.〉)等词组。我们翻译的"宣传片"指的是陕西省在俄招商用的宣传片,所以我们认为此处"宣传片"的译文选用презентационный фильм更合适一些。

例4:"对外经贸局负责招商引资项目的组织、包装、推介工作"这句话中"包装"一词的翻译。查字典"包装"即упаковка;用google.ru翻译,也是упаковка,译文显然不合适。用"翻译并搜索""企业包装",得到译文"бизнес-пакет(商务套餐)",自然这个译文也不正确。所谓的企业包装均与企业的形象有关,因此我们就想起имидж(image)一词,再查英语字典,发现词条image-builder(形象塑造者), image-building(形象塑造——用广告、宣传的手法在公众面前塑造或保持一个良好的印象),再把"image-building"输入google.ru进行"搜索并翻译",可得"создание имиджа и стиля"或"формирование имиджа"。英语中还有image-making(имиджмейкинг),在google.ru中搜索,可以找到"имиджмейкинг фирмы, продукта, персоны"等搭配,由此可见"项目包装"可以译为имиджмейкинг проекта。

在网络技术飞速发展的时代我们翻译人员必须掌握挖掘和使用网络信息资源的技巧和方

法，使网络的信息资源服务于我们的翻译工作。然而要有效地利用网络信息资源，翻译人员必须具备一个坚实的语言基础，能够熟练地驾驭俄语和汉语，有一定的阅读和分析能力；翻译人员必须掌握一定的翻译理论和翻译技巧和方法，有一定的译事经验的积累；除了了解本专业知识外，翻译人员还得是一个杂家。唯其如此，翻译人员才能在网络信息资源的大海里如鱼得水，思路开阔，左右逢源。否则，译者会在浩瀚的网络信息资源中迷失方向，不知如何判断抉择，反而会降低翻译的速度和质量。

第六章

应用翻译之科技文本翻译

第一节 科技翻译种类及科技俄语特点

1. 科技翻译种类

科技翻译作为应用翻译的一种形式是指科学技术专业文献的翻译。由于科技文献总是与一定的科学技术领域有关系,所以真正可以胜任科技翻译任务的人应该是那些能很好了解科技翻译对象(科技领域某一专门知识)、经过一定科技翻译训练的、掌握了科技翻译的方法和技巧、能合乎规范地使用外语或母语来表达自己所理解的科技信息的译者。

随着科技翻译的发展,人们不断地总结实践经验,逐渐地按照科技翻译文本的体裁类型、服务领域和科技信息的接收者对科技翻译的对象进行归类,这就形成了不同的科技翻译种类。我们认为,科技翻译应大致分为以下六类:

一、学术性文本(собственно научный текст)的翻译,这类文本包括理论专著、学术书籍、毕业论文、科技报告等学术性文献,其读者主要是专家和学者。这类文本中所传达的信息非常准确,论证具有说服力,材料组织逻辑性极强,形式简洁明了。

二、教材类文本(научно-учебный текст)的翻译,这类文本包括教材、讲义、座谈会报告、手册等文献,其读者对象为未来的专家和学生。文本中所阐述的事实和所引用的例证大多是非常典型的,几乎所有的术语都要解释,文本开始一般都要明确一些概念,例证多、图表多、解释多,叙述相对严谨,不用或少用情感色彩和表现力强的语言手段,较之学术性文本,其句子结构要短一些、简单一些。

三、科学普及性文本(научно-популярный текст)的翻译,这类文本的读者对象是普通读者,而不是专家学者。文本作者用比较通俗易懂的或是形象性的语言手段,用事例和生动的故事说明科学的问题,达到向大众普及科技知识的目的。为此,对出现的术语要用浅显易懂的语言进行解释,对所得出的结论一般不会做过于详尽叙述。

四、生产技术性文本(производственно-технический текст)的翻译,这类文本的读者对象多是科技生产和组织领域的专业人士。这类文本包括技术设备、组件的说明书、生产工序和方法的说明书、图表、技术手册、机器和仪表的目录表等。文本一般是与科技工艺和方法的制定和描述有关的技术性文献,与科学研究的计划和组织有关的材料。较之学术性文本,生产技术性文本中抽象的术语性词汇用得少,而行话用得较多。

五、科技事务性文本(научно-деловой текст)的翻译,这类文本集科技语体与事务性语体特征为一体,如技术证明、检验报告、专利文本、招投标书、国际及组织机构的标准等。这类文本用极其准确客观的语言来叙述事实和传达科技信息,同时此类文本还具有一定的法律效力。这类文本书写时结构比较固定,程式化较强,语言手段前后要求统一。

六、科技广告性文本(научно-технический рекламный текст)的翻译,这类文本是指科技企业及科技产品的广告宣传材料,它在某些方面近似于科普文本,但该类文本宣传广告的目的和效应突出。

以上六类科技文献都有其专门的用途、内容、语言和修辞手段、专门的读者群体。把握住各自类别的体裁特征,可以帮助译者在表达时缩小选词造句谋篇的范围,进而使科技信息的交流顺畅自然。

3. 科技语体简介

科学的根本任务在于认识事物、现象的本质，揭示其运动的规律，使人们获得科学知识并把这些知识用于生产实践的知识。科学家主要是进行抽象思维的，也就是说科学家依靠概念进行分析、归纳、推理、论证来完成其思维过程，那么科学的语言必然专业性、抽象性、概括性、精确性、严密性、紧凑型、逻辑性（理智性）很强。科技语体表现为科学专著、学术论文、科学报告、科普读物、技术说明、证明文件、广告宣传等言语体式。这些文本的主要特征就是表达信息十分准确，行文明白晓畅，除了科普读物、科技广告材料以外，其他体裁几乎不使用情感丰富、表现力较强的语言手段，因为科技文本的重心不在于所表达内容的情感方面，而在于所表达内容的逻辑性和准确性。科技文本的作者极力不自由、随意地去阐述对象的实质，因此多数科技文本很少见到文学作品中常使用的生动形象的语言手段，如比喻、转喻及其他修辞格，这样一来科技文本作者的个性就不像文学文本那样鲜明。大多科技文本的作者尽量避免使用这些语言手段，其目的在于确保科技语言的准确、清晰性。这样一来，我们就常感觉到科技语言冷冰冰、干巴巴、不具情感。科技俄语的具体特征体现在它的词汇、词法、句法层面上。

4. 科技俄语的语言特点

要搞好科技翻译，我们就必须了解科技俄语的语言特点。下面我们简单地介绍一下科技语体的特征。

1）科技文本在词汇方面一个显著的特点就是大量地使用科技术语和单义词。科学语言中很少使用转义，同义现象也很少，尤其不宜用同义词或代词来代替名词，特别是代替术语。可以说，术语是一个能自我调节的、专门用来表示认知意义的词汇工具。术语多是单义的，不带有感情表现力色彩，也不依赖于上下文。术语的特点是概念准确，含义单一和概括，带有科学语体的功能色彩。这三个特征要求译者在翻译时要使用单一的、不依赖于上下文的等值物（对应的术语）。在专门的双语科技词典中一般都能找到对应的等值物，因此不允许用近义词来替换译入语中的术语。科技文本的其他词汇，如通用词语和书卷通用词语，也不带感情色彩、呈中性色彩。

2）从词类上讲，使用频率最高的是名词，且多使用中性名词，以体现科学语言的抽象性和概括性。科技语体中的中性名词一般不表示比喻意义，而是表示一些概念，作为术语来使用。其次，使用频率较高的是形容词和动词。动词多使用现在时，因为现在时适合于表示事物和现象的属性和特点，可用来表示事物和现象的恒久性特征和运动规律。科技语体中经常使用动名结构，因为动名结构比相应的动词具有更大的表义潜力，能更好地满足科学语言准确性的要求。例如，与动词 производить（произвести）搭配的名词数目居多。如：ремонт, ампутацию, прививку, анализ, взвешивание, вычисление, действие, замыкание, зарядку, измерение, испытание, исследование, обработку, определение, опыты, операцию, преобразование, присоединение, проверку, работу, разложение, расчёт, эксперимент, классификацию 等。

3）较之其他语体，科技语体抽象名词使用频率较高。含义抽象的词在科技语体中所占的比重很大，而且抽象名词可兼指事物的特征和动作、状态的特征。况且，科技语体中可以使用抽象名词和物质名词的复数，而在俄语的其他语体中这种复数形式则不常用。如：строительные материалы, смазочные масла, растительные масла, высококачественные стали, научно-технические разработки, красные и белые глины, низкие температуры 等。

4）复合词的使用频率也较高，且复合词从过去的双词组合发展到多词组合。复合词的组成主要以名词+形容词合成为主。如：машиностроение, теплозвукоизоляция, местоопределение, шарикоподшипник, телеуправление, сверхбыстроходный, удобообрабатываемый, техобслуживание, физиотерапевтический 等。

另外，还多用连字符把两个独立的词连接在一起的复合词。如：схема-график, ракета-носитель, ватер-машина, истребитель-мишень, станция-сопроводитель, автомобиль-амфибия, функция-ответ, монтажно-демотажный, технико-производственный, индуктивно-импульсный 等。

5）广泛使用缩略语（专业缩略语和一般缩略语）。专业缩略语，如：НТР, ЭВМ, НТД, ИСЗ, ОП, БР, ПО, ОП, ГОСТ, ТУ, ПК 等。一般缩略语，如：т.д, т.п. 等。在有关字典中对大部分的缩略语都予以收录，译者只需查询使用，无需自造。如果字典中没有，那么该缩略语可能属于作者自造的缩略语，这时译者要在原文中去耐心寻找缩略语的全称，把原语中的简缩词展开，译出整个术语，再后附其简称即可。

6）外来语前缀的使用。通过外来语前缀 + 名词来组成复合词，如：аэродинамика, биотехника, гидрогеология, гидроавианосец, монокристаллический, биохимия 等。

7）在名词各格中，以意义最为概括的二格使用频率为最高，在科学语体中名词二格经常连串使用。如：

① Энергия освобождается при *расщеплении ядер атомов этих металлов.*
当这些金属的原子核分裂时就有能量释放出来。

② Цены используются государством для *стимулирования увлечения производства и повышения качества продукции.*
国家利用价格来刺激生产的增长和产品质量的提高。

③ Обработка и сборка *продукции механической и электротехнической промышленности.*
机电产品的加工及装配。

而名词第五格的使用次之，因为科技语体中多用被动态和被动短语。如：

④ Давление, создаваемое *столбом* жидкости *высоcoтой* h, равно *pgh.*
高度为 h 的液柱所产生的压力等于 pgh。

8）大量使用前置词和连接词，以此来准确地反映事物的关系，从而使语句联系更加明确、更具有逻辑性，其中复合前置词和复合连接词使用居多。如：под действием, в связи с, в отличие от, в зависимости от, в соответствии с, в результате, с помощью, на основе, за счёт, в отношении, в качестве, путём, по мере, в случае 等。

9）连接手段多样。除了广泛使用传统的连接词、关联词、代词、副词外，还可用名词、形容词，这也是科技俄语常见的语言现象。如：исходя из чего; отсюда вытекает, что...; в данном случае мы можем...; этот последний процесс...; указанные интегралы...; изложенное относится к...; в нижеследующей таблице... 等。

10）动词的不定式用得较多，因为其意最概括，所以使用频率居高。其中ся 动词、无人称动词、形动词、副动词也广泛使用。

① *Механизировать* и *автоматизировать* производство – это значит непрерывно *совершенствовать* его процесс и *повышать* качество продукции.
使生产机械化和自动化就意味着不断完善生产过程并提高产品质量。

② При горячей обработке деталей металл *вытягивается, изменяясь* в *размере.*
零件热加工时，金属延伸，尺寸发生变化。

③ Расчёт передачи *производится* в *следующем порядке.*
传动计算可按以下步骤进行。

④ В машинах *недостаёт* нескольких деталей.
机器还缺少几个零件。

⑤ На конце стрелы электрического шагающего экскаватора *подвешен* громадный стальной ковш с острыми зубьями.
电动步行式挖掘机的移动臂末端挂有一只带尖齿的巨大的钢铲斗。

11）大量使用无施动结构（被动结构、无人称句、不定人称句），旨在突出行为状态本身，而不强调行为的主体。在这里行为的主体可设想为任何一个人，随便是谁；或者行为主体完全无具体所指，不知是谁；甚至不能设想会有主体。

① С помощью ультразвука *получают* однородные жидкости, которые обычно не *смешиваются* и не *растворяются* друг в друге.
利用超声波可以得到在一般情况下彼此既不混合也不溶解的均质液体。

② О том, как эти приборы *устроены* и *действуют*, *рассказывается* в нашей книге.
关于这些机器的制造和应用问题，本书有说明。

12）多使用插入语、独立语、同等成分等，来表示话语各部分之间的关系，以强调其逻辑性。

① Применение сверхскоростных ракет и атомного двигателя, *возможно*, позволит учёным будущего открыть и эту тайну.
有可能，超高速火箭和原子能发动机的应用会帮助今后的科学家解开这个秘密。

② *Небольшие по размерам*, эти машины нашли широкое применение в технике.
这些机器体积不大，在技术上用得很广。

13）科技文本有自己的一套常用句型，这也是科技文本有别于其他文本的标志，如静词结构和表义结构等。其意义、用法详细例证见本章第三、四节。

14）科技语体为了表达一个复杂的概念或阐述一个事实、道理，作者往往要使用许多复合句，且句子层次繁多、结构完整严密，以体现科学说理的精密性和严肃性。如：

① Имея чертёж, рабочий знает, как обтачивать деталь, где и какого диаметра сверлить отверстие, где нарезать резьбу.
有了图纸工人就知道怎样车零件，在什么地方钻孔和钻多大直径的孔，在什么地方刻螺纹。

第二节　科技术语翻译

科技翻译之所以不同于其他文体的翻译，就是因为科技文本中含有大量的科技术语。所谓科技术语，指的是可以表示科技领域里一定概念的中性词汇或词组。科技术语准确地表达某一知识领域、生产领域、技术领域的概念、过程和事物的名称。从词汇角度来讲，科技文献的最基本的特点是大量使用科技领域的专业术语和通用术语。专业术语表达的意义仅限于某一个知识领域，是该专业领域特有的词汇；而通用科技术语（如：сила, энергия, мощность, работа）则可适用于多个科学技术领域。所有的术语从构成上又可分为简单的和复杂的词组。较之其他词汇，科技术语要承担主要的语义负载，科技术语在阐述某一事物的概念内涵时具有准确性、明确性、经济性等特点，从而使人们能正确地理解所阐述问题的实质。由于科技作品大量使用科技术语，所以我们就得仔细地研究一下科技术语及科技术语的翻译问题。

1. 术语是如何产生的?

1）普通词汇用于专门术语。科技作品中许多专业术语来自于常用词汇，一经用于某一专业知识领域就成了专业科技术语，便具有严格的科技含义。如：серьга——钩环，套钩，回头缆，吊耳，套管；пята——拱脚，基座，底座；палец——销，把手，杆。

2）词的复合法。如：самолёт, вертолёт, луноходлазер-усилитель, балка-упор。

3）使用各种前缀、后缀构词。如：переключение, торможение, расцепление, приводнение, дезориентация 等。

4）构成各种不同的术语性词组。如：электрическая машина, заряжённая частица, энергия магнитного поля, обратное действие 等。

译者必须了解构成术语的每一个词的原始意义，因为在新的术语中词的原始意义多少会保存一点，新术语的意义一般也是逐词拼加而成的。科技工作者出于特殊的目的而创造新词、新术语，这些词语词义较固定，一经科技人员使用，便被人们沿袭使用。在翻译这些新术语时除了要根据其构成来确定词义外，还要注意术语使用的稳定性、连贯性，术语的前后统一。在科技翻译中，如果你对同一意义的术语（包括新术语）不停地变换译名，就有可能使用户（读者或听众）或不知所措，或产生误解。

2. 术语的共同特点

词一般是多义的，要确定它的意义就得依靠上下文，就得依靠交际场景。而术语本身也是一个词，是一种有着截然不同特点的词。术语可能是一个词或词组，但它的意义常常是单义的，也就是说术语常常指的是一个概念或对象（有时也指几个对象）。因此术语必不可少的特点就是在某一个科学或技术领域内它的意义是单一的，也就是说，在这一知识领域内要确定术语的意义是不需要依靠上下文的，即术语表示纯粹的称名作用。

术语的另一个重要特点就是其系统关系，也就是术语的相互关系。术语都共同具有某一个特征，归属于同一个知识领域。如与电学有关的术语就可以列举一大堆，如：электромагнитное поле, электрический заряд, электрический ток, электрическая энергия 等。翻译时译者就要确定术语是哪一个系统的，其相互关系如何。

术语的另一个重要特征就是其简捷性，可产生不同的派生意义，这对分拆词义非常重要。在技术中常有这种现象，为了说明术语体系中的某一概念，可以同时有两种共用的术语，一个非常准确，旨在详细解释词义；一个则非常简短，并且简短的往往使用也较广泛。

术语的另一个特征就是术语不具有民族性，不随语言的改变而改变。

最后，术语还有一个特点，就是术语在修辞上是中性的，不带任何感情色彩。

3. 术语的多义性

词语的多义性在规范语中是一个可证明语言表现手段丰富性的因素。多义性使言语活泼生动，能够表达细微的思维活动。然而在科技作品中则有所不同，科技语言需要准确地表达思想，而不允许进行各种各样的诠释，因而就要求术语意义要单一，也就是说要求词义一旦确定将恒定不变。事实上却并非绝对如此，同一个词可以被看作是不同知识领域中不同的术语，在不同的科技领域里或在不同的上下文中，同一术语可以表示不同的事物和概念，所以翻译时要切记这一点，在词典中选择词义是必须先要确定它是属于哪一个知识领域。有时"原文内容与译者狭窄的专业知识相去甚远，或遇到了新的术语，它在译文语言中没有对应物，在词典中也没有反映，在这种情况下，语文修养，对词根联系的了解，在上下文中对术语各种可能意义的分析，会有很大帮助。对小段文字来说，可以根据它的形式，根据较广泛的上下文的总体内容，予以破译。"（蔡毅，2000：111）况且，在翻译工作中有时就是在同一专业内术语也未必是单义的。

1）术语的普通意义与专业意义有所不同。如：

Полоса: запрещённая полоса（禁带；禁区能级〈理〉），железная полоса（扁铁），растянутая полоса（扩展频带），килевая полоса（龙骨板），спиральная полоса（螺旋纹），углеродистая полоса（碳素条钢），полоса захватывания（捕捉范围；捕捉频带），полоса отвода（用地界限；路幅〈筑路用地〉），полоса холодного проката（冷轧钢条），полоса частот яркостного видеосигнала（单色视角波段）。

2）同一专业中术语的意义有所不同。如：

① Напряжение равняется расчётным *сопротивлениям материалов*.
应力等于材料的计算强度。
② *Сопротивление материалов* – это наука.
材料力学是一门科学。

3）不同专业中术语的意义有所不同。如：производственно-исследовательская группа（生产研究小组），базоидная группа（碱类），калькуляционная группа（成本核算分类），маршрутная группа（直达车组），мезозойская группа（中生

界），однофазная группа（单相组）, силлиманитовая группа（硅线石属），функциональная группа（官能团、基团），группа волн（波群），группа пород（岩石类别），группа студийных светильников（演播室灯光板、舞台灯光板），группа электронов（电子束），финансовые группы（财团）。

4）不同词语表示的术语意义却相同。如：блок запоминания, запоминающий блок, блок памяти, запоминающее устройство, запоминающий накопитель, машинная память, накопитель, накопительное устройство, орган накопителя, память ЭВМ, ресивер, устройство памяти, устройство хранения, электронная память —— 存储器。

Вермикулит, диэлектрик, диэлектрический мат（материал, среда）, изолировочный материал（вещество, средство）, изоляционный（непроводящий, электроизолирующий）материал —— 绝缘材料。

5）同义、近义术语的辨异。如：оборудование, аппаратура, устройство, установка, снаряжение, аппарат, прибор。

Оборудование：多指系统的成套的技术设备。如：энергетическое оборудование（动力设备），подъёмно-транспортное оборудование（升降传输设备），горное оборудование（矿山设备），водоподготовительное оборудование（水处理设备；备水设备），коммунальное оборудование（市政设备），комплектующее оборудование（配套设备），медицинское оборудование（医疗设备），оборудование для ядерного реактора（核反应堆设备），оборудование для производства пластиковых окон（塑窗生产设备）。

Аппаратура：多指无线电和电子装置。如：лазерная поисковая аппаратура（激光搜索装置），лазерная аппаратура обработки данных（激光数据处理器），радиотехническая аппаратура（无线电设备），телеметрическая аппаратура（遥测设备），аппаратура автоматического управления（自动控制仪器），аппаратура для обработки информации（信息处理设备），аппаратура для фототелеграфной передачи（传真电报机）。

Устройство：多指机械设备和装置。如：механическое устройство（机械设备），командное устройство（指挥装置、控制装置），ограждающее устройство（防护、隔离、安全装置），сканирующее устройство（扫描仪、扫描装置），фильтрующее устройство（过滤装置），многофункциональное телемеханическое устройство（多功能遥控装置），антитоксичное устройство（废气净化装置），пусковое устройство（启动装置），передаточное устройство（传动装置）。

Установка：多指动力装置。如：мобильная установка для пуска（移动发射装置），водоочистительная установка（净水装置），ядерная силовая установка（核动力装置），установка для электролиза（电解装置），регенерационная установка（回收设备、再生设备），реактивная установка（喷气式动力设备），дезодорационная установка（除臭设备）。

Снаряжение：多指航空飞行和个人设备。如：лётное снаряжение（飞行设备），воздухоплавательное снаряжение（航空设备），аварийно-спасательное снаряжение（急救设备），военное снаряжение（军人装备），водолазное снаряжение（潜水装备），туристическое снаряжение（旅行装备），снаряжение охотника（猎手装备），личное снаряжение（个人装备）。

Аппарат：体积不大、构造较精密，可独立完成某项工作。如：зарядный аппарат（充电器），копировальный аппарат（复印机），коммутационный аппарат（交换机），размагничивающий аппарат（消磁器），аппарат дистанционного управления（遥

控装置），измерительный аппарат（测量器械）。

Прибор：测量、检验、防护、控制、计算统计的仪器或仪表。如：вычислительный прибор（计算器），азимутальный прибор（方位仪），гидроакустический прибор（声纳仪器），индикаторный прибор（指示仪），универсальный прибор（万能电表），прибор ночного видения（夜视仪）。

3. 术语的翻译

1）翻译时要注意术语的构成元素

① 由名词+非一致定语构成的术语，一般由右至左进行翻译。如：прибор ночного видения（夜视仪），напряжение при разрядке（放电电压）。

② 由名词+一致定语构成的术语，一般按其构成的顺序，由左至右进行翻译。如：электронагревательный прибор（电热器），взлётная мощность（起飞功率），поршневой двигатель（活塞式发动机）。

③ 复合词翻译时要辨明复合词的词干。如：графоанализатор（曲线分析器），электровоздухораспределитель（电动空气分配阀），дорожномашиностроение（筑路机制造业），туманообразователь（喷雾器）。

④ 复合词翻译时要判明前后的修饰与被修饰关系。如：ракета-носитель（运载火箭），трансформатор-выпрямитель（整流变压器），тяга-тендер（松紧螺杆），станок-автомат（自动机床），магнитофон-приставка（多功能录音机），экспресс-испытание（快速试验），пространство-время（时空），тележка-опрокидыватель（翻斗车）。

2）术语翻译的具体方法

① 音译：一大部分具有国际性的术语翻译时多采用音译法。即借助于译入语的音标，把原文中字词的音这一因素再现出来，使其在发音上与原文保持一致或近似。如：мозаика（马赛克），ампер（安培），мотор（马达），неон（霓虹），ген（基因），клон（克隆），武术（ушу），气功（цигун）。

② 意译：如果术语在译入语中没有对应体，则采用意译法。如：информатика（信息学），подпрограмма（子程序），видеофон（录像机），стереозвучание（立体声录放），ракета-носитель（运载火箭），сверхпамять（高性能存储器），ноу-хау（最新技术），针灸（иглоукалывание и прижигание），望闻问切（осмотр, прослушивание, опрос и прощупывание пульса）。

③ 音译+意译：这种翻译方法一般把术语分成两部分，一部分用意译法译出，而另一部分用音译法译出。如：фарадметр（法拉计），берет（贝雷帽），микромикрофарада（微微法拉），вольтомамперметр（伏特欧姆安培表），道家（даосская школа, даосизм, даосы），太空人（тайкунавт）。

④ 形译+意译：所谓的形译（字译）是指借助于译语字母对原语字母进行对应的替换。西方语言与汉语分属不同语言体系，西方语言是字母文字，汉语是表意文字，大多数情况下这两种语言之间是不可能进行形译（字译）的。然而西方语言中的一些表示形象的字母在译成汉语时是可以借用的，或把俄语术语中形象描述使用汉语字符再现出来如：T-образное соединение（T形连接），I-балка（工字梁），O-образное кольцо（O形圈〈环〉），У-образная труба（U形管），X-лучи（X射线），обзор пространства V-образным лучом（V形射束空间扫描）；крестное соединение（十字接头），клинорвое соединение（楔接合），седлообразное соединение（鞍形结合），тавровая сталь（丁字钢），двухтавровая сталь（工字钢），соединение вилкой（叉形接法），соединение звездой（星形接法），соединение звезда-зигзаг（星形之字形接法）。

⑤ 不译：国际通用的术语、技术单位、企业及品牌等在翻译时可以不用转换，保留其通用语（英语）形式或通用语（英语）即可。如：ABS（防抱死刹车系统），новая модель iPhone 7SE（新款的 iPhone 7SE）。

*您可以查看 Microsoft 网站 http://www.microsoft.com/hcl/ 上的硬件兼容列表（HCL）。

Это можно проверить по списку совместимого оборудования (HCL), хранящемуся на веб-сайте корпорации Microsoft по адресу http://www.microsoft.com/hcl

第三节　静词翻译

在科技材料中经常要使用静词句式（静词合成谓语）来表示事物或现象的特征、过程，或使用静词句式来界定某一概念，或使用静词句式来阐述某一规律、定理，故而静词及静词句式的使用也成为科技材料的特点之一，因而对静词的译法也应予以研究。

1. 在科技材料中如 быть, являться, представлять, собой, составлять, состоять, заключаться 等系词的使用频率较高。

1）多译为"是"，采用汉语的判断句式。如：

① ЭВМ *состоят из* нескольких компонентов, главными из которых *являются*: процессор, основная (оперативная) память и внешние устройства.

计算机由好几部分组成，其中最主要是：处理器、内存、外部设备。

② Компьютер *представляет собой* электронный прибор, предназначенный для восприятия, хранения, обработки и передачи информации.

电脑是用于接受、储存、加工和传递信息的电子仪器。

*STM20 *представляет собой* современный напольный накопительный водонагреватель для обеспечения горячей водой.

STM20 型是一款现代化的、落地式、蓄水热水器。

③ По теоретическим оценкам, предел предсказываний хода погоды *составляет* четырнадцать суток.

从理论上讲，天气预报的最长期限为十四昼夜。

*Здесь проживает около 50 представителей нацменьшинств, которые *составляют* лишь 0,44% от общего населения.

这里有 50 来个少数民族，其人口只占总人口的 0.44%。

④ Другой путь *заключается* в тщательном изучении объектов с целью выделения наиболее информативных признаков.

另一条途径是仔细研究客体，目的是找出其中最有信息价值的特征。

*Но цель, в любом случае, *заключается* в том, чтобы поддержать целостность баланса Инь-Янь.

但是，在任何情况下其目的都是要保持阴阳平衡的完整。

⑤ Внешнеторговый оборот в 2016 г. *составил* 20 млрд. долл., из которых на экспорт пришлось 61,3%.

2016 年对外贸易额为 200 亿美元，其中出口占 61.3%。

2. 翻译带 являться, представлять собой 的句子时要注意句序。

"Что является чем" 句式强调说明这个事物（物质、现象）具有什么性质。这一句式翻译时语序不变。如：

① Стекло *является* необходимым материалом в строительстве любого здания.
玻璃是建造任何建筑物所必需的材料。

② Эмоциональная сфера деятельности человека *является* одной из "тайн" природы.
人的情感活动领域是自然界的"奥秘"之一。

"Чем является что"句式强调指出具有一定性质的是哪一个事物（物质、现象）。表语部分前置，翻译时要注意语序。如：

① Особенностью трансформаторов тока *является* то, что при их работе нельзя размыкать вторичную цепь.
变流器的性能就是在它工作时不能切断次级电路。（语序不变）

② Главной составной частью живых организмов *является* вода.
水是生物机体的主要组成部分。（逆序）

③ Head & Shoulders *является* зарегистрированной торговой маркой.
"海飞丝"为（本产品的）注册商标。
（本产品的）注册商标为"海飞丝"。（语序可变也可不变）

2. 科技文体中诸如 **называться, считаться, оказываться, оставаться, служить, становиться, рассматриваться, определяться, пониматься, приниматься, получаться, сохраняться** 等实词常用作系词，其本身词义有不同程度的减弱，有时近乎系词，多译为"是"。如：

① Как правило, избыточный вес *служит* причиной многих болезней.
过胖通常是导致多种疾病的原因。（原词义减弱）

② Каучук также *служит* хорошим изолятором тепла и электричества.
橡胶同样可作为热和电的良绝缘体。（保留原词义）

③ Эта истина *осталась* неизменной и в эпоху научно-технической революции.
这一真理即便是在科技革命时代也是永恒不变的。（原词义减弱）

④ При этом качество печати *остаётся* на том же высоком уровне.
况且，打印质量依旧很高。（保留原词义）

⑤ Менее хрупкая и более вязкая сталь *считается* качественной.
优质钢脆度小而韧性高。（原词义减弱）

⑥ Обрабатываемая поверхность *получается* негладкой.
待加工的表面是不光洁的。（原词义减弱）

⑦ Толщина многопролетных плит *сохраняется* постоянной во всех пролетах.
多跨板的厚度在各个跨度里都是固定的。（原词义减弱）

*В городе Сиань *сохранилось* множество достопримечательностей.
西安市有许多名胜古迹。（原词义减弱）

⑧ Сульфидами *называются* соединения серы с металлами.
硫化物就是硫与金属的化合物。（原词义减弱）

*Относительной влажностью *называется* отношение в процентах фактического содержания водяных паров к содержанию насыщенного водяного пара при одних и тех же температуре и объёме.
相对湿度是指一定温度及一定体积的空气中实际水蒸气量与饱和水蒸气量之比。（原词义减弱）

⑨ Отпечатки *получаются* поистине фотографического качества.
可获得如相片那样清晰的打印效果。（保留原词义）

⑩ Дважды в истории Китая город *становился* столицей китайского государства.
　　这个城市两次在中国历史上成为国都。（保留原词义）

3. 科技文体中诸如 **отличаться, характеризоваться, обладать** 等虽非系词，但常用来表示事物的特征与性质，翻译时多译为判断句式。如：

① Утомление же *характеризуется* наступившими в организме определёнными биохимическими сдвигами.
　　而疲劳则是机体中已发生了一定的生物化学改变。

*На побережье климат мягкий и влажный, *характеризуется* дождливым летом и сухой зимой.
　　沿海一带气候温和湿润，夏天多雨，冬季干旱。

② Тепловая изоляция *отличается* хорошей механической прочностью.
　　这种热绝缘材料的特点是机械强度高。

*Эта серия отличается элегантным дизайном и новейшими технологиями.
　　这一系列的特点是造型精美，工艺最新。

③ В отличие от других материалов пластмассы *обладают* способностью окрашиваться в различные цвета и по всей толщине изделия.
　　塑料与其他材料不同，其制品可以从里到外全部染成各种颜色。

*Провинция Шэньси *обладает* крупным научным потенциалом.
　　陕西省科技实力雄厚。

④ Такой материал *характеризуется* его большой износостойкостью.
　　这种材料的特点是耐磨性很强。

第四节　表义结构翻译

在科技俄语中经常会使用一些表示事物类属、成分、性质、关系、变化及其研究过程等的特定表义结构，这些结构是在科技语体发展的过程中人们从科技文献中总结归纳得来的，其使用模式也比较固定，所以进行科技翻译就必须熟练掌握这些结构的意义和译法。现将这些结构分述如下：

1.Классификация предметов（表示事物的类属）。如：

1）что делится на что; что делят на что; что различается; разделяют что.
2）принадлежать к чему; относиться к чему; входить в группу чего; являться одним из чего.

① Нервная система *делится на* две части: центральную и периферическую.
　　神经系统分为两个部分：中枢神经系和周围神经系。

② Все силы, которые действуют на материальные точки данного тела, *подразделяются на* две группы – силы внешние и силы внутренние.
　　作用于该物体质点的力分为两类：外力和内力。

③ Осмий *относится* (*принадлежит*) к тяжёлым металлам.
　　锇属于重金属。

④ 北京属于中央直辖市，与省同级。
　　Пекин *относится к* категории городов центрального подчинения и имеет статус провинции.

⑤ Приборы можно *отнести к* "зелёным" лечебно-профилактическим средствам.

仪器可被视为"绿色"防治设备。

2. Выражение состава и строения предмета и явления（表示事物的组成及成分）。如：

1）что входит в состав чего; что содержится в чём; что образует что; что составляет что; что является составной частью чего.

2）что состоит из чего; что содержит что; что включает в себя; что имеет в своём составе что.

3）что составляет сколько; что содержит сколько; что содержится; приходится на долю чего; падает на долю чего.

① –Кислород *входит в состав* воды?
  –Да, конечно, кислород *является составной частью* воды.
  "水中有没有氧？"
  "当然有，氧是水的组成部分。"

② –В органических соединениях *содержится* углерод?
  –Да, углерод *входит в состав* органических соединений.
  "有机化合物中有没有碳？"
  "有，碳是有机化合物的组成部分。"

③ В *состав* лекарства *входят* только натуральные, экологически чистые компоненты.
  药中只含有天然纯生态成分。

④ Препарат не *содержит* токсических веществ, абсолютно безвреден.
  药剂不含毒素，绝对无害。

⑤ В прямоугольном треугольнике стороны, *образующие* угол, называются катетами.
  在直角三角形中，构成直角的两边叫直角边。

⑥ Земная кора *включает в себя* фосфор, кислород, калий, натрий.
  地壳中含有磷、氧、钾和钠。

⑦ Молекула белка *имеет в своём составе* азот.
  蛋白质分子中含有氮。

⑧ В солнечной атмосфере водород и гелий *составляет* 90%.（В солнечной атмосфере почти 90% по весу *приходится* 〈 *падаёт* 〉 *на долю* водорода и гелия.）
  氢和氦占太阳大气的90%。

⑨ 101毛发再生精由十几种天然原料组成。
  В *состав* препаратов "101" *входят* свыше десяти видов природного сырья.

⑩ 苏州工业园区是中国和新加坡政府间的最大项目，也是亚洲十大工业区之一。
  Сучжоуский промышленный парк – самый крупный межправительственный проект между Китаем и Сингапуром, который *входит в число* десяти ведущих промышленных парков Азии.

3. Выражение определения характеристики предметов（表示事物的特征和性质）。如：

1）что есть что; что называется чем.

2）что получило название чего; что носит название чего; что имеет название чего.

3）что является чем.

4）что представляет собой что.

5）что имеет какое свойство; что обладает каким свойством; что приобретает какое свойство; что отличается чем; что характеризуется чем.

6）способен, устойчив, эффективно, полезен, удобно 等形容词短尾。

① Прибор для определения направления на земной поверхности *носит название*（*получил название*）компаса.
用来确定地球表面方向的仪器就叫做指南针。

② Алюминий *представляет собой* металл серебристого цвета.
铝是一种银白色的金属。

③ Алюминий *является* самым мягким металлом.
铝是最软的金属。

④ Данный аппарат *обладает* функциями конфиденциального приёма, отложенной передачи и автоповтора.
该仪器有秘密接受、延缓发送和自动重复功能。

*Увлажнитель *обладает* высокой эффективностью увлажнения.
加湿器加湿效率高。

⑤ Индустриальное строительство *приобрело* в эти годы ещё больший размах.
这几年来工业建设有了更大的规模。

* В результате кожа *приобретает* красивый и яркий оттенок, тело *становится* более упругим, фигура – стройнее.
其结果是皮肤变得靓丽，身体更加柔韧，身材更加苗条。

⑥ Влажный субтропический климат *характеризуется* большим осадком, жарким летом и тёплой зимой.
湿润的亚热带气候的特点是降雨量大，夏天炎热，冬天暖和。

⑦ Однако в последние годы ситуация кардинально изменилась: отечественные телевизоры теперь ничем не *отличаются от* импортных.
然而最近几年来情况则完全改观：国产电视机与进口电视机别无二致。

⑧ Движения и изменения в природе *способны* прямо либо косвенно влиять на человеческий организм.
自然界的运动和变化能够直接或间接地影响到人体。

⑨ Направленные антропогенные изменения в большинстве случаев необходимы человеческому обществу и *носят* позитивный *характер*.
在多数情况下人对自然界有目的的改变是人类社会所必需的，而且是积极的。

⑩ Увлажнитель *имеет* режим работы "Автоматический", "Сон" и "Выключен".
加湿器有三种功能模式：自动、睡眠和关闭。

4.Выражение связи и действия предмета и явления（表示事物的关系和作用）。如：параллельно с кем-чем; пропорционально чему; что вызывает что; что определяется чем; что обусловливает что; влиять; оказывать влияние; сказываться на чём; что зависит от чего; что приводит к чему; под воздействием чего; в зависимости от чего; под действием чего; что перпендикулярно к чему.

① Та или иная реакция на стрессовое воздействие проявляется *в зависимости от* характера человека.
对应激作用产生哪种反应因人的性格而有所不同。

② Прогресс науки и технический прогресс тесно *связаны* и взаимно *обусловлены*.
科学进步和技术进步紧密相连，互为条件。

③ Ожирение отрицательно *сказывается на* работоспособности и особенно у занимающихся творческим трудом.

肥胖对工作能力，尤其是对从事创造性劳动的人的工作能力产生不良影响。

④ Научно-технический прогресс *вызывает* нежелательные изменения элементов биосферы.

科技进步引起了生物圈诸因素的不良改变。

* Таблетки нормализуют сон, не *вызывают* зависимости при длительном применении.

药片可改善睡眠，长期服用不会产生依赖性。

⑤ Это может *привести к* короткому замыканию и поломке прибора.

这会造成仪器短路和受损。

⑥ Незначительная коррозия осадительных электродов, возникающая при длительной эксплуатации, не *оказывает влияния на* технические характеристики прибора.

在长时间的使用过程中，沉淀极上所产生的轻微腐蚀对仪器的技术性能没有影响。

5. Выражение изменения состояния и свойства вещества（表示事物的变化）。如：что превращается во что; что переходит во что; что ускоряет что; что ослабляет что; что расширяется; что отжимается; что усиливается; что повышается; что поднимается; что делает что чем; что придаёт чему что.

① Данный препарат *стимулирует* работу органов внутренней секреции, *содействует* выделению гормонов, *улучшает* конституцию, не вызывая при этом никакого побочного действия.

该口服液能激发人体内分泌的功能，促进激素的分泌，改善体质，无任何副作用。

② 101毛发再生精具有荣肌益气、活血化瘀的作用，通过皮肤的吸收，改善血液循环，以达到生发养发的独特功效。

Препараты "101" обладают свойствами: *повышают* тонус, *разгоняют* кровь, посредством усваивания лекарства кожей *улучшают* кровообращение, в результате эффект – рост волос.

6. Выражение процесса исследования（表示研究过程）。如：исследовать; проводить исследование; обрабатывать; анализировать; проводить эксперимент (испытание); вести наблюдение за чем; следить за чем; допустить; предполагать; высказать предположение; выдвинуть гипотезу; установить; установлено; делать вывод; прийти к выводу (заключению); из чего следует.

总之，科技俄语中的表义结构不少，译者一定要理解其细微的含义，在俄译汉时准确翻译这些结构；在汉译俄时合理地选用这些结构，使我们的译文简洁、规范、可读性强。

第五节　产品说明书翻译

产品说明书是我们在科技翻译中常见的材料之一，它是向用户简要介绍商品使用注意事项的文字材料，是科技材料中具有标准意义和使用价值的书面材料。说明书经历了一个长期的发展和专业化过程，说明书中在发展过程中融入了其他言语体裁的特征。本节我们要着重研究的是产品的使用说明书（потребительная инструкция к товарам; руководство по применению чего; инструкция по эксплуатации чего）。

说明书的功能是传达重要的、客观的信息，规定与这些信息有关的必要行为，即为人的行为制定相关的细则。

说明书文字的特点是语言通俗易懂，内容实事求是，形容贴切，描绘真实。其中包括介绍产品的形状、尺寸、材料、质量、性能等技术指标，以及说明使用、保养时应注意的事项或可能产生的问题和排除故障和解决问题的方法等方面的信息。

1. 产品使用说明书的语体特点

1）文字叙述具有规约性，即消费者必须按照其要求操作使用，因此说明书中大量使用不同程度的带有命令意义的句式结构。

2）叙述内容具有科学性、客观性。那些富有感情表现力的词汇和句式结构在说明书中很少使用。说明书中又不排除使用一些带有命令性的语言手段间接的表达情感，如使用"切勿、禁止、尽量、最好、宜"等词表示必须、应该、建议等祈使语义。

3）叙述形式具有程式化，即具有一定的格式，这些都有助于消费者快速和准确地了解产品的结构和性能。

4）叙述形式法律化。说明书是一种具有法律效力的文本，在"担保责任"版块经常要使用一些法律文本的语言手段，如法律术语、法律方面的一些固定用语、特殊的句法结构等。

2. 产品使用说明书的语言特点

1）大量使用相关领域的技术术语和主题词汇。

2）大量使用一些书面语体的公文文法。

3）大量使用名词（动名词）性结构。

4）大量使用技术性缩略语表示技术参数，比如使用一些表示度量单位（速度、导热性、电压等）的缩略语。

5）大量使用命令式结构，对商品使用的各种细则作详细地说明和提示。

6）大量使用静词性和表义性结构，以表达产品的性质、特征、用途等抽象意义。

7）句式结构完整，不使用简缩式结构，因为说明书的任务是向用户完整、毫不含糊地传达客观的、所规定的信息。

8）多使用无始动者结构，如被动结构、不定式结构、无人称句等。

9）各个段节相对独立，排列顺序也不太固定，各段节之间的逻辑关系不严密。

3. 产品说明书中常使用的一些词句及俄汉相互对等的译文

Введение（引言），общие указания（总则），назначение（用途）характеристика（特点），технические характеристики（技术性能），номенклатура изделий（产品目录），комплектность（装箱清单），главные части（主要部件），запчасти（配件），монтаж, установка（安装），эксплуатация（使用），нормативная мощность（额定功率），ремонт（维修），очистка（清洗），применение（用法），подготовка к работе（准备工作），порядок работы（工作程序），смазка（润滑），рабочие условия（工作条件），схема, чертёж системы（系统示意图），испытание（检验），топливо（燃料），схема технологического процесса（工艺流程表），принцип работы（действия）（工作原理），техническое обслуживание（技术服务），нормативная нагрузка（额定负载），внимание（注意事项），маркировка и пломбирование（标签与铅封），стандарт（规格），гарантийный срок（保修期），рабочие инструкции（操作指南（规程）），транспортирование（运输要求），правила хранения（存放要求），конструкция（结构），максимальная мощность（最大功率），технические показатели（技术指标），транспортировка（运输），наладка（调试），нормативное напряжение（额定电压），сертификат о качестве（质量证明书），спецификация（明细表〈规格说明〉），расходные материалы и запасные части（耗材及配件），быстроизнашивающиеся части（易磨损材料），монтажный чертёж（安装图），техническая документация（技术文件），свидетельство об испытании（检

验证明书), свидетельство о приёме(出厂验收证明), сведения о продаже(销售证明), схема электропроводки (电路图), характерные неисправности и способы их устранения (主要故障及其排除方法), гарантии изготовителя (生产商担保责任)。

4. 产品使用说明书的结构

1) Общие указания (总则); назначение изделия (产品用途)

① Проигрыватель предназначен для воспроизведения цифрового звукового сигнала с оптического компакт-диска.

本功放机用于播放数字音频光盘。

② 101A 是脱发者最理想的生发剂；101B 对毛发有营养、防脱之特效，其止痒、去屑、抗脂作用尤为显著。

"101" А эффективен при облысении, "101" В питательный, предупреждает облысение, особенно снимает чесотку, перхоть и жирность.

③ Прежде чем включить вентилятор, внимательно ознакомитесь с настоящим руководством по эксплуатации.

在开风扇之前，应仔细阅读本使用说明书。

2) Принцип действия (工作原理)

① В ультразвуковом увлажнителе используется высокочастотный генератор, который разбивает воду на частицы с диаметром около 1 – 5 микрон. Система вентиляции выдувает этот водяной туман в сухой воздух помещения, где он испаряется и создаёт требуемую влажность.

超声波加湿器采用超声波高频振荡器把水化为 1—5 微米的微粒，风动装置再把水雾吹到居室干燥的空气中，水气散发，从而达到所需湿度。

3) Технические данные (技术参数); основные технические характеристики (基本技术特性); техническая характеристика (技术性能)

① Модель изделия:
产品型号：
② Потребляемая мощность:
所需功率：
③ Режим работы – продолжительный.
工作方式：连续工作制。
④ Масса не более 0, 55 кг.
重量不超过 0.55 公斤。
⑤ Уровень шумов:
噪音：
⑥ Отклонение напряжения сети, В – 220: +10%
电网电压（220伏）允许误差为 +10%。
⑦ Габариты (не более), мм: длина – 545, высота – 275, ширина – 182
外形尺寸（不超过）：长 545 毫米, 高 275 毫米, 宽 182 毫米。

4) Комплектность (全套部件); комплек.поставки (成套供应)

① В комплект поставки входят:
Увлажнитель – 1 штука;
Упаковочная коробка;
Гарантийный талон 1 штука;
Руководство по эксплуатации 1 копия.

全部套件包括：加湿器一台，包装盒一个，保修证一份，使用说明一份。

5) Особенности (характерные особенности; отличительные особенности) устройства (设备的特点)

①
- Обладает высокой эффективностью увлажнения.
  加湿效率高。
- Низкое потребление электроэнергии.
  耗电量少。
- Регулирование задаваемой влажности в помещении.
  可调节居室的湿度。
- Автоматическое отключение при наборе заданной влажности.
  到达设定的湿度时自动停止加湿。
- Автоматическое отключение при недостатке воды в резервуаре.
  缺水自动保护。

②
- Повышает и регулирует относительную влажность воздуха в помещении.
  增加和调节居室的相对湿度。
- Устраняет электростатические заряды.
  除静电。
- Предупреждает развитие различных заболеваний дыхательных путей.
  预防呼吸道疾病。
- Оказывает благоприятное воздействие на кожу человека, предупреждая процесс её старения.
  养颜护肤。
- Вносит прохладу в температуру помещения.
  凉爽居室。
- Предотвращает рассыпание паркета и мебели.
  防止家具裂缝。

③
- Одно- или двухконтурный режим работы.
  单回路或双回路工作模式。
- Сменный фланцевый нагреватель из меди.
  可更换式铜质法兰盘加热器。
- Большой объём воды на выходе.
  出水量大。
- Защита от замораживания.
  防冻。
- Функция быстрого нагрева.
  快速加热。
- Защита от брызг воды.
  防止喷水。
- Эстетичный дизайн.
  设计美观。
- Длительный срок эксплуатации.
  使用寿命长。

6) Правила безопасности (安全规则)；предупреждения и меры предосторожности (警告及预防措施)； требования безопасности (安全须知)；требования по технике безопасности и пожарной безопасности (操作安全和防火安全要求)；

меры безопасности（安全措施）；указания по технике безопасности（安全操作细则）；внимание（注意事项）

① Прежде чем включить стиральную машину, убедитесь в отсутствии повреждений изоляции шнура и вилки. При повреждении изоляции, а также, если ощущается пощипывание при касании к машине, немедленно отключите его от сети и вызовите механика.

  洗衣机通电前，要确认电源线及插头是否绝缘。如果绝缘不良，且触摸时有麻感，则应立即断电并请人修理。

②切记：和使用其他电器一样，使用电剃须刀时，应遵守下列注意事项：不用湿手拿剃须刀，不接通未知电压，不用损坏部件（电线、机体、刀片组件等）。

  Помните, что при пользовании электробритвой необходимо соблюдать меры предосторожности, как и при пользовании любыми электробытовыми приборами (не брать электробриту мокрыми руками, не включать на неизвестное напряжение, не пользоваться повреждёнными: шнуром, корпусом, ножевым блоком и т. д.)

③ Во время работы устройства прикосновение к воде или другим частям, расположенным в водяном резервуаре, не допускается.

  设备工作时，请勿触摸水或水槽内的部件。

7) Устройство изделия（产品结构）；краткое описание（简要说明）

  这一部分介绍产品的结构，有的电器还附有электрическая принципиальная схема（电器原理图），внешний вид с обозначением элементов управления（控制元件标识外观图），общий вид（全貌图），вид сзади（后视图），основные узлы и детали чего（主要部件位置及名称）。

① Электрокамин состоит из отражателя, основания, нагревательного элемента, шнура с патроном.

  电取暖炉由反射锅、底座、电热丝、带插头的电源软线等部分组成。

② Водонагреватель состоит из электронагревателя, стального бака, магниевого анода, теплоизоляции и других конструкционных деталей, выполняющих в приборе определённые функции.

  热水器由电热器、钢桶、镁阳极、保温材料及其他功能构件组成。

8) Подготовка к работе и порядок работы（准备工作及工作程序）

① Сухое глажение. Прежде чем приступить к сухому глажению, рекомендуется слить воду из бачка (если она там имеется), отключив предварительно электроутюг от сети.

  干熨。再干熨之前，请先将电熨斗的电源切断，然后把盛水槽（如果有水的话）内的水倒出来。

② Открутите крышку ёмкости для воды. Заполните ёмкость водой, плотно закрутите крышку и поместите её на основании прибора.

  拧下水箱盖，给水箱加水，然后拧紧盖子，把水箱放在仪器基座上。

③ Убедитесь, что напряжение в сети соответствует требованиям прибора и подсоедините шнур.

  请确认电网电压是否与仪器电压相符，然后再接通电源。

④ По окончании работы устройства отключите его от сети.

  在仪器使用完毕后，要切断电源。

⑤ При эксплуатации устройства следите за исправностью его корпуса, шнура питания и сетевого адаптера.

使用设备过程中要注意观察设备的壳体、电源线和电网适配器。

9）Техническое обслуживание и правила хранения（技术维护与保存细则）；уход за машиной（机器的养护）；правила ухода за чем и его хранение（保养细则与维护）

① Храните холодильник в сухом помещении при температуре от +1 до + 40 градусов.

冰箱宜置于温度1—40℃的场所。

② Если ультразвуковой испаритель и окажется поцарапан острым предметом, это приведёт к его неисправности.

如果超声波蒸发器被利物刮划，那么蒸发器就会出现故障。

③ Проводите чистку преобразователя, ёмкости для воды и водяного резервуара каждые 2 недели.

换能器、水箱、水槽应每两星期清洗一次。

④ Если какой элемент увлажнителя повреждён, замените его новым. Ремонт должен производить квалифицированный специалист сервис-центра.

如果加湿器的某一部件受损，那么就更换新的。应由技术服务中心的专业人员来维修加湿器。

⑤ В течение 10 дней неработающий компрессор может храниться без особой подготовки. При остановке на более длительный срок необходимо произвести консервацию компрессоров в следующем порядке.

压缩机停机10天，可不用防护处理。如停机时间较长，压缩机应按以下程序封存。

10）Возможные неисправности и методы их устранения（可能出现的故障及消除的方法）；перечень возможных неисправностей и методы их устранения（常见故障及处理方法一览表）

这一部分经常用表格形式列出下列三项内容：

a. проблема（出现的问题）；характер неисправности（неполадок）и внешнее проявление（故障性质及外部显示）；наименование неисправностей, внешнее проявление и дополнительные признаки（故障名称、故障外部显示及其他特征）；

b. вероятная причина（可能原因）；проверка（检查）；

c. методы устранения（排除方法）；решение（处理方法）；

① Возможная неисправность: при взводе затвора（фотоаппарат заряжен фотоплёнкой）не вращается рулетка обратной перемотки.

可能出现的故障：按动快门时（已装上胶卷），胶卷滚筒不动。

Вероятная причина:

a. Из-за неправильной зарядки фотоплёнка не находится в зацеплении с приёмной катушкой.

b. Кнопка обратной перемотки находится в нерабочем положении.

原因可能是：

a. 胶卷安装不当，胶卷与卷片筒没有衔接好。

b. 胶卷滚筒按钮未处于工作状态。

Методы устранения:

a. Откройте крышу и зарядите фотоаппарат правильно.

b. Установите кнопку обратной перемотки в рабочее положение.

排除方法：

a. 打开相机，把胶卷装好。

b. 使胶卷滚筒按钮处于工作状态。

② Проблема:

Нет потока воздуха и водяного пара.

出现的问题：无风无雾。

Проверка:

a. Правильно ли включена вилка в розетку?

b. Горит лампа-индикатор дозаправки воды?

c. Правильно ли установлен водяной бак?

d. Возможно, истекло установленное на таймере время работы

检查：

a. 插头是否插好？

b. 加水指示灯是否亮着？

c. 水箱是否固定好？

d. 有可能是定时器设定的时间已过。

Решение:

a. Включите вилку в розетку.

b. Долейте воды в бак.

c. Установите водяной бак в правильное положение на базе.

d. Нажмите клавишу POWER, чтобы включить прибор.

处理方法：

a. 把插头插好。

b. 给水箱加水。

c. 把水箱在基座上固定好。

d. 按下 POWER 键，打开加湿器。

11) Гарантийные обязательства（承保责任）；гарантии изготовителя（厂方担保）

这一部分说明承保的期限、范围等。有的还附有 талон на гарантийный ремонт（保修单）。

① С повреждённой пломбой или без неё, а также без отметки магазина о продаже претензии не принимаются.

若铅封损坏、没有铅封或没有商店的销售标记，则索赔不予受理。

② При условии соблюдения правил пользования и ухода завод-изготовитель гарантирует нормальную работу холодильника в течение 5 лет с момента её продажи.

如果用户遵守使用及维护规则，制造厂家保证自出售之日起 5 年内冰箱正常运转。

③ В течение гарантийного срока эксплуатации потребитель имеет право на бесплатное техническое обслуживание, а в случае отказа изделия по вине предприятия-изготовителя – на бесплатный ремонт.

在保修期限内用户有权免费享受技术服务，若产品出现故障，且原因在生产厂家，则用户可享受免费维修。

④ Претензии к качеству работы не принимаются и гарантийный ремонт не производится, если отказ возник в результате небрежного обращения потребителя или несоблюдения правил эксплуатации, а также при отсутствии руководства по эксплуатации и гарантийных талонов.

如果故障是由于用户粗心或未遵守操作规范，同时用户没有使用说明书和保修单，那么对质量索赔不予受理，也不予以保修。

12) Свидетельство о приёмке и продаже（出厂验收证明及销售证明）

这一部分标明产品符合技术标准的标号、出厂日期、厂家质检部门及检验人员的图章、销售单位的名称、销售日期等。

① Телевизор соответствует ГОСТ 456-2000 и признан годным к эксплуатации.

  Дата выпуска:
  Штамп ОТК（клеймо приемщика）
  Артикул:
  Цена:
  Продан（наименование предприятия торговли и дата продажи）.

电视机符合456-2000号国家标准，检验合格，准予使用。出厂日期：……技检科图章（验收员标志），产品型号，价格，销售单位及销售日期。

② 本产品经国家检验合格。
  Продукция выпускается под контролем Государственной приёмки.

13）Хранение（存放）；правила хранения（存放要求）

① Храните увлажнитель в сухом прохладном месте, желательно в оригинальной заводской упаковке.
  加湿器应存放在干燥凉爽的地方，最好存放在厂家的原包装里。

② Перед хранением устройства в течение длительного времени очистить весь блок и дать всем элементам устройства полностью высохнуть.
  设备若长时间不用，存放前要完全清洗并晾干所有组件。

第六节　医疗保健品翻译

1. 药品说明书的结构及其翻译

药品说明书就其实质而言是一种科技应用文，以书面语体拟就，其特点是语言简洁，结构明了。在俄语药品说明书中常用被动形动词、主动形动词、动名词、谓语副词；动词也多用现在时及完成体将来时、命令式、复合句（表条件的居多）、缩略语等。

药品说明书常由以下几部分组成：

1）Наименование лекарства（药品的名称）：其中又包括正名（международное непатентованное название〈国际通用名〉），торговое название（商品名），химическое название（化学名）。

2）Состав: действующее вещество（成分）：是指药品构成元素，其中包括化学结构、物理和化学性质。成分等，化学结构主要是由什么元素组成；物理与化学性质是指颜色、味道、气味、溶解度、成分、分子式、分子量和性质。如：

① Состав: вода для инъекций и гидроокись натрия
  成分：注射用水和氢氧化钠

3）Лекарственная форма（药品性状）：主要指出药品的形状（如：颗粒状、软膏、液体、胶囊、包衣片、栓剂等）、颜色（白色、棕黄色、黑色、棕褐色、黄色等）、气味（味甜、有香气、略苦、微苦）等。如：

① Лекарственная форма: капсулы
  性状：胶囊

4）Фармакотерапевтическая группа и условия отпуска из аптеки（作用类别）：主要是指明本药治疗的病症；处方或非处方药。如：

④ Фармакотерапевтическая группа: противовоспалительное средство. Отпускается без рецепта врача.

作用类别：本品为消炎类非处方药药品。

5）Фармакотерапевтическое действие（свойство）（药理作用〈特征〉）：主要记载药物的药理作用和临床疗效等，此项涉及微生物学、生物学、生理学等学科。如：

① Фармакотерапевтические свойства: масло печени акулы оказывает противовоспалительное, гемостатическое, ранозаживляющее, иммуномодулирующее и антиканцерогенное действие.

药理特征：鲨鱼肝油有消炎、止血、愈合伤口、免疫调节、抗癌之效用。

6）Показания для применения препаратов（适应症）：这是药品说明书的重点，因为它要说明药品对那些疾病以及细菌、病毒有效或无效。如：

① Показания к применению: воспалительные заболевания суставов и позвоночника, болезнь Бехтерева, подагра в остром периоде.

适应症：用于关节发炎和变形性脊椎炎、急性痛风。

② Показания: наружный и внутренний геморрой, трещины заднего прохода, анальный зуд.

适应症：用于内外痔疮、肛裂、肛门瘙痒。

7）Дозировка и способ применения（剂量和用法）：该项包括给药对象、剂量和给药途径。如：

① Препарат применяют внутрь по назначению врача.

该药内服，遵医嘱。

② Максимальная суточная доза не должна превышать 0,01г.

每日最大剂量不应超过 0.01 克。

③ При заболеваниях суставов начальная доза составляет 20 мг 1 раз в день.

治疗关节病时起始剂量为每日一次，一次 20 毫克。

④ Обычная суточная доза – 1 таблетка, принимаемая утром.

Если через 1 – 2 недели лечения желаемого эффекта не наблюдается, то доза может быть повышена до 2-х, а при необходимости и до 3-х таблеток в сутки. Суточную дозу в 3 таблетки следует разделить на два приёма（2 раз по 1,5 таблетки）утром и после обеда.

每日剂量通常为一片，早晨服药。如果服用一到两周疗效不够理想，剂量可增至两片；必要时每日可增至三片。每天三片的剂量可在早晨和午饭后分两次服用（两次各一片半）。

8）Нежелательное побочное действие（不良反应）：指服药后产生的某些不良反应，如头晕、恶心、腹泻、过敏等与治疗目的无关的作用等。如：

① Побочное действие: при лечении препаратом могут появиться нарушение координации движений, сонливость, мышечная слабость, головокружение. В этих случаях применение препарата следует прекратить и обратиться к врачу.

副作用：用药时可能会出现动作失调、瞌睡、肌力减弱、头晕。在这些情况下应停止服药并找医生诊治。

② Побочные эффекты: временное лёгкое головокружение, чувство усталости, расстройства пищеварения, нарушения сна.

不良反应：短时轻微的头晕，困乏，消化功能紊乱，睡眠紊乱。

9）Противопоказания（禁忌症）：指某些药物或治疗方法对某种病症或特殊情况能

引起不良作用，使病情恶化，因而是禁用的，如对一些药物的过敏者、对孕妇、对新生儿、肾功能不全者等。如：

① Индивидуальная повышенная чувствительность к ... Беременность, период лактации. Не рекомендуется применять для лечения у детей в возрасте до 14 лет.
对……明显过敏者慎用。孕妇及哺乳期妇女禁用。小于14岁的儿童慎用。

10）Предупреждение；особые указания и предосторожности（注意事项）：常包括如何防止不良反应、中毒，其内容往往包括对用药可能发生的情况进行一般的叙述，包括单独使用和合并使用药的注意问题及其优缺点。如：

① Беременным и кормящим грудью препарат следует применять после консультации с врачом. Детям до 12 лет – по указанию врача.
孕妇及哺乳期妇女在咨询医生后方可用药。小于12岁的儿童用药应遵医嘱。

② Тяжёлая недостаточность печени и почек；приступ бронхиальной астмы；повышенная чувствительность к ...
严重肝肾功能不全者慎用。支气管性气喘发作时慎用。对……明显过敏者慎用。

11）Беременность и лактация（孕妇及哺乳期妇女用药）：专门指出孕妇和儿童能否服用该药，以及他们服用该药的要求和条件等。如：
例见9）①和10）①。

12）Лекарственное взаимодействие（药物相互作用）：指出该药能否与其他药物同时共用、共用的条件、共用时产生的后果等。如：

① Осторожно следует назначать с препаратами, содержащими калий.
与含钾药物共用时应注意。

② Требуется осторожность при совместимом назначении с солями лития（возможно повышение концентрации лития в крови）.
与锂盐合用时应注意（血液中锂的浓度会提高）。

13）Передозировка（药物过量）：指明过量服用药物产生的后果。如：

① При передозировке рекомендуется использовать симптоматические средства.
过量服用时建议使用对症药物。

② Перегрузка может вызывать острую перегрузку железом.
过量服用可能引起铁急剧过量。

14）Условия хранения（存放）：指明存放时应注意的事宜，如温度、湿度、密闭、遮光、儿童安全等。如：

① Хранить при температуре от 4 ℃ до 25℃ в упаковке производителя в недоступном для детей месте.
请将此药放在儿童不能接触到的地方，存放温度为4到25度，存放在厂家包装盒里。

② Хранить необходимо в защищенном от света месте в плотно закрывающейся индивидуальной упаковке.
必须遮光、密闭、单独存放。

另外产品说明书还有包装（упаковка）、规格（форма выпуска）、有效期（срок годности）、批准文号（регистрационный номер）、生产企业（изготовитель）等部分。

2. 中医医疗保健品的翻译

1) 中医理论简介

中医已有几千年的历史。传统中医的哲学基础是：阴阳、五行、五脏、六腑。中医理论把人体视为一个统一的整体，即通过经络联系五脏六腑形成一个完整的个体，脏腑之间可以相互影响，相生相成与相克。中医理论中人体基本组成的物质元素是气、血、津、液四种，气的认识应该与经络的发现同时，血与津液可能也来自解剖的认识，脏腑的功能表现与气血津液的盈亏有关。另外，中医认为，人和自然界相互联系，构成了一个统一的整体。自然界的运动变化直接或间接对人体产生影响。人自生下来以后，人体的各种虚实、冷热、明暗慢慢变得不稳定，进而导致机体接受饮食、冷热、动静的节奏紊乱，机体开始出现故障。而医生的作用只是在于恢复那些失去的平衡。

中医也和其他学科一样，具有完整的知识体系和严整的概念体系，而这些概念是通过大量的术语反映出来的。如同其他科技术语一样，基本是一词一义，概念不宜混淆。只是中医术语具有独特的概念，并且文字古奥，具有古典文学色彩。从中文角度讲，往往是二字或四字组成一个词组，用以表示阴阳关系、病因、人体活动的物质基础、辨证论治等等。

2) 中医医疗保健品的翻译

根据中医的以上特点可以确定，中医医疗保健品的翻译首先应该是科技翻译，译文要讲究文法，即要用科技语体。试比较：

① 东盛茶品能滋阴壮阳、强肾、养血、美容、减肥、调节内分泌；可活血化瘀、降低血脂、调节微循环、延缓衰老，是防治心脑血管疾病、抗癌免疫的特效冲剂。

Специальный сорт чая под названием "Дуншэн" особенно эффективен для укрепления организма и нормализации функций и для улучшения обращения в организме жидкости и крови. Данный чай улучшает внешность, помогает сбросить лишний вес, регулирует работу органов внутренней секреции. Данный чай воздействует на кровообращение, замедляет процессы старения организма, и эффективен для предотвращения и лечения сердечно-сосудистых заболеваний, рака и повышения общего иммунитета.

② 该口服液具有抗疲劳、防早衰、增体力、振精神、促睡眠、改善和增强记忆思维之功能；对体虚早衰、神经衰弱、精神不振、智力迟缓、发育缓慢、记忆减退及各种疾病引起的记忆障碍有显著的保健作用；同时对发育成长期的儿童、少年思维和记忆有明显的增强和促进作用；对老年人的思维记忆、衰老症及脑血栓后遗症有明显的改善和恢复作用。

Препарат снимает усталость, замедляет старение, тонизирует, укрепляет мышцы, улучшает сон, укрепляет память. Рекомендуется лицам с ослабленным организмом, преждевременным старением, пониженным тонусом, слабоумием, ослаблением памяти, замедлённым физическим развитием. Он оказывает явный укрепляющий и стимулирующий эффект на развитие памяти, если его давать подросткам. При его приёме у пожилых и старых людей, перенёсших тромбоз кровеносных сосудов мозга, наступает явное улучшение.

通过比较上述译例，从词汇、语法、修辞方面我们不难看出，原文、译文均体现出科技语体的特点。同时，译文也再现了原文所要表达的内容，可以说原文和译文功能基本对等。

中医医疗保健产品要走向世界，对外翻译时就要比较中西医，求同存异，借用西医术语和医疗产品介绍的结构和模式，我们所使用的翻译方法也要灵活多变，可采用直译、意译、音译（音译乃是不得已而为之的方法）。同时还应注意，中医是我们中华民族所特有的，译者在翻译时要善于发挥自己的创造性，使我们的译文既能为西方人所接受，又能传播我们的中医文化。对于译者的来说，要多积累医学知识（中西医理论），勤查字典，多问专家。

3. 中医术语及一些药名的译法

①术语的译法：
　　脉象——виды пульса, характер пульса
　　表症——поверхностный синдром
　　寒症——синдром "похолодания"
　　里症——внутренний синдром
　　热症——синдром "лихорадки"
　　虚症——синдром "недостаточности"
　　寒热——лихорадка
　　气虚——общая слабость（упадок сил）
　　阴虚——недостаточность "ин"

②药剂作用的译法：
　　理气——урегулировать функциональные факторы
　　理中——урегулировать функцию желудка и селезёнки
　　活血——стимулировать кровообращение
　　生津——способствовать секреции текущей в организме жидкости
　　通脉——способствовать циркуляции сосудов путём стимулирования
　　　　　жизненной деятельности
　　滋阴——усиливать текущую в организме жидкость и питать кровь

③药名的翻译：
（见译文欣赏 4）

第七节　图表翻译

　　在具体的科技翻译实践中，我们的翻译对象不完全是一些文字材料，有时我们必须去翻译一些图和表。与文字相比，图、表可以在相同的时间内，可以给读者输入更多的意义信息。原因何在？这是因为图、表是对客观事物和事理的高度概括和抽象化，图、表本身凝聚了大量的分类、层级、顺序、联系、过程等逻辑关系，是科技工作者复杂的认识成果的凝结。在科技翻译实践中我们发现，在多数的科学论著和技术材料中都广泛使用框图、表格等表述工具。翻译时这些图、表有助于我们更完全地了解文本的内容。图、表的结构模式不尽相同，但是却有相近之处，简单的图、表中只体现一些术语和各种计量单位；详尽的图、表中则会有较详尽的文字解释，出现一些句段文字说明。

1. "图""表"词义之辨析

　　俄语中表示图、表的词有好几个，首先把这几个词的词义理清，才能便于我们汉俄互译时准确选词。

　　1）**чертёж**: 多指安装、加工的设计图纸。如：исполнительный чертёж（施工图），компоновочный чертёж（配置图），конструктивный чертёж（结构图），чертёж изделий（产品图），чертёж установочного ремонта（安装维修图），чертёж-оригинал（原图），сборочный чертёж（装配图）。

　　2）**схема**: 指用象征性的线条、符号表示事物间的关系的图。多指示意图、草图、系统图以及电工方面的线路图、电路等。如：габаритно-монтажная схема（安装尺寸示意图），монтажная схема（安装布置图），ориентировочная схема（略图、简图），силовая схема（动力图），технологическая схема（工艺系统图），тепловая схема（燃油系统图），схема программы（程序图），схема производства（生产系统图），схема технологического потока（工艺流程图）。

3）**рисунок**：多指插图、图案。如：перспективный рисунок（透视画法）, печатный рисунок（印花图案）, сдвоенный рисунок（双层花纹）, стереоскопический рисунок（立体图）, тиснёный рисунок（压花图案）, рисунок ткани（织物图案）。

4）**график**：一般用于生产和科技方面，多指用曲线表示的进度、发展、变化情况的表格。如：график управления（方程曲线图）, график проектирования（设计进度图）, график потребной мощности（需用动力曲线图、功耗图）, график движения электронов（电子轨迹图）, цикловой график（周期曲线图）, производственный график（生产图表）, календарный график（日历进度图）。

5）**таблица**：指总结、统计的数字或文字资料按一定的格式安排的图表，一般供说明、参考、计算、记忆之用，可大可小。如：статическая таблица（统计表）, таблица каких величин（……数量表）, таблица каких показателей（……指标表）, таблица мер и весов（度量表）, таблица цен（价格表）。

2. 图纸的翻译

首先我们研究一下图纸的翻译。翻译实践中各种图纸也互不相同，有时图纸上的注释比较简洁，只在相应的部位或部件处以简短的文字标出，而且图表中已用阿拉伯数字给这些文字标上序号。这种图纸只需按原文的序号依次译出即可。有时也可把原文文字注释的译文附在注释之下或之后。如果原文中注释之下或之后的空白处太小，无法容纳下译文，则可在图中的其他空白之处标上译文，并用连线把原文注释与译文相连，使译文与注释相对应。而有的图纸中虽有文字标识，但没有编序，这时就要求译者在原图上给相应的文字注释标上序号，然后翻译时要列出图的号码、图的名称、译者所编的序号、序号所指代文字的内容。译例请看下图：

Передняя камера 前置摄像头

Приёмник 听筒

Перекл."Звонок/Бесшумно" 静音／响铃切换

Кнопки громкости 音量按钮

Значки программ 程序图标

Дисплей Apple Retina Apple Retina 显示器

Нижний микрофон 底部麦克风

Разъем для наушников 耳机插口

Кнопка "Вкл./Выкл." 开关按钮

Строка состояния 状态栏

Гнездо для SIM-карты sim 卡

Кнопка-"Домой" 主页面按钮

Разъем док-станции 电源插口

Динамик 喇叭
Основная камера 主摄像头
Микрофон 麦克风
Светодиодная вспышка 闪光灯

而有些图纸则是一些施工的示意图，着眼点在于施工的方法，图纸只给施工提供一种直观的、形象的提示。如下图：

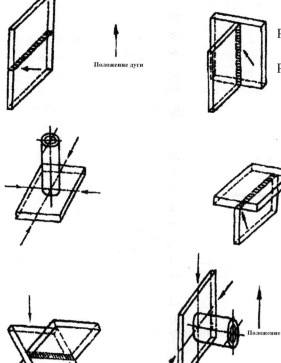

Рис. 1. Горизонтальное положение

Рис. 2. Вертикальное положение-снизу вверх

Рис. 3. Нижнее положение при

Рис.4. Потолочное положение вертикальном расположении оси привариваемой трубы

Рис. 5. Положение "в лодочку"

Рис. 6. Переменное положение при горизонтальном расположении оси трубы, привариваемой без поворота

图 1 横焊
图 2 T 字接头上坡焊
图 3 立管俯焊
图 4 T 字接头仰焊
图 5 船形焊
图 6 水平位置管子不转动焊

　　从以上图纸的翻译可以看出，原图中出现的大多是零部件的名称，在翻译时应注意使用约定俗成的译法，使用某一专业的习惯用语（行话），切勿自造术语。另外在翻译时，原图的序码、文字注释的序号要和原图保持一致。如果原图中有注释语，即专业人员已在图纸上标明的零部件的用途、材料、制造的精确度和其他技术要求，翻译时就要留心，因为专业人员常使用习惯用语，而这些习惯用语在图纸上多用缩略形式，译者一定要了解图纸所涉及的领域，了解其工作原理、结构、部件的名称，然后以这些知识为基础，对注释语进行破译。刚参加工作的翻译，工作单位一般都要求他们去车间、去生产第一线实习，一些新译员经常会对此有怨言。但是实践经验告诉我们，去生产第一线有助于我们了解专业，明白零部件的具体位置，掌握生产的工序和产品的工作原理，了解专业术语的表达法，了解原汁原味的行业用语。总之，以上活动可以帮助译者积累一些感性认识和理性认识，为后续的专业技术材料的翻译储备知识。

　　在一些技术材料中会出现技术和工艺流程的描述，为了帮助理解这些描述，也会附有各种图纸。值得注意的是，这些描述的重心不在于技术设备的工作原理，而在于工艺流程的描述。而下文中所附的图纸和上文的设备结构图有原则性的不同，因为工艺流程图的重心在于解释清楚所有操作和技术流程的前后顺序、动作的连贯性。当然，从语言角度讲，这些描述与对机械设备的描述并没有区别。描述中不强调信息的发出者和接收者，只在乎信息（内容）本身，译者要把描述工艺流程的文字和图纸上所标识的序码结合起来，注意描述中上下文的逻辑关系，使译文的动作顺序和图纸上的标识一致，前后动作衔接要紧凑、连贯。如：

Хвостовая часть самолёта

Предлагаемая ниже хвостовая часть самолёта среди других имеет то преимущество, что она нисколько не увеличивает вес машины, так как она состоит из воздуха, точнее, она создаётся при помощи так называемого "устройства воздушного противопотока" – за фюзеляжем самолёта.

На схеме ① показан вид нового самолёта сбоку. Хвост фюзеляжа оканчивается двумя круто сходящимися боковыми поверхностями 1. Сквозь заднюю часть фюзеляжа проходит воздушный канал 2, направленный к килю 3, на лобовой кромке которого находится отверстие воздухозаборника 4. Воздушный канал заканчивается шайбой 5, создающей противопоток воздуха, что достигается изменением направления ей стенок 6 в сторону полёта, то есть к фюзеляжу.

На схеме ② показан разрез этого "устройства воздушного противопотока". Схема ③ даёт вид по линии А – А рисунка ②, а схема ④ изображает киль 3, показанный на схеме ① спереди.

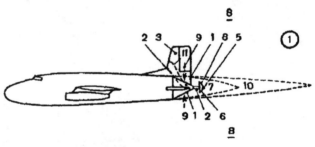

Направленный вперёд воздушный поток создаёт воздушное тело 7, показанное на схеме ① пунктирной линией, отграничивающей покоящуюся воздушную массу 8 от движущегося вперёд воздушного тела 7. Воздушная масса 8 воздействует на тело 7 в направлении стрелки 9 с силою атмосферного давления.

Тело 7 при малой скорости и высоте полёта имеет сравнительно небольшую длину, которая с возрастанием скорости и высоты соответственно увеличивается (цифра 10).

Боковые поверхности 1 направляют воздушный поток в сторону покоящейся воздушной массы 8, а её давление направляет этот поток в сторону стрелки 11 опять на боковые поверхности 1, благодаря чему здесь возникает разрежение по отношению к окружающему атмосферному давлению.

Благодаря трению, возникающему между покоящейся воздушной массой 8 и увлекаемым воздушным телом 7 или 10, пограничный слой этого тела сдувается назад. Эта потеря воздушной массы пополняется за счёт устройства воздушного противопотока.

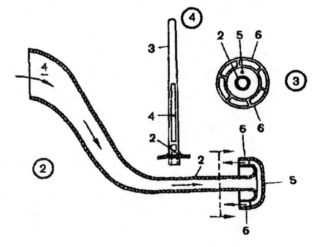

译文：

机尾

和其他机尾相比，下面所提到的机尾的优点是它完全不增加飞机的重量，因为这种机尾由空气组成，准确地说，它是由机身后面所谓的"反向气流装置"产生的空气组成的。

图①是新型飞机的侧视图。机身后部有两个收敛度很大的侧表面1。朝向垂尾3的气道2穿过机身后部，气道正面是进气道口4。气道尾部有一块端板5，端板通过变换其腹板6方向至飞行方向，即机身方向从而产生反向气流。

图②是这种"反向气流装置"的剖面图。图③是图②的A—A线图，而图④是图①所示的垂尾3的前视图。

向前的气流产生了图①中虚线所示的气体7，这一虚线把静止气团8与向前运动的气体7分割开来。气团8顺着箭头9方向借助大气压力作用于气体7。

当速度和飞行高度较小时，气体7的长度较短，随着速度和高度的增大，气体长度也相应增加（数字10）。

侧表面1把气流引向静止气团8，而气团的压力又使这一气流按箭头11方向折回侧表面1，因此这里就产生了相对于周围大气压的负压。

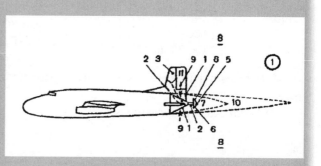

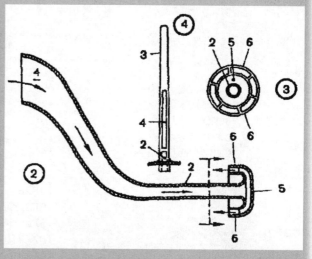

由于静止气团8与被吹走的气体7或10之间产生了摩擦力，因此该气体的附面层被吹向后边。气团的这种损失靠反向气流装置加以补偿。

3. 表格的翻译

科技文章中经常也会出现一些表格，表格文字的特点是简洁明快、一目了然。较之其他科技文章，表格中大量使用由名词或名词词组构成的专业术语，此外表格中也广泛使用缩略语和代号。如：

表1：

Марки стали для листового, широкополосного универсального проката и гнутых профилей

Класс прочности	Толщина проката, оставляемая по данному классу прочности, мм	Марки стали, обеспечивающие данный класс прочности при различной толщине проката	Марки, обеспечивающие данный класс прочности при упрочняющей обработке
325	До 10 включ. От 10 "20" включ. Св. 20 "32" "32" От 20 "60"	16ГС 09Г2С, 17ГС, 10Г2С1 15ГФ 14Г2 10Г2С1	Ст3сп* Ст3сп* — — 17Г1С*

| 390 | До 10 включ.
"32"
"40"
"50"
Св. 32 до "50" | 12Г2Б
15Г2АФДпс,
15Г2СФ
10ХСНД
14Г2АФ
16Г2АФ | —
14Г2**,
10Г2С1**
—
—
— |

* Регламентируемая или контролируемая проката или ускоренное охлаждение.

** Закалка плюс отпуск.

译文：

钢、通用宽扁钢和弯型钢的牌号			
强度级	按该强度级提出的轧材厚度（毫米）	不同轧材厚度时保证该强度级的钢牌号	硬化处理时保证该强度级的牌号
325	10 以下（包括 10） 从 10 到 20（包括 20） 20 以上到 32（包括 32） 32 以下（包括 32） 从 20 到 60（包括 60）	16ГС 09Г2С, 17ГС, 10Г2С1 15ГФ 14Г2 10Г2С1	Ст3сп* Ст3сп* — — 17Г1С*
390	10 及其以下 32 及其以下 40 及其以下 50 及其以下 32 以上到 50（包括 50）	12Г2Б 15Г2АФДпс, 15Г2СФ 10ХСНД 14Г2АФ 16Г2АФ	— 14Г2**, 10Г2С1** — — —

* 规定或被监测轧制或加速冷却。

** 淬火加退火。

  从以上两个译例可以看出，表格的翻译与图纸的翻译有近似之处。翻译时要求术语翻译准确地道，表述要简洁规范；指代要明确；国际通用计量单位可以直接使用通用语言（英语），无需翻译；原文若用国际通用术语标出某一术语，该术语也可不予翻译，直接以通用语言标出即可；各种牌号、代号不用翻译，直接复制原语即可；图表中的注释翻译要精炼，要使用行业专用语，切勿盲目造词。

  表格的样式一般要与原表格一致，表格应尽量与所涉及的文字相联系在一起，即排在同一版面上。如果条件不允许，那么应使表格不要与所涉及的文字相隔太远。

  另外，如果表格太长，需要跨页制表，那么制表时应在表中选择合适的位置把表格分开，并在另一页上重新附上表头，并在这一页的顶部加注"续表"二字，在制表时续表中的表格序号和表格名称可以省略。

译文欣赏 1——科普翻译
Электронный полицейский

  Как следует из самого названия, "электронный полицейский" – не настоящий полицейский, а контрольное электронное оборудование, выполняющее работу настоящих полицейских и способное расширить границы их контролирующей деятельности.

"Электронные полицейские"сначала появились в США и странах Европы, в последние годы стали активно применяться на улицах крупных китайских городов и на скоростных автомагистралях страны. Их основное предназначение состоит в круглосуточном контроле за соблюдением правил дорожного движения.

"Электронный полицейский"– это высокотехнологичный интеллектуальный продукт, в котором объединены самые передовые технологии, такие как измерительные технологии, технологии искусственного интеллекта, технологии обработки изображения, сетевые технологии. Когда транспортное средство попадает в сферу видимости электронного глаза, он получает информацию о движении автомобиля с помощью автоматической инфракрасной системы контроля. При проезде на красный свет, нарушении скоростного режима, нарушении правил перестроения"электронный полицейский"производит фотографирование, фиксирует факт нарушения и регистрационный номер автомобиля. После этого информация немедленно передается в центр разбора нарушений правил дорожного движения. Полицейские центра на основании полученной информации направляют нарушителю извещение, которое предписывает либо уплату штрафа, либо посещение лекций по ПДД.

С появлением"электронных полицейских"контроль за движением стал осуществляться более строго, они успешно справляются с такими ситуациями, в которых человеку трудно заметить нарушение. Таким образом, работа людей-полицейских облегчилась, а водители реже стали допускать нарушения правил, а в результате повысилась безопасность движения.

电子警察

顾名思义，"电子警察"不是真人警察，而是一种能做真人警察的工作，还可以扩大警察监控范围的电子监控设备。

"电子警察"最早出现在美国和欧洲国家，近几年也在中国城市的主要道路和高速公路上被广泛使用。它的作用是全天二十四小时监控路上的交通违章行为。

"电子警察"是高科技智能技术产品，它集合了检测技术、人工智能技术、图像处理技术、网络通信技术等各种先进技术。当汽车进入"电子警察"的"电子眼"的监控范围，它就会通过红外线自动检测汽车的行使情况。如果有闯红灯、违章超速、违章变道等行为，"电子警察"马上照相，把汽车的违章行为和车牌号码记下来，然后将这些信息快速准确地传送到交通违章处理中心。处理中心的警察根据这些信息，给车主发出违章通知，车主必须为违章行为交付罚款或参加交通法规学习。

有了"电子警察"，监控工作更加严密，就是人工很难检测到的情况，也逃不过"电子警察"的法眼。这样真人警察的工作负担减轻了，司机不敢轻易违章，交通安全也得到了保障。

译文欣赏 2——产品说明书翻译
Требования по технике безопасности

1.При включении холодильника в сеть должна быть проверена его электропроводка на отсутствие возможных повреждений.

2.Холодлиник необходимо отключить от сети: при уборке его внутри и снаружи; замене лампы освещения; перемещении на другое место; мытье полов под холодильником.

3.При появлении признаков замыкания на корпусе（пощипывание при касании к металлическим частям）холодильник немедленно отключить от электросети и вызвать механика специализированной организации для выявления и устранения дефекта.

4.При установке холодильника с электрозащитой класса о находящиеся вблизи газовые плиты, радиаторы отопления, водопроводные краны и другие устройства, имеющие естественное заземление, должны быть ограждены изоляционными материалами.

安全注意事项

1. 电冰箱同供电线路连接时应检查电线外部绝缘是否完好无损以确保安全。
2. 在下列情况下切勿接通电源：
   1）在清洗冰箱内外之前；
   2）在更换指示灯泡时；
   3）电冰箱移往另一位置时；
   4）在清洗冰箱底下的地板前。
3. 如果发现箱体有漏电现象（手触摸金属部位有微麻感）应立即关闭电源，并请专门部门的技术人员查明原因并排除故障。

若出厂的电冰箱是以 0 级电气设备防护，其放置位置靠近煤气灶、暖气片、水龙头或其他有地线接地的设备时应用绝缘材料隔开。

译文欣赏 3——图表翻译
BENQ 5000 Спецификации

Тип сканера	Однопроходный, планшетный
Технология	CCD
Разрешение Оптическое	1200 × 2400 dpi
Разрешение Максимальное	19200 × 19200 точек на дюйм
Битовая глубина	Цвет 48 бит / 48 бит (Вход/Выход) Оттенки серого 16 бит / 16 бит
Динамический диапазон	1,9
Цифровая технология ICE	Нет
Кнопки-помощники	3 кнопки
Макс. область сканирования	216мм × 297мм
Интерфейс	USB 1,1
Шум	До 45 дБ
Вес	2,1 кг
Габариты	412 мм × 258 мм × 73 мм
Напряжение	12V, 1,25A
Минимальные системные требования PC	Порт USB IBM PC или совместимый компьютер Процессор Pentium и выше 128M.RAM CD-ROM дисковод Windows XP/ME/2000/98SE Super VGA （800 × 600 пикселей） Звуковая карта （дополнительно）
ПО, входящее в стандартную комплектацию	Mirascan Scanner Driver Merge Magic Software Arcsoft Photo Impression Arcsoft Photo Base ABBYY Fine Reader Sprint （OCR）
Руководство пользователя	В электронном виде
Комплект поставки	Сканер 5000 Краткая инструкция по установке （постер） USB шнур Диск с ПО Блок питания

BENQ 5000 规格表

扫描类型	一次平板式扫描
技术	超薄 CCD
光学解度	1200×2400dpi
最大分辨率	19200×19200 微粒／英寸
分色位数（分色能力）	彩色 48bit（输入／输出） 灰阶 16bit
动态密度	1.9
数码技术 ICE	无
快捷键	三个快捷键
最大扫描面积	216mm×297mm
接口	USB1.1
噪音	低于 45DB
重量	2.1kg
外形尺寸	412mm×258mm×73mm
使用电源	12V, 1.25A
最低系统要求	USB 接口 IBM PC 或兼容机 Pentium CPU 或更高 128MB RAM CD-ROM 光驱 Windows XP/ME/2000/98SE Super VGA（800×600 像素） 声卡（可选）
光盘（捆绑软件）	Mirascan Scanner Driver（扫描仪驱动程序） Merge Magic Software（拼接精灵） Arcsoft Photo Impression（影响编程） Arcsoft Photo Base（多媒体管理） ABBYY Fine Reader Sprint（英文拉丁文识别软件）
用户手册	电子文档
包装盒内容	彩色扫描仪 安装指南 USB 电缆线 光盘（捆绑软件） 电源适配器

Компоновочная схема истребителя Су-27К

1. Основной приемник воздушного давления 主空速管
2. Радиопрозрачный обтекатель антенны радиолокационной станции 雷达天线的无线电滤波罩
3. Антенна радиолокационной станции H001 雷达天线
4. Блоки радиоэлектронного оборудования 无线电子设备组件
5. Оптико-локационная станция ОЛС-27К 光学雷达
6. Датчик угла атаки 仰角传感器
7. Фара подсветки заправочной штанги 受油管照明灯
8. Резервный ПВД 备用空速管
9. Выдвижная штанга дозаправки в воздухе 已伸出的空中加油受油管
10. Козырек фонаря 座舱风挡
11. Подвижная часть фонаря 可动的座舱盖
12. Индикатор на фоне лобового стекла ИЛС-31 平模显示器
13. Приборная доска 仪表板
14. Ручка управления самолетом 驾驶杆
15. Катапультируемое кресло К-36ДМ K-36DM 弹射座椅
16. Аварийный ПВД 应急空速管
17. Антенна 天线
18. Штыревая антенна радиокомпаса 无线电罗盘鞭状天线
19. Закабинный отсек оборудования 后设备舱
20. Пушка ГШ-301 GSH-301 机关枪
21. Боекомплект пушки 机枪弹药
22. Патронный ящик на 150 снарядов 150 发炮弹箱
23. Переднее горизонтальное оперение 前水平鸭翼
24. Гидропривод управления ПГО 前鸭翼控制作动筒
25. Передняя опора шасси 前起落架
26. Грязеотражающий щиток 防尘挡板
27. Гидроцилиндр уборки передней опоры шасси 前起落架收放作动筒
28. Створка ниши передней опоры шасси 前起落架舱门
29. Тормозной щиток 减速板
30. Гидроцилиндр управления тормозным щитком 减速板控制作动筒
31. Жгуты электропроводки 电气导线束
32. Топливный бак-отсек № 1 整体油箱
33. Топливозаправочная горловина 加油口
34. Ниша колеса основной опоры шасси 主起落架轮舱
35. Передняя подвижная панель воздухозаборника 进气道前活动壁板
36. Задняя подвижная панель 后可调壁板

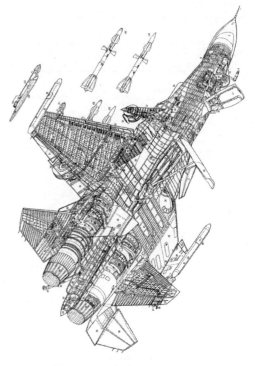

苏 27K 歼击机结构示意图

37. Гидроцилиндры перемещения панели 壁板调节作动筒
38. Створки перепуска воздуха 放气口
39. Створки воздушной подпитки 辅助进气口
40. Поднимающаяся защитная решетка воздухозаборника 已升起的进气道保护格栅
41. Гидроцилиндр и демпфер защитной решетки воздухозаборника 进气道保护格栅作动筒及阻尼器
42. Канал воздухозаборника 进气道
43. Топливный бак № 2 油箱
44. Автоматический радиокомпас 自动无线电罗盘
45. Тяги управления рулями направления 方向舵操纵拉杆
46. Двигатель АЛ-31Ф AL-31F 系列发动机
47. Корпус компрессора двигателя 发动机的压气机机匣
48. Выносная коробка самолетных агрегатов 外置的飞机附件机匣
49. Маслобак двигателя 发动机润滑油油箱
50. Регулируемое реактивное сопло 可调节的尾喷口
51. Гидроцилиндры управления соплом 尾喷口控制作动筒
52. Люки доступа к агрегатам двигателя 发动机附件检查口
53. Центральная хвостовая балка 中央尾梁
54. Отклоняемая законцовка центральной хвостовой балки 中央尾梁可偏转的末端
55. Блоки радиоэлектронного оборудования 无线电电子设备组件
56. Антенна системы государственного опознавания 敌我识别系统天线
57. Топливный бак № 3 油箱
58. Трубопроводы и агрегаты топливной системы 燃油系统导管和附件
59. Блоки автомата постановки пассивных помех 消极干扰自动施放组件
60. Кормовой ласт 尾蹼
61. Тормозной гак 着舰阻拦钩
62. Ушко замка поднятого положения гака 阻拦钩抬起位置锁环
63. Горизонтальное оперение 水平尾翼
64. Ось стабилизатора 水平安定面轴
65. Гидропривод управления стабилизатором 水平安定面控制作动筒
66. Складывающаяся секция стабилизатора 水平安定面的可折叠段
67. Гидроцилиндр подъема складывающейся секции 可折叠段升起作动筒
68. Гидроцилиндр замка рабочего положения складывающейся секции стабилизатора 水平安定面可折叠段工作位置锁定作动筒
69. Подбалочный гребень 下导流片
70. Маслобак 润滑油油箱
71. Передний узел крепления киля 垂直安定面前固定组件
72. Задний узел крепления киля 垂直安定面后固定组件
73. Киль 垂直安定面
74. Руль направления 方向舵
75. Гидроцилиндр управления рулем направления 方向舵控制作动筒
76. Рулевой агрегат 舵机附件
77. Воздухозаборник воздухо-воздушного радиатора 气冷式空气散热器入口
78. Радиопрозрачная законцовка киля 无线电滤波的垂直尾翼翼尖
79. Антенна УКВ-радиостанции 超短波无线电天线
80. Антенно-фидерная система "Поток" 天线-馈线系统
81. Аэронавигационный огонь (белый) 尾部航行灯（白色）
82. Антенна станции предупреждения об облучении "Береза" 辐射警告系统天线

83. Неподвижная часть консоли крыла 机翼固定部分
84. Складывающаяся часть консоли крыла 机翼可折叠部分
85. Узел складывания крыла 机翼折叠组件
86. Гидроцилиндр складывания крыла 机翼折叠作动筒
87. Отклоняемый носок крыла 机翼的可偏转前缘
88. Гидроцилиндры отклонения носка 前缘的可偏转作动筒
89. Гидроагрегат управления носком 前缘控制的液压组件
90. Двухщелевой закрылок 襟翼
91. Зависающий элерон 襟副翼
92. Гидропривод управления элероном 襟副翼控制作动筒
93. Стык консоли крыла с центропланом 外翼与中翼对接接头
94. Узел навески основной опоры шасси 主起落架悬挂接头
95. Основная опора шасси 主起落架
96. Узлы подвески пускового устройства АПУ-73 APU-73 机载发射装置的悬挂接头
97. Контейнер станции РЭП "Сорбция" 无线电电子对抗系统吊舱
98. БАНО (зеленый) 机上航行灯（绿色）
99. БАНО (красный) 机上航行灯（红色）
100. Пусковое устройство ракеты Р-73 R-73 导弹发射挂架
101. Управляемая ракета ближнего боя Р-73 R-73 近距格斗导弹盒
102. Управляемая ракета средней дальности Р-27Т R-27T 中程导弹
103. Управляемая ракета средней дальности Р-27ЭР R-27ER 中程导弹
104. Управляемая ракета средней дальности Р-27П R-27R 中程导弹
105. Управляемая ракета средней дальности Р-27Э R-27E 中程导弹

译文欣赏 4——中医药名翻译

解 表 药（лекарства, способствующие устранению наружного синдрома〈освобождению поверхности тела от патогенной Ци〉）

辛温解表药（острые и теплые лекарства, способствующие устранению наружного синдрома）

辛凉解表药（острые и прохладные лекарства, способствующие устранению наружного синдрома〈рассеивающие ветер-жар〉）

清热药（лекарства, охлаждающие жар）

清热泻火药（лекарства, охлаждающие жар и очищающие от огня）

清热燥湿药（лекарства, охлаждающие жар и иссушающие сырость）

清热凉血药（лекарства, охлаждающие жар и остужающие кровь）

清热解毒药（лекарства, охлаждающие жар и изгоняющие токсин）

清退虚热药（лекарства, охлаждающие жар типа недостатка）

泻下药（лекарства со слабительным действием）

攻下药（лекарства с сильным слабительным действием）

润下药（лекарства с мягким слабительным действием）

峻下药（лекарства с сильным слабительным действием, изгоняющие воду）

祛风湿药（лекарства, изгоняющие ветер-сырость）

祛风湿散寒药（лекарства, изгоняющие ветер-сырость и рассеивающие холод）

祛风湿清热药（лекарства, изгоняющие ветер-сырость и охлаждающие жар）

祛风湿强筋药（лекарства, изгоняющие ветер-сырость и укрепляющие сухожилия и кости）

芳香化湿药（ароматные лекарства, растворяющие сырость）
利水渗湿药（лекарства, изгоняющие воду и сцеживающие сырость）
    利水消肿药（лекарства, изгоняющие воду и устраняющие отеки）
    利尿通淋药（лекарства, изгоняющие мочу и восстанавливающие проходимость при странгурии）
    利湿退黄药（лекарства, изгоняющие сырость и устраняющие желтуху）
温里药（лекарства, прогревающие внутренние органы）
理气药（лекарства, нормализующие циркуляцию Ци）
消食药（лекарства, устраняющие скопление пищи）
驱虫药（лекарства, изгоняющие паразитов）
止血药（лекарства, останавливающие кровотечения）
    凉血止血药（декарства, остужающие кровь и останавливающие кровотечения）
    化瘀止血药（лекарства, растворяющие застой крови и останавливающие кровотечения）
    收敛止血药（лекарства с вяжущими свойствами, останавливающие кровотечения）
    温经止血药（лекарства, прогревающие каналы и останавливающие кровотечения）
活血化瘀药（лекарства, оживляющие кровь и растворяющие застой крови）
    活血止痛药（лекарства, оживляющие кровь и останавливающие боль）
    活血调经药（лекарства, оживляющие кровь и нормализующие менструальную функцию）
    活血疗伤药（лекарства, оживляющие кровь и залечивающие раны）
    破血消癥药（лекарства, изгоняющие застойную кровь и устраняющие затвердения）
化痰止咳平喘药（лекарства, растворяющие флегму, прекращающие кашель и успокаивающие одышку）
    化痰药（лекарства, растворяющие флегму）
    止咳平喘药（лекарства, прекращающие кашель и успокаивающие одышку）
安神药（лекарства, способствующие успокоению жизненного духа Шэнь）
    重镇安神药（лекарства со свойствами подавления тяжестью, способствующие）
    养心安神药（лекарства со свойствами питания сердца, способствующие успокоению жизненного духа Шэнь）
平肝息风药（лекарства, успокаивающие печень и гасящие ветер）
    平抑肝阳药（лекарства, успокаивающие и подавляющие Ян печени）
    息风止痉药（лекарства, гасящие ветер и прекращающие судороги）
开窍药（лекарства, открывающие "отверстия сердца"）
补虚药（лекарства, восполняющие недостаток）
    补气药（лекарства, восполняющие Ци）
    补阳药（лекарства, восполняющие Ян）
    补血药（лекарства, восполняющие кровь）
    补阴药（лекарства, восполняющие Инь）
收敛固涩药（лекарства, закрепляющие при помощи вяжущих свойств）
    固表止汗药（лекарства, укрепляющие поверхность тела и останавливающие пот）
    敛肺涩肠药（лекарства, "связывающие" легкие и кишечник）
    固精缩尿止带药（лекарства, закрепляющие сперму, связывающие мочу и останавливающие бели）

涌吐药（лекарства, вызывающие рвоту）

解毒杀虫燥湿止痒药（лекарства, устраняющие токсин, уничтожающие паразитов, иссушающие сырость и прекращающие зуд）

拔毒化腐生肌药（лекарства, изгоняющие токсин, растворяющие загнивание и порождающие мышцы）

第七章

应用翻译之公文事务性文本翻译

第一节　合资企业章程翻译

随着我国与俄语国家政治、经济、文化关系的迅猛发展，我国与俄语国家的经济交流与合作不断加强，涌现出大批的中国和俄语国家的合资企业，而合资企业的成立和运行必须依据合资企业章程。合资企业章程是国家、组织或企业按照一定程序制定的法律文本，对企业或组织经营和管理做出明确的规定，对企业或组织的行为进行约束。准确的翻译合资企业章程有利于合资双方对章程的解读和执行，最终有利于合资企业的高效运行。

1. 俄语公文事务语体

根据合资企业公司章程的功能（表达信息，调节行为）判定，合资企业章程的文本归属于公文事务语体，因此要准确地翻译俄语合资企业章程，就必须了解俄语公文事务语体的特征。

公文事务语体用于正式的和非常重要的人际关系领域，比如管理、法律和文秘等领域，对企业或组织的经营和管理行为做出规定，用来调节政府和民众、国家与国家、企业与企业、组织与组织、个人与社会等之间的关系。俄语公文事务语体大多呈现为书面文体，具有一些共同的特征：表述高度准确，词义使用单一，不使用转义，不允许含混不清；文本的信息性很强；文本用语具有法规性和非私人性的特点；词汇、词法、句法、篇章结构具有程式化之特点；文本中概念、术语的使用前后要保持统一；文本公式化色彩非常明显；语言个性化不强，缺乏情感性和表现力等等。

1）俄语公文事务语体的语言特点

公文事务性语体的词汇特点： 广泛使用术语；使用无表现力和情感色彩的词汇；使用具有法规意义的词汇手段；使用程式化的用语和公文套语；使用缩略语和陈旧词语等。

公文事务性语体的词法特点： 名词使用频率高；大量使用动名词、短尾形容词、副动词、形动词、复合前置词、连词；使用词不定式，大量的名词二格连用，动词多用第三人称等。

公文事务性语体的句法特点： 句子结构复杂而紧凑；大量使用多成素词组；多使用起连接作用的固定词组；广泛使用无施动结构；大量使用带独立短语或同等成分的称名句；常使用具有限定的或说明作用的从句；句子为陈述句；句子中词序规整，词序为正词序。

公文事务性语体的篇章特点： 词汇和语法连接手段使用较多；句子及整个篇章结构逻辑严密，篇章结构比较固定；一些文件（如条约、章程）的篇章呈现为分条列款形式；篇章篇幅长短因文本体裁不同而有差异。

2）俄语公文事务语体的各种变体

根据公文事务文本使用的领域和文本的修辞特点，一般把公文事务文体分为以下三种变体：

法律分体： 如法律、章程、民事和刑事法律文件等。较之其他分体，法律分体修辞及语言的同等现象使用频率要高；广泛使用法律术语；多使用意义抽象的词汇；不使用具有评价色彩和情感色彩的词汇。法律语言对整个公文事务性语体的形成都产生影响，它是公文事务性语言的基础。

行政管理分体： 如命令、布告、申请、鉴定、证明文件、证书、公务信函、合同、协议等。该分体广泛地使用于行政、办公和生产领域。该文本中大量使用中性和书面词汇；大量使用行政管理词汇和使用缩略语；很少使用同义词；只有该分体有时可以使用动词的第一人称，甚至是第一人称代词，以明示文本作者。

外交分体：如国际条约、协议、公约、备忘录、照会、公报、宣言、声明等。该分体使用于国际关系领域，较之其他分体，外交语体大量使用外交术语和国际法词汇，使用外交场合的书面和崇高用语、礼节性词汇；句子多使用假定句和让步句；语言表述灵活委婉；命令式和命令句的使用仅限于抗议照会和通牒等场合。

2. 合资企业章程的内容、结构及译例

合资企业章程归属于公文事务文体之法律分体，它是根据相关国家的法律、法规、条例所制定的涉及合资企业宗旨、法律地位、组织原则、组织形式、组织结构、经营管理方法、股东成员的责任和义务等重大事项的基本文件。合资企业章程一经有关部门批准和经登记机关核准便产生法律效力。合资企业章程是合资企业的"基本法"，它要求组织内所有成员都必须按其章而行事，依据章程条文来规范自己的行为。具体来说，企业的各级组织必须严格按照章程规定的宗旨、原则、生产经营活动范围及其工作职责来运作。凡符合合资企业章程的行为就会受到国家法律的保护，而违反合资企业章程的行为会受到有关机关的干预和处罚。

1）合资企业章程的术语及词汇

较之其他分体体裁，作为法律分体的合资企业章程具有自己的一套术语和词汇体系，正是这些术语和词汇承载着大量的认知信息。这些术语和词汇的意义在该文本中是单一的，用来表达特定的意图和取得相应的法律效果，正是这些术语和词汇体现了合资企业章程语言的专业性和行业特性。合资企业章程文本内容的表达正是建立在认识、理解和等值翻译这些概念的基础上，所以译者就首先必须熟知这些术语和词汇在对应语言中的表达法。如：закрытое акционерное общество（封闭式股份公司），открытое акционерное общество（开放式股份公司），предмет и цели деятельности（经营的主旨和目的），юридический статус（法律地位），общее собрание акционеров Общества（公司股东大会），годовое Общее собрание（年度股东大会），внеочередное Общее собрание акционеров（临时股东大会），совет директоров Общества（公司董事会），заседание Правления（董事会会议），генеральный директор（总经理），дирекция（经理部），ревизор（公司监察员），ревизионная комиссия（监察委员会），аудитор（审计员），физическое лицо（自然人），юридическое лицо（法人），уставный капитал（法定资本），расчетный счёт（结算账户），валютный счёт（外汇账户），организационно-правовая форма Общества（公司的法律组织形式），права и обязанности（权利与义务），самостоятельный баланс（独立资产负债表），дочерние и зависимые общества（子公司与附属公司），филиалы и представительства（分支机构与代表处），номинальная стоимость（票面价值），подписка（认购），компетенция（权限），резервный фонд（储备基金），ликвидация Общества（公司注销），страхование（保险），действующее законодательство（现行法律），преимущественное право приобретения акций（优先认股权），передача долей（股份转让），распределение прибыли（利润分配），орган управления（管理机构），право голоса（表决权），открытое голосование（公开投票；公开表决），заочное голосование（通信表决），голосующие акции（有表决权的股票），зарегистрированное лицо（被登记人），годовой отчет（年度决算），бухгалтерская отчетность（会计报表），отчет о прибылях и об убытках（损益报告表），финансовый год（财政年度），реорганизация Общества（重组公司）等等。

2）合资企业章程的结构及译例

合资企业章程一般分为以下几个板块：

总则：一般包括合资企业宗旨、名称、地址、经济性质、经营范围、经营期限等内容。

① СП осуществляет свою деятельность в строгом соответствии с требованиями действующего законодательства РФ, нормами международного права и настоящим Уставом.

合资企业严格遵守俄联邦现行法规要求、国际法准则及本章程来进行自己的业务。

② Срок деятельности СП составляет 10 лет с даты регистрации в государственных органах Украины.

合资企业的工作期限：自在乌克兰国家政府机构登记注册之日起10年。

合资企业的法律地位： 指合资企业的权利能力和行为能力，合资企业在企业登记机关登记，登记机关审核签发营业执照，合资企业即取得了权利能力和行为能力。

① СП для достижения установленных целей своей деятельности имеет право от своего имени заключать сделки, приобретать имущественные и личные неимущественные права и нести обязанности, быть истцом и ответчиком в суде и третейском суде.

合资企业为达到其确定的经营目的有权以其名义签订契约，获得财产权和人身非财产权，承担义务，在法庭和仲裁法庭上当原告和被告。

② СП является юридическим лицом по законодательству Кыргызской Республики, обладает обособленным имуществом, имеет самостоятельный баланс, счета в финансово-кредитных учреждениях, печать и бланки установленного образца.

根据吉尔吉斯共和国法律，合资企业为法人，拥有独立财产，具有独立资产平衡表，在金融信贷部门有自己的账号，有固定格式的印戳和票据。

注册资本： 也叫法定资本，是合资企业全体股东或发起人认缴的出资额或认购的股本总额，并在企业登记机关依法登记。

① Для создания СП и обеспечения его деятельности образуется Уставный капитал СП, который составляется из стоимости вкладов его Участников. Величина Уставного капитала определяется в размере 100 000 000 （сто миллионов） долларов США.

为了创建合资企业和保证合资企业运转，需要形成合资企业的法定资本，法定资本由合资企业股东的股金构成。法定资本的总值大约为100 000 000（一亿）美金。

② Уставный фонд СП может увеличиваться за счёт прибыли от хозяйственной и коммерческой деятельности СП, а при необходимости также за счёт дополнительных вкладов его участников пропорционально их долям в уставном фонде.

合资企业的法定基金可以用企业商业活动中的盈利来予以增加。在必要时也可由股东按其在法定基金中的比例追加投资。

股东的权利和义务： 指合资企业股东基于股东资格而承担的义务或享有的从合资企业获取经济利益并参与公司管理的权利。

① Участники СП вправе:

– участвовать в управлении делами СП, как непосредственно, так и через своих представителей;

– получать информацию о деятельности СП и знакомиться с его бухгалтерской и иной документацией;

– принимать участие в распределении прибыли;

合资企业股东有权：

——直接或通过其代表参与合资企业事务管理；

——获得合资企业业务的信息和了解合资企业的财务和其他文件；

——参加利润分配；

② Участники СП имеют право по взаимному согласию передавать полностью или частично свою долю участия в уставном фонде СП третьим лицам.

合资企业股东在各方都同意的情况下，有权将自己的在法定基金中的股份全部或部分转让给第三方。

合资企业的管理体系：指为了确保合资企业持续、稳定、健康发展而成立的管理机构和经营机构，进一步明确董事会、董事、股东的权力、义务和利益关系。

① Высшим органом управления СП является общее собрание Участников СП, которое правомочно принимать решения по любым вопросам деятельности СП.

最高管理机构为合资企业股东全体会议，它有权对合资企业任何业务问题做出决定。

② Если член Правления не может лично участвовать в заседании Правления, его заменяет резервный член Правления, назначенный соответствующим участником.

如果某一董事会成员不能亲自出席董事会议，可由该股东指定一名候补董事代其出席。

合资企业的财务：合资企业财务是指合资企业资金运动和由资金运动所引发的合资企业与各有关利益主体之间的经济利益关系（即财务关系）。

① СП ведёт оперативный, бухгалтерский и статистический учёт в соответствии с порядком, установленном в Узбекистане.

合资企业按照乌兹别克斯坦法定的程序进行业务核算、会计核算和统计核算。

② Списание с баланса СП безнадёжной к взысканию задолженности, недостач и потерь, иных непроизводительных затрат производится в установленном порядке по решению Общего собрания Участников.

要根据合资企业股东全体会议的决定、按照规定程序，把没有希望收回的债务、亏损、损失及其他非生产费用从合资企业平衡表中销账。

合资企业终止和清算：合资企业终止是指合资企业根据法定程序彻底结束经营活动并使合资企业的法人资格归于消灭的事实状态和法律结果。而合资企业的清算是指在合资企业解散时，为终结合资企业作为当事人的各种法律关系，使合资企业的法人资格归于消灭，而对合资企业未了结的业务、财产及债权债务关系等进行清理、处分的行为和程序。

① Ликвидация СП происходит по решению собрания Участников СП, либо по решению суда.

合资企业的注销应根据合资企业股东全体会议的决议或根据法院的裁决来进行。

② Оставшееся после удовлетворения требований кредиторов имущество СП распределяется между участниками пропорционально их доле в уставном фонде.

在偿还完债权人的债务之后，所剩余的合资企业资产按照股东在法定基金中的所占股份比例进行分配。

3. 合资企业章程翻译要求

通过对以上译例的对比分析我们可以看出，作为法律文体的合资企业章程，在翻译时既强调原文和译文内容的对等，也不能忽视原文和译文形式的对等。

合资章程中有大量的专业性强、准确性高的术语及专业词汇翻译时要准确理解，切勿望文生义，表达时应避免含混不清，避免产生歧义、误解、遗漏。这些术语和词汇译名的选择关系到合资企业章程权威性和传统性，所以通用的术语和词汇一定要采用定译（标准译法），译者不能自造。

合资企业章程的行文句式要规范自然。作为法律文本，企业章程的句子结构一般比较复杂，所以译者要弄清楚原文句子的脉络。表达时文体要庄重朴实，思维要缜密，逻辑性要强，层次要清晰。有时为了做到准确达意和所指明晰，译文中也不排除冗词赘语和复杂句式。由于是书面法律文本，译文中自然忌讳用口语词句，不用富有情感色彩词汇和表达力较强的修辞手段，以维持法律之"铁面无情"。

俄语法律文本在语言上具有程式化的特点，其严格的程式虽说是一种外在的形式，但也对内容形成一种固定的规定性，也就是说法律文本的规范调节功能与程式化的法律语言关系密切。法律文本程式性特点主要表现在结构固定化和用语法律化上。合资企业章程翻译时必须正考虑到语言程式化的问题，转换时译者要关注汉语企业章程的尺牍用语、套语、程式、格式、体例。合资企业章程译文用语行文的高度程式化，既能保障企业章程的严肃性和权威性，也方便于专业人士的解读。

最后，合资企业章程的程式还体现在文本在逻辑上的严密和形式上的规范方面。合资企业章程采用分章、分节、分条排列，章节有标题，章节自然贯通，章节前后不使用承接词语。翻译时除了处理好意思、句式、程式几方面问题后，还要考虑到译文和原文篇章层面的对等，比如原文和译文中的大标题和小标题要相同，译文中章节顺序要和原文保持一致，译文中各章节中的段落及条款数目、条款序号也要和原文相同。

第二节　认证、认可翻译

认证是保证产品、服务、管理体系符合技术法规和标准要求的合格评定活动。认可是对从事认证及相关的检测检验机构（实验室）和审核人员资质条件与能力的合格评定活动。

认证既是规范市场秩序、促进社会发展、满足人民日益增长的物质文化需求的重要手段，也是我国加入世贸组织和参与经济全球化的需要，又是提高管理与服务水平、提高我国产品质量、增强出口产品竞争力以及保护国内产业的有效方式。

在具体的对外经济活动中，从投标、竞标到产品和服务的进出口，都要求提交企业相关的资质证明，其中很重要的就是各种能证明企业资质和实力的认证、认可文件。因此，有必要对认证、认可文件的翻译进行研究，因为这些文件翻译的正确与否直接关系到企业的经济效益。

1. 认证、认可文件的语体和语言特点

认证、认可文件总体上讲应归属公文事务性语体，但其中又融入科技语体的成分。各类认证、认可文件的主要功能是调节职能机关或权威机关与企业之间的关系，明确地规定了双方的权利与义务，限定了认证、认可所适用的范围，具有法规性的特点；同时认证、认可涉及企业的生产、服务、产品等，文本中自然会出现诸多的科技术语，会使用科技语体的句式结构。

1) 认证、认可文件的法规性特点

文本中有许多表示法规意义的术语和句式，多使用法规现在时。如：

① Государственный комитет Российской Федерации по строительному и жилищно-коммунальному комплексу *разрешает* осуществление производства строительных конструкций и материалов.

俄罗斯联邦国家建设及住宅市政工程委员会准许你企业生产建筑构件和材料。

② Сертификат *имеет юридическую силу* на всей территории Российской Федерации.

认证在全俄罗斯境内具有法律效力。

2) 认证、认可文本表述非常准确

这些文件中对相关对象的权利和义务、文件适用范围等的规定非常明确，认证、认可的行文不允许含混不清、模棱两可，以免以后出现理解分歧和产生纠纷。如：

③ Орган сертификации несёт ответственность за полноту и объективность оценки качества на момент сертификации. Предприятие несёт ответственность на весь срок действия сертификата за точное соответствие показателей качества сертификацированных услуг значениям, установленным в результате сертификации на данном предприятии.

认证机构对认证时质量评估的完整性和客观性负责。认证有效期内，企业负责所提交认证的服务质量指标与在该企业认证确定的指标相符。

3）认证、认可文件表达语气正式，不带有个性，不带有感情色彩，使用书面语言

由于认证体现的是职能或权威机构与企业之间的关系，所以忌讳使用个性化的、带有强烈感情色彩的语言。如：

④ Данный вид продукции изготовлен без использования опасных для здоровья человека веществ. Производство не наносит вреда окружающей среде.

该产品制造时所使用的材料对人体健康无害，产品生产不破坏环境。

⑤ Центр сертификации удостоверяет, что система менеджмента качества вышеупомянутой организации оценена и найдена в соответствии с требованиями ISO9001:2000.

兹证明，上述单位的质量管理体系已通过评估，该质量管理体系符合ISO9001:2000之要求。

4）认证、认可文件具有程式化特点（即使用刻板的句式、固定的格式）

认证、认可文件一般都有相对固定的格式和不同的套语，属于公文语体，多使用办公套语，词语古旧；句式结构复杂，以突显证书文本表述的准确性和意义的单一性。

2. 认证、认可文件的翻译

翻译认证、认可文件时，译者要了解相关认证、认可所涉及的行业，掌握该行业的专业用语，因为不同的认证、认可有不同的术语体系和不同的认证内容，译者要辨别清楚，切不可盲目套用和说外行话。

翻译认证、认可文件时，译者要熟悉汉俄同一认证、认可内容的文件格式的异同。翻译时宜采用归化式手法，即在文本内容不变的前提下，在行文格式方面做一些变通，套用汉语中相关的约定俗成的认证、认可的格式，这样更能方便于业内人士对认证、认可内容的识别、接受和使用。

翻译认证、认可文件时，译文要准确、严谨，切莫模棱两可，前言不搭后语。

请看以下译例：

1. 营业执照（注册证明）

МИНИСТЕРСТВО ЗДРАВООХРАНЕНИЯ И МЕДИЦИНСКОЙ ПРОМЫШЛЕННОСТИ РОСИСКОЙ ФЕДЕРАЦИИ
РЕГИСТРАЦИОННОЕ УДОСТОВЕРЕНИЕ

№96/271/5

Настоящее удостоверение выдано **НИИ Пульмонологии Министерства здравоохранения и медицинской промышленности РФ г. Москва** в том, что в соответствии с приказом Министерства здравоохранения и медицинской промышленности Российской Федерации *№ 277 от 04 октября 2015 года* лекарственное средство под названием **РУЗАМ** в виде лекарственной формы раствор в **ампулах или флаконах** состава **аминокислоты** зарегистрировано в Российской Федерации и разрешено для медицинского применения и промышленного выпуска.

04.10.2015 г.
(дата регистрации)

Начальник Инспекции государственного
контроля лекарственных средств и
медицинской техники　　　　　　　_____(подпись)

Начальник Бюро по регистрации лекарственных
средств, медицинской техники и изделий
медицинского назначения　　　　　_____(подпись)

注册证书

单位名称：俄罗斯联邦卫生和医疗工业部肺病研究所
单位地址：莫斯科
注册编号：№ 96/271/5
注册商品：卢扎姆牌安瓿或小瓶氨基酸溶液
注册日期：2015 年 10 月 4 日

兹证明，根据 2015 年 10 月 4 日第 277 号命令，你单位"卢扎姆"牌药品已在俄联邦注册，准许该药品的医疗使用和工业生产。

国家药品和医疗器械监督局局长 ＸＸＸ(签字)
药品、医疗器械和医疗制品注册局局长 ＸＸＸ（签字）

2. 许可证（1 号样式）

Российское авиационно-космическое агентство
ЛИЦЕНЗИЯ

　　　　　　　　　　　　　　　Регистрационный №1484 от 5 августа 2015 г.
Лицензия выдана　　Открытому акционерному обществу"Туполев"
Место нахождения　113053, Россия, г. Москва, ул. Бахрушина. д. 23
Лицензируемый вид　Разработка авиационной техники, в том числе авиационной
деятельности　　　　техники двойного назначения
　　　　　　　　　　　　Разработка, авторский надзор летательных аппаратов, их
　　　　　　　　　　　　составных частей, наземных технических средств
Условия осуществления　Соблюдение требований законодательства и иных
данного вида деятельности　нормативных актов Российской Федерации
Срок действия лицензии　до 05 августа 2020 г.
　　МП　　　　　　　　　　（подпись）

许可证

注册证号：1484
企业名称："图波列夫"开放式股份公司
注册地址：（略）
许可业务：两用航空技术研发，飞行器及组件、地面技术设备的研发和相关知识产权监督
行为条件：遵守俄联邦法规和其他法令
发证日期：2015 年 8 月 5 日
有效期限：至 2020 年 8 月 5 日
发证单位：俄罗斯航空航天局

            印章 XXX（签字）

许可证（2 号样式）

ЛИЦЕНЗИЯ
D 303222

Регистрационный номер   от 15 августа 2015 г.
ГС-1-77-01-22-0-776287187-005381-2

  Государственный комитет Российской Федерации по строительству и жилищно-коммунальному комплексу

РАЗРЕШАЕТ ОСУЩЕСТВЛЕНИЕ
  Деятельности по строительству и сооружений
  I и II уровней ответственности в соответствии с государственным стандартом

ЛИЦЕНЗИЯ ВЫДАНА
  Закрытому акционерному обществу "Т-Хеллер Телеком"
  113405.г.Москва.Варшавско.шассе.Д.125

НА ОСНОВАНИИ приказа Госстроя России от 15 августа 2015 г. №41/19
ОБЛАСТЬ ДЕЙСТВИЯ ЛИЦЕНЗИИ: Территория Российской Федерации
СОСТАВ ДЕЯТЕЛЬНОСТИ указан на обороте
СРОК ДЕЙСТВИЯ ЛИЦЕНЗИИ по 15 августа 2020 г.

        Председатель Госстроя России_____
Идентификационный номер налогоплательщика 7726287181

许可证
D 303222

证号：ГС-1-77-01-22-0-776287187-005381-2

  "T-Heller Telecom"封闭型股份公司
  根据俄罗斯建设部 2015 年 8 月 15 日第 41/19 号命令，准许你单位按照国家标准从事一、二级责任建筑施工活动，特发此证。

企业注册地址：（略）
许可证适用范围：俄罗斯联邦境内
许可业务：　　（见背面）
发证日期：2015 年 8 月 15 日
有效日期：至 2020 年 8 月 15 日
发证机关：俄联邦国家建设和住宅市政工程委员会
负责人：XXX
纳税人统一号码：7726287181

3. 合格证

СИСТЕМА СЕРТИФИКАЦИИ ГОСТ Р
ГОССТАНДАРТ РОССИИ
СЕРТИФИКАТ СООТВЕТСТВИЯ
№POCC RU. AЮ 27. B00985
Срок действия с _____по_____

№5064823

ОРГАН ПО СЕРТИФИКАЦИИ POCC RU. 0001.11AЮ11
　　Некоммерческая организация-учреждение "Сертификационный центр – 'ВНИИ-ГАЗ- сертификат'", 142717, Московская область, Ленинский район, посёлок Развилка
ПРОДУКЦИЯ
　　Газы углеводородные сжижённые топливные для коммунально-бытового потребления, Марка БТ по ГОСТ 20448-90, серийный выпуск
СООТВЕТСТВУЕТ ТРЕБОВАНИЯМ НОРМАТИВНЫХ ДОКУМЕНТОВ
　　ГОСТ 20448
ИЗГОТОВИТЕЛЬ
　　ОАО "Московский нефтеперерабатывающий завод", 109429, Российская федерация, г. Москва, Капотия, 2-ой квартал, тел（095）355-87-83, факс（095）355-62-52
СЕРТИФИКАТ ВЫДАН
　　ОАО"Московский нефтеперерабатывающий завод", 109429, Российская федерация, г. Москва, Капотия, 2-ой квартал, тел（095）355-87-83, факс（095）355-62-52
НА ОСНОВАНИИ
　　Протокола испытаний № 5 от 26, 06, 2015г., оформленного испытательным центром ОАО "Московский нефтеперерабатывающий завод"（аттестат аккредитации № РООСС RU. 0001.22ИХ05）
ДОПОЛНИТЕЛЬНАЯ ИНФОРМАЦИЯ

　　　　　　　　　　　　　Руководитель органа_____（подпись）
　　М.П.　　　　　　　　Эксперт_____（подпись）
Дата выдачи:

Сертификат имеет юридическую силу на всей территории РФ

俄罗斯国家标准认证体系

俄罗斯国家标准

合格证

编号：№ POCC RU. AЮ 27.B00985

"莫斯科炼油厂"开放股份公司

  根据"莫斯科炼油厂测试中心"2015年6月26日第5号实验纪录，经检验你单位生产的产品符合国标20448标准文件要求，产品质量检验合格。

产品名称：БТ牌市政日用液化烃气

技术标准：国标20448，批量生产

企业地址：（略）

发证单位：非商业组织机构"全俄天然气和天然气技术科学研究院认证中心"

发证日期：

有效日期：自……至……

                 发证单位负责人：XXX

                 鉴定专家：XXX

证书在全俄境内具有法律效力

4. 生态认证

**НАЦИОНАЛЬНАЯ СИСТЕМА
СЕРТИФИКАЦИИ РЕСПУБЛИКИ БЕЛАРУСЬ
ПОДСИСТЕМА ЭКОЛОГИЧЕСКОЙ СЕТИФИКАЦИИ**

Комитет по стандартизации, метрологии и сертификации при Совете министров Республики Беларусь

Министерство природных ресурсов и охраны окружающей среды Республики Беларусь

**СЕРТИФИКАТ СООТВЕТСТВИЯ
ЭКОЛОГИЧЕСКИЙ**

Зарегистрирован в реестре
Национальной системы сертификации
Республики Беларусь
под № BY/112 .2005. 10 ЦА.0014

Дата регистрации 30 января 2015 г.
Действительно до 30 января 2020 г.

НАСТОЯЩИЙ ЭКОЛОГИЧЕСКИЙ СЕРТИФИКАТ ВЫДАН

*Открытому акционерному обществу "Мозырьсоль"
247760.Республик.Беларусь.г.Мозырь.Гомельска.област.*

И УДАСТОВЕРЯЕТ,

*что система управления окружающей среды соответствует
требованиям СТБ ИСО 14001-2010*

И РАСПРОСТРАНЯЕТСЯ НА:

Проектирование и производство соли поваренной пищевой выварочной экстра "Полесье" и других видов продукции на её основе

Председатель Комитета по стандартизации, метрологии и сертификации при Совете Министров Республики Беларусь	Министр природных ресурсов и охраны окружающей среды Республики Беларусь
МП_____ (подпись)	МП_____ (подпись)

白俄罗斯共和国国家认证体系
生态认证分体系

生态合格证书

编号：白俄罗斯证字……号

兹证明

"莫济里盐业"开放股份公司
地址：（略） 邮编：（略）

环境管理体系符合标准：
白俄罗斯国家标准 ISO14001–2010

环境管理体系适用范围：
"波里西叶"牌精炼烹饪食盐及其他盐制品的设计和生产

注册日期：2015 年 1 月 30 日
有效日期：至 2020 年 1 月 30 日

白俄罗斯共和国部长会议标准化委员会主席 XXX （签字）
（机构印章）

白俄罗斯共和国自然资源与环境保护部部长 XXX （签字）
（机构印章）

5. 绿色产品证书

НАЦИОНАЛЬНАЯ ОРГАНИЗАЦИЯ
ЗЕЛЁНОГО КРЕСТА В РОССИИ

Санкт-Петербургский
Зелёный крест
СЕРТИФИКАТ
№ 32-3.12 30012

**на право использования знака
"Зелёный крест" для маркировки продукции**

Настоящим **СЕРТИФИКАТОМ** подтверждается, что в ознаменовании значительных заслуг в деле охраны здоровья и профилактики заболеваний населения, выразившихся в создании экологически безупречного производства и выпуска полезной для здоровья населения продукции, продукция

АОЗТ "ПУЛЬТЕКС"
Электронный очиститель воздуха-ионизатор "ОВИОН-С"

получает право использования для своей маркировки знака "Зелёный крест" установленного образца.

Данный вид продукции АОЗТ "ПУЛЬТЕКС" изготовлен без использования опасных для здоровья человека веществ. Производство не наносит вреда окружающей среде.

СЕРТИФИКАТ выдан на основании Устава "Зелёного креста" и статей 13 и 39 Закона РФ "Об охране окружающей природной среды", а также главы 4 Закона "Об экологической экспертизе".

Председатель Санкт-Петербургского "Зелёного креста" Ю.С.Шевчук

М.П.

俄罗斯国家绿色环保组织

绿色产品证书

标志编号：32-3.1230012

为表彰"PULTEKS"封闭型股份公司在保护居民健康、预防疾病和生产有益于居民健康的生态型产品方面所作的贡献，经彼得堡绿色环保组织审核，该公司产品"OVIOH-C"被认定为绿色产品。根据绿色环保组织章程和俄联邦《自然环境保护法》第十三条和第三十九条及《生态鉴定法》第四章之规定，准许该产品使用绿色产品商标标识，特颁此证。

颁证机构：彼得堡绿色环保组织
负责人签字：彼得堡绿色环保组织主席 XXX

（签章）

6. 获奖证书

ДИПЛОМ
Награждается
Серебряной медалью
Лауреат международного конкурса
"Лучший продукт-2015"
ОАО "Мозырьсоль"
Республика Беларусь
за соль поваренную пищевую выварочную экстра "Полесье"
Председатель Оргкомитета
Первый заместитель Министра
сельского хозяйства РФ _____ (подпись)

获奖证书

"莫济里盐业"开放股份公司
"波里西叶"牌精炼烹饪食盐
　　获得国际"2015 年优秀产品"竞赛银奖，特颁此证。
　　　　　　　　　竞赛组委会主席、俄联邦农业部第一副部长：XXX（签字）

第三节　公证书翻译

随着我国不断加强发展与世界各国在各个领域的关系，国内的个人、团体与国外的个人、团体的经济、文化、科技等交往活动也日益频繁。按照国际惯例，为了维护公民和法人在境外民事活动的合法权益，当事人或法人必须向境外的主管机构出具相关的法律文件，在此之前这些法律文件首先必须经过国内公证部门的公证后才能获得境外相关机构的认可。因此深入地研究公证书的语言特点及其翻译，对确保我国公民和法人顺利进行涉外民事交际，对保护国家利益、个人与经济团体的利益有非常重要的意义。

1. 公证书的文体特点

1）公证书行文的法规性

在涉外民事活动中关于民事法律行为的公证文书（如继承权公证、放弃继承权公证、收养公证、遗嘱公证、赠予公证、委托公证、担保公证、合同〈协议〉公证等）、关于民事法律事实的公证文书（如个人的户籍证明、学历〈学位〉证书、出生证明、结婚证明、离婚证明、亲属关系证明、职业〈职称〉证明、刑事表现公证、国籍公证、法人公证等）及关于法律定义的文书的公证（如证明文书上的印章、签名属实和证明文书的副本、节本、影印本、译文等与原本相符的公证）等的证明文件从文体上讲均属公文事务性文体。这些文件除了传达一定的信息外，另一个重要特征就是都具有法规性。公证制度的法律约束力把参与公证活动的各方联系在一起，规定和调节个人、团体在社会生活中的关系，构成一种特殊的法律社会关系。而这些文件的公证书是由国家专门设立的公证机构和公证人员依据法律程序来办理的，是具有特殊法律效力的证明文书，是司法文书的一种。公证书具有证据效力、强制执行效力和法律要件效力，可以为我国公民、法人和外国有关部门提供可信赖的证据，从而维护当事人的合法权益。

2）公证书行文的准确性

公证书的行文高度准确是由公证书所使用的法规领域的客观需要所决定的。公证书的行文要准确，理解（解释）必须绝对统一。惟其如此，才能保证顺利实现作为法规文件的公证书的调节功能。因此，为了确保对公证内容的解读不出现偏差，公证书在表述上要严谨准确，不允许出现任何含糊不清或偏差错误。否则，证词中含混不清或模棱两可的表述就极有可能损害公证书的可靠性和权威性，难以有效地发挥公证书的调节功能。

3）公证书行文的非私人性

公证书的行文虽然是由公证员个人执笔并附有公证员个人签名，但是在公证过程中公证员并非以个人身份出现，而是代表着国家，公证员是在法律所规定的职能、义务、权利范围之内行事。虽然在公证书的行文中我们常见到诸如中文中的"来到我处……""在我的面前……"等，在俄文中的"Я...свидетельствую...；...удостоверяю...；...удостоверено мной..."等包含有第一人称的句子，但是我们一般都会感觉到，公证书的证词似乎是出自于一个特别概括而又抽象的"人称"。在这种特定的交际场合中公证书拟定者的人称形式的语法意义被弱化了，与公证书证词内容相比，公证书拟定者的身份就显得不那么重要了。再加之公证书使用于正式的交际领域，其行文语气正式，使用严肃的书面用语，这些因素更凸显公证书行文的非个人性。

4）公证书行文的程式化

公证书语言的程式化是指公证书有一套属于自己独特交际领域的惯用套语、刻板固定的格式及内容要点。公证书使用于法规领域，在这一领域的交际是按规定的方便的程式进行。在长期的使用过程中公证书语言趋于程式化、公式化也就不可避免了，这种行文的程式化常常也是必要、适宜的和正确的。

2. 公证书的翻译

奈达先生在阐述翻译的实质时指出，"所谓翻译，是指在译语中用最切近而又自然的对等语再现源语的信息，首先是意义，其次是文体。"（郭建忠，2000：65）从这一描述中可以看出奈达先生强调翻译的首要任务是再现原文信息，注重译文和原文信息内容的对等；同时奈达先生也没有忘却文体因素，没有忽视译文和原文文体的对等。公证书翻译也如此，准确传达公证的内容很重要，译文和原文文体和格式的对等也不容忽视。

公证书的翻译是服务于公民或团体的涉外公证领域，这是一种跨语言的交际活动，交际的参加者包括当事人（申请公证的个人或团体）、公证员、译者、公证信息的接收者（如俄语国家使领馆的签证官员等）。译者作为跨语言交际的中介者在翻译过程中一定要注意到原语公证书和公证书译文的信息和文体的对等。译者的主要任务就是要使用客观精确、朴实自然、合乎法律文体规范的标准译语，真实准确地再现原公证书中所表达的信息，使公证信息的接收者感觉到你所表达的信息是真实可靠的，是权威的，从而达到涉外公证活动的目的。

在公证书的翻译中既要注重原语公证书中所表达的信息，又要考虑到原语和译入语中公证书文体的对等，这一点我们不妨求证于刘宓庆先生专著《文体与翻译》。刘宓庆先生在谈及公文事务性语体的翻译时指出，公文事务文体在译成中文时要注意以下五点：一、首先要抓住对原文的透彻理解；二、译者必须注意汉语语体；三、必须注意研究该材料所涉及的专业内容、了解专业词汇和术语的含义；最好具有有关专业的必要知识；四、必须注意形式问题，包括公文程式、格式、体例等等；五、译文所用词语应严格遵守"一贯性（Consistency）"的原则，在同一篇或同一类材料中不应一词数译，莫衷一是，造成概念混乱。（刘宓庆，1998：185-187）虽然刘先生是从整体上阐述公文事务性语体的英译汉，但毋庸置疑，他的观点对于我们所研究的公证书的汉译俄具有参考价值。下面我们就结合具体例证对公证书的翻译进行深入研究。

1）翻译时概念的理解要准确

涉外公证涉及的内容会比较繁杂，因而公证书中就会出现不同的术语。比如，只是一个"遗产继承公证书（Свидетельство о праве на наследство）"的翻译中就会出现"遗产（наследство）、被继承人（наследодатель）、继承人（наследник）、遗嘱（завещание）、死亡原因（причина смерти）、死亡地点（место смерти）、民法典（Гражданский кодекс）、遗产份额（наследственная доля）"等术语。这就要求译者对这些概念的理解要清楚，翻译时选词要准确，以免因概念性错误而产生纠纷。

在公证书的翻译实践中，译文表达的不准确往往是因为对概念理解的不准确和认识的模糊所致。如：

（2015）西雁证字第 7682 号

译文1：（2015）Си-Янь-Чжэн-Цзы № 7682

译文2：Зарегистрировано в реестре за № 7682-2015.

分析：很显然，译文1的译者不了解"西雁证字"已是国内公证领域常用的一个固定概念，是一个约定俗成的缩略语，它表示某一公证书在西安雁塔区公证处的登记号为7682号。对该术语的不理解致使译者在表达时采用让译入语的信息接收者难以理解的音译"Си-Янь-Чжэн-Цзы（西雁证字）"。

译文2："Зарегистрировано в реестре за № 7682"中文的意思是"登记号为7682号"，虽然这句话中少了"西安市雁塔区公证处（Нотариальная контора района Яньта г. Сиань）"几个词作限定，但是按照俄文公证书的格式，在证词的开始一般都会有"Я,（имя и фамилия нотариуса）, нотариус（название государственной нотариальной конторы）…（我，XXX，XXXX 公证处的公证员，……）"的字样，而在的公证书的尾部一般会有"……公证处"的印章，要是译出来，反而不符合俄文公证书的体式，显得画蛇添足。

公证书的行文要求准确、不允许有歧解。这一语体特点，除了表现在要使用专门性的术语，还表现在非术语性词汇的单义性和无形象性方面。公证书的行文力求准确就限制了同义现象代换的可能性，因为同义词的替代一般都会产生含义细微的变化，人称代词的指代有时也会造成指代的不明确。因此翻译时对同一术语禁止使用同义替代或使用代词，要在译文中不厌其烦重复使用某一术语，以达到概念表达的精确。

2）翻译时表达要流畅自然

对原文中的概念、句子理解后，译者的另外一个任务就是表达了。汉译外时译者常常会受到中文思维习惯的影响和干扰，翻译时译者太拘泥于中文原文的结构和表达方式，以为翻译时尽可能保留中文原文的结构形式才能做到忠实于中文原文，以致在表达时常会出现一些佶屈聱牙的翻译腔，即китаизм（中式俄文）。这类译文违反了译入语的行文习惯，露出非常明显的翻译痕迹。因此，在公证书的汉译俄时我们要尽量排除中文思维习惯的影响，要多注意俄汉两种语言行文的差异，使译文通顺自然，方便信息接收者理解所表达的信息。如：

兹证明前面的复印件内容与毕业证原本相符，毕业证上 XXXX 学校的印章和校长 XXX 的签名属实。

译文 1：Настоящим удостоверяю, что предыдущая копия диплома соответствует оригиналу. Печать университета и подпись ректора университета на дипломе соответствуют действительности.

译文 2：Я,（фамилия и имя нотариуса）, нотариус（название государственной нотариальной конторы）, свидетельствую верность копии диплома. Подлинность печати университета и подписи ректора университета на дипломе проверена.

分析：译文 1 看起来没有语法错误，别人也可以明白所公证的内容。但是，与译文 2 相对比就会发现，译文 1 的译者太拘泥于中文原文的结构和表达方式，表面上忠实于原文，其实已露出非常明显的翻译痕迹，况且意思表达也有偏差；译文 2 的表达就要地道、自然得多了，非常方便于译入语读者接收信息，况且译文 2 的意思表达也非常准确。

3）翻译时行文要严谨、脉络要清晰

在公证书中有时为了体现法律文件的严谨精确，行文者为了避免含混不清或表述不明，在表述中多用各种附加语、修饰语、复杂而紧凑的句子结构和复合句，唯恐不详尽和不严密，有时甚至不惜繁文缛节。翻译时要明白原公证书拟定者的用意，要注意借用译入语的各种语言手段，再现法律文体行文的严谨性。如：

例 1：根据《中华人民共和国继承法》第五条和第十条的规定，被继承人的遗产应由其 XXX 和 XXX 共同继承。

На основании ст. 5 и ст. 10 Закона КНР о наследственаследниками имущества наследодателя являются…и…

例 2：兹证明 XXX（XXXX 年 X 月 X 日出生，现住 XX 省 XX 市 XX 街 XX 号）于 XXXX 年 X 月 X 日来到我处申办本委托书的公证。XXX 在读完委托书，了解委托书的内容及其所产生的后果之后，在我的面前，在委托书上签名予以确认。

Я, …（фамилия и имя нотариуса）, государственный нотариус（название государственной нотариальной конторы）, удостоверяю настоящую доверенность.

……（дата выдачи свидетельства прописью）в нотариальное бюро с просьбой оформить настоящую доверенность обратился гр. …（дата рождения гр., место проживания гр.）, который, прочитав текст доверенности, и, ознакомившись с её содержанием и последствиями, подписал доверенность в моём присутствии, подтвердив, таким образом, ее оформление.

分析：例1的译文中使用复合前置词作状语，使用二格名词作定语，以此来体现法律文件行文的严谨性；而例2的译文句子结构复杂，使用定语从句和三个副动词短语来保证表述的严密准确。

4）翻译时要使用"法言法语"，文本格式要规范

公证文书与其他表示命令意义和规定意义的法律文书的不同之处在于，公证文书以确认事实为其行文核心。公证书的文字中总是采用纪实和确认的行文方式，所以公证文书中的纪实和确认的行文方式在译文中也应予以再现。如：

例1：兹证明ＸＸＸ和ＸＸＸ于ＸＸＸＸ年Ｘ月Ｘ日在我的面前，签订了前面的协议。
Настоящее соглашение удостоверено мной, …（фамилия и имя нотариуса）, нотариусом（название государственной нотариальной конторы）. Соглашение подписано…и ……（когда）в …（где）в моем присутствии.

例2：双方的身份已核实，行为能力已确认。
Личность сторон установлена, дееспособность их проверена.

分析：例1、例2及其本节中的其他例证均使用纪实和确认行文句式，另外例1中的"兹证明……"和"在我的面前"，例2中的"身份已核实"和"行为能力已确认"均是公证文书的套语，是公证领域公认的"法言法语"。而两个译文也是使用纪实和确认句式，套语使用地道精确，不讲外行话。

例3：

公证书

（2015）西雁证字126

兹证明ＸＸＸ（男，中华人民共和国公民，1950年1月1日生）尚健在，现住中国ＸＸ省ＸＸ市ＸＸ区ＸＸ街Ｘ栋Ｘ号。

中华人民共和国陕西省西安市雁塔区公证处（印章）
公证员（签名）
ＸＸＸＸ年Ｘ月Ｘ日

Свидетельство о факте нахождения в живых

Место выдачи свидетельства
Дата выдачи свидетельства прописью
Я, …（фамилия и имя нотариуса）, государственный нотариус Нотариальной конторы района Яньта г. Сиань пров. Шэньси, удостоверяю, что гражданин （китайское гражданство）, 01 января 1950 года рождения, находится в живых и постоянно проживает в Китае по адресу: …（КНР, провинция, город, район, улица, дом, квартира）.
Зарегистрировано в реестре за номером 126.

м.п.   Нотариус:（подпись нотариуса）

分析：作为一种法律文本，公证书在发展的过程中也形成了一些相沿成习的套语和固定格式，也正是这些套语和格式彰显了公证书的权威性。涉外公证书所使用的场合都是正式场合，而非私人往来。若不使用相应的套语或违反规定的格式，则涉外公证就有可能失效。为了避免不必要的麻烦和周折，翻译时我们还须注意公证书的篇章结构，因为公证书的篇章结构具有相对固定的基本格式。汉俄两种语言中的公证书虽然都由首部、正文（证词）、尾部三部分组成，这几部分在层次安排上都有内在的逻辑顺序；在结构的视觉上讲究章节条理清楚，然而汉俄公证书的篇章结构还存在着一些细微的差别，因此，很有必要对这些差异进行具体的对比分析。

首部是公证文书的名称，中文在文书的上部正中写"公证书"，具体的公证事项要在正文中交代；而俄文公证文书名称中则要体现公证的具体事项，如"Свидетельство о факте нахождения в живых（生存〈健在〉公证书）"，"Удостоверительная надпись о засвидетельствовании верности перевода（译文公证书）"；文书编号，中文中的格式是在"公证书"的右下方用阿拉伯数字先写年度的全称，然后写公证机关简称和编号，如："（2008）西雁证字126号"；而俄文证书编号却要放在证词之后，而且不注明年份。至于如何翻译证书编号本节2.1已作说明。

正文也叫证词，是公证书的核心部分和主要内容。证词应根据公证的具体事项来写，当事人申请公证的事项不同，其证词的写法也不尽相同。

中文公证书的尾部首先是制作文书的机关名称，如写"中华人民共和国××省××市（区、县）公证处"，而俄文中公证书尾部对机关名称不予专门注出，因为在证词中已包含此项，如"Я, ...（фамилия и имя нотариуса）, государственный нотариус Нотариальной конторы района Яньта г. Сиань пров. Шэньси"（我，XXX，是中华人民共和国陕西省西安市雁塔区公证处公证员）。机关名称之后是公证人（签名），然后是文书签发的年月日，并加盖公章，汉俄两种语言有一点有所不同，俄文公证书签发的年月日是在证词之前。

在本节中我们研究了公证书的语言特点，强调准确翻译证词内容的重要性，研究了证词翻译时具体要注意的问题，这些都是公证书翻译的根本。另外公证书的行文自成套路，汉俄公证书中套语和格式的表达方式又有区别，翻译时在内容正确的前提下我们要做相应的变通。公证措辞和篇章布局要借用译入语语言中那些固定的套语和格式，以方便国外涉外民事主管部门对公证信息的解读，最终达到保护公民或团体在涉外交际中的权利和利益的目的。

第四节　实验报告翻译

试验、测试、鉴定等的报告（结论）是一种用准确的语言表述试验、测试结果及其他与测试、检测有关的信息文件。试验、测试、鉴定一般由某一中立或权威机构（如实验室或检测中心）来实施，并出示书面检测报告。

1. 实验报告的语言特点

如果说认证、认可材料是一种带有明显的公文事务性语体色彩的应用文体，那么测试、试验报告材料中的公文事务性色彩就要相对少了一些，更多显现的是其科技文体色彩。

1）试验、测试报告或结论除了使用诸多行业的科技术语外，它还有一套自己的术语体系。例如：испытательный центр（试验中心），заказчик（委托单位），заявитель на проведение испытаний（试验申请人），изготовитель（生产厂家），вид испытаний（试验类型），наименование изделия（产品（样品）名称），метод испытаний（实验方法），место испытаний（试验地点），орган испытаний（试验单位），испытуемые объекты, объект испытаний（试验项目），основание для проведения испытаний（использование НД, НД на продукцию）（试验依据），цель испытания（试验目的），номер протокола（报告编号），номер испытания（试验编号），код образца（样品代码），дата отбора образца（抽样日期），образец отобран кем（抽样人员），организация, проводившая отбор（选样单位），дата получения образца（到样日期），количество испытанных образцов（样品数量），дата испытания（дата проведения испытания）（检验日期）, условия проведения испытаний（实验条件）, срок действия（действителен до...）（有效日期〈有效期至……〉）, эксперт（主检人员）, результаты испытаний（заключение）（检验结论）, приложение к протоколу（报告附件）, дата выдачи（签发日期）等等。

2）试验、测试报告或结论文本较之其他科技文体多使用过去时，表示已进行过的测试行为或过程；多用被动语态，表示试验检测行为是被动的、由他人或机构来完成。如：

① Протечек и падения давления не *наблюдалось*. Образцы испытания на прочность *выдержали*.

未见渗漏和压力下降。样品通过强度试验。

3）试验、测试报告除了文本形式呈格式化之外，它的句式结构也具有格式化的特点。

① Продукция *соответствует требованиям*, предъявляемым к данному виду продукции.

产品符合对该类产品的要求。

② Представленные образцы по механической прочности *относятся к* классу В 2,5 （М35）; по плотности *относятся к* Д 800, Д 900, что *удостоверяет требованиям* ГОСТ ...

所提供样品的机械强度为 B 级 2.5（M35），密度为 D 级 800 和 D 级 900，样品符合国标……之要求。

③ *Настоящим техническим заключением подтверждается пригодность продукции* указанного наименования для применения в строительстве на территории Российской Федерации при условии соблюдения требований, приведённых в обязательном приложении к настоящему техническому заключению.

本技术结论证明，如能遵守本技术结论必备附件中所列的要求，该产品可以在俄联邦境内建筑行业中使用。

④ *Настоящим санитарно-эпидемиологическим заключением удостоверяется*, что производство, применение（использование）и реализация новых видов продукции; продукция, ввозимая на территорию Российской Федерации...（наименование продукции）, изготовленная в соответствии ТУ..., *соответствует* государственным санитарно-эпидемиологическим правилам и нормативам.

本卫生检疫结论证明，运入俄联邦境内、按照……技术标准制造的……产品及其新产品的生产、使用和销售符合国家卫生检疫规定和标准。

⑤ Продукция... *допущена к* производству, поставке, реализации, использованию на территории Российской Федерации.

准许……产品在俄联邦境内生产、供应、销售和使用。

4）试验、测试报告或结论文本中经常使用表示单位名称、技术标准、计量单位、物理、化学等单位的缩略语。试验、测试报告或结论行文结构严谨，表达完整，立论准确，毫不含糊，所作报告或结论客观、不带感情色彩。

2. 试验、测试报告或结论文本翻译的方法和要求

1）试验、测试报告或结论文本的理解。从总体上讲，要求理解准确，准确的理解是任何翻译的前提。翻译试验、测试报告时要求译者要准确地理解把握试验、测试报告或结论文本中所转达的信息，要理解所有的检验测试程序、所得的各种结论。如果理解环节出现差错，那么表达再规范地道也无济于事，况且所出具的报告或结论就会给以后产品的贸易和使用中出现的纠纷埋下伏笔。

2）试验、测试报告或结论文本的表达。至于表达，首先要求用词准确，试验、测试报告或结论文本中会出现该行业的专业术语，会出现大量的科技术语，少不了表示单位名称、技术标准、计量单位、物理、化学等单位的缩略语，选词时一定要细心，要多使用约定俗成的词语，不要说外行话。

2）表达时要句式得体。在试验、测试报告或结论文本中既有大量的科技文体句式，也会有带有公文事务性语体（法律文体）的句式，所以翻译时句式选择要依据原文，准确表达原文的主旨。如：

① Основанием для признания продукции, соответствующей государственным санитарно-эпидемиологическим правилам и нормам являются...

认定产品符合国家卫生检疫规定和标准的根据是……

② Протокол распространяется только на образцы, подвергнутые испытаниям.

报告仅适用于受检样品。

③ Передача протокола или его копий другим лицам и организациям без разрешения заказчика не допускается.

未经委托单位许可，禁止把报告或复印件转让给其他人士和机构。

④ Частичная перепечатка протокола испытаний без разрешения испытательной лаборатории ЗАПРЕЩЕНА!

未经检测实验室许可禁止部分翻印实验报告！

⑤ Пользователю технического свидетельства рекомендуется удостовериться в его действительности обращением в ФЦС（Федеральный центр сертификации）.

建议检疫技术证明使用者在联邦认证中心查询技术证明是否有效。

4）试验、测试报告或结论行文要严谨，注意各句之间的逻辑关系。在试验、测试报告或结论中有时需要详尽地罗列试验、测试的过程，这时一定要把握原文的动作顺序，使其前后衔接紧密。

5）试验、测试报告或结论翻译的格式要求。如果原文的侧重点在于强调试验、测试所得的结论，我们建议不妨采用汉语的表格形式，这样更简洁明快，便于接受。如：

例1： **ПРОТОКОЛ СЕРТИФИКАЦИОННЫХ ИСПЫТАНИЙ**
№ 26 от 17.05.2015 г.

Основание для проведения испытаний: Решение №8 от 26.01.2015 г.

Наименование продукции: *Материал гидроизоляционный "Лахта" ОКП* 577514 *по ТУ*
5775-005-39504194-2010

（тип, марка, код ОКП, НД и т.п.）

Производитель продукции: *ООО "Гидрокор"*

（наименование, адрес, страна）

193019, *г. Санкт-Петербург, ул. Вокзальная, 9.18. Россия*

Дата получения образцов:

с 10.03.2015 г. акт от 25.03.2015 г.

（Дата отбора образцов, номер акта отбора образцов）

Сведения об испытанных образцах:

проба – 10 *кг.* "*Лахта*"

（количество, характеристика, маркировка изготовителя）

Регистрированные данные ИЦ:

С – 116

（номер регистрации и маркировка ИЦ）

Методика испытаний: *ГОСТ* 310.2 – 26, *ГОСТ* 1018090, *ГОСТ* 12730.5 – 84, *ТУ* 5775 – 005 –
39504194-2010

（цифры НД, наименование методик）

Дата испытания образцов: *с 01.03.2015 г.*

  Результаты испытаний приведены в прилагательных приложениях.

Заключение: *Материал гидроизоляционный "Лахта", выпускаемый ООО "Гидрокор", соответствует Требованиям ТУ 5775-005-39504194-2010*

Руководитель испытательного органа: _____ _____

              （подпись） （Ф.И.О）

译文：

认证实验报告

报告编号 26

实验根据	2015年1月26日第8号决定
产品名称	"拉赫塔"牌防水材料（全俄产品分类号：577514，技术条件：5775-005-39504194-2000）
生产单位	（略）
到样日期	选样日期：2015年3月10日 选样文件日期：2015年3月25日
样品情况	"拉赫塔"牌试样10千克
实验编号	C-116
实验方法	国标……，技术条件……
实验日期	2015年3月1日起
备注	试验结果见附件
试验结论	"Gidrocor"有限责任公司生产的"拉赫塔"牌防水材料符合技术条件5775-055-39504194-2010之要求。
试验机构负责人	（签字）（姓名）

  如果原文中长篇大论来描述试验的过程或实验所得出的结论，那么翻译时行文的格式就不宜采用表格形式，还得以原文为重，行文要依照原文，宜繁则繁，宜简则简。如：

例2：   ТЕХНИЧЕСКОЕ СВИДЕТЕЛЬСТВО

    о пригодности продукции для применения в строительстве на территории Российской федерации （выдано на основании постановления Правительством Российской Федерации от 27 декабря 2015 г. №1636）

№ТС-07-0188-15   действительно до 06 августа 2020 г.

НАИМЕНОВАНИЕ *смесь цементная сухая "Прогресс-I"*

НАЗНАЧЕНИЕ *для изготовления водонепроницаемых растворов и бетонов*

ЗАЯВИТЕЛЬ *ООО "Гидро Спец технологии"*

       （наименование, страна, адрес, телефон, факс）

    Россия , 109017, г. Москва. Б. Толмачевский пер. Д.3, стр.1-8

ИЗГОТОВИТЕЛЬ（РАЗРАБОТЧИК） *тот же Тел. (095) 133-33-49, 972-62-02*

  Настоящим техническим свидетельством в соответствии с действующими на территории Российской Федерации стандартами, строительными нормами и правилами подтверждается пригодность продукции указанного наименования для применения в строительстве на территории Российской Федерации в соответствии с областью применения и при условии соблюдения требований, приведённых в приложениях к настоящему техническому свидетельству.

　　Соответствие фактически поставляемой продукции указанного наименования требованиям настоящего технического свидетельства подтверждается документом о качестве или декларацией о соответствии, выдаваемыми изготовителем （поставщиком）, сертификатом соответствия Системы сертификации ГОСТ в области строительства.

ТЕХНИЧЕСКОЕ СВИДЕТЕЛЬСВТО ВЫДАНО НА ОСНОВАНИИ: *документов и материалов, представленных ООО "Гидро Спец Технологий", перечень которых приведён в приложении к настоящему техническому свидетельству и результатов экспертизы*

НАСТОЯЩЕЕ ТЕХНИЧЕСКОЕ СВИДЕТЕЛЬСТВО ДАЁТ ЗАЯВИТЕЛЮ ПРАВО *маркировать в течение срока действия свидетельства документа о качества или декларацию о соответствии, техническую （проектную） или другую товаросопроводительную документацию на продукцию указанного наименования знаком пригодности в соответствии с условиями, приведёнными на оборотной стороне настоящего свидетельства.*

ТЕХНИЧЕСТВКОЕ СВИДЕТЕЛЬСТВО ПОДГОТОВЛЕНО *Федеральным научно-техническим центром сертификации в строительстве Госстроя России СФЦС с приложением...*

（наименование органа, организации, город, телефон, факс）

Приложение （обязательное） на 7 л., заверенных печатью ФЦС

Зарегистрирован в реестре Госстроя России
"06"августа *2015* г. *117987*, Москва,
ул. Строителей, Д.В.К
тел.: *930-64-69;930-11-00*

Начальник Управления стандартизации, технического нормирования и сертификации Госстроя России
_____ （подпись）

译文：

技术证明
在俄联邦境内产品适用于建筑领域的技术证明
（依据 2015 年 12 月 27 日第 1636 号俄联邦政府决定颁发）

证书编号：07-0188-15
有效期至：2020 年 8 月 6 日
产品名称：干性混凝土混合物
产品用途：用于制造防水砂浆和混凝土
申请人："水专用技术"责任有限公司
生产厂家：（同上）

　　兹证明，根据俄罗斯联邦境内现行标准、建筑标准和规定，在与产品适用范围相符、在遵守本技术证明附件所列要求的条件下，该产品可适用于俄联邦境内的建筑领域。

　　实际供应的所指产品是否符合本技术证明的要求应根据生产厂家（供货商）所提供的质量证明或合格证明以及建筑领域国标认证体系颁发的合格证来予以确认。

　　颁发技术证明的根据是"水专用技术"责任有限公司所提供的文件和材料，这些文件和材料的清单见本技术证明的附件。

　　本技术证明赋予申请人在证明有效期内、在所指产品上用"合格"字号来标明质量证明或合格证明、技术（设计）或其他产品附随文件之权利，享有权利的条件见本证明背面。

　　技术证明由俄罗斯建设部联邦建筑科技认证中心制订，其附件为：……
　　附件共 7 页，均已加盖联邦认证中心的公章。

2015 年 8 月 6 日在俄联邦建设部注册
117987，莫斯科市建设者街 D,B,……………
俄罗斯建设部标准化、技术标准和认证局局长_____（签字）

例3: **ПРОТОКОЛ ИСПЫТАНИЙ**

1. Испытательный центр – …
2. Заказчик – **ООО "…"**
3. Испытаниям подвергались шланги металлические сильфонного типа – 3 шт.
4. НД на испытываемые образцы: **ГОСТ…**
5. Дата проведения испытаний:…
6. Цель испытаний: Сертификационные испытания на соответствие требованиям ГОСТ 15763-12…
7. Условия проведения испытаний:
   – температура окружающей среды – 15 -20℃
7. –влажность – 70%
7. –рабочая среда – вода питьевая ГОСТ 2874
8. Образцы подвергались испытаниям на:
7. – герметичность
7. –прочность
9. Испытания на герметичность
9.1. Испытания на герметичность проводились путём подачи во внутреннюю полость шланга воды давлением 0,45 МПа с выдержкой под этим давлением в течение 5 мин.
9.2. Герметичность контролировалась по наличию или отсутствию протечек в местах соединений шланга с концевой арматурой и по падению давления на манометре, подсоединённом к другому концу шланга.
9.3. Испытанию подвергались все образцы шлангов, поступивших на испытания.
9.4. Герметичность проверялась перед началом испытаний образцов, а также после первой, четвёртой, седьмой и десятой сборок шланга.
9.5. В процессе испытания протечек и падения давления, повреждений уплотняющих элементов не отмечено. Шланги, представленные на испытания герметичны.
10. Испытания на прочность
10.1. Испытания на прочность также на всех образцах, представленных на испытания, путём подачи во внутреннюю полость шланга воды под давлением 1,2 МПа с выдержкой в течение 3 мин.
10.2. Прочность контролировалась по наличию и отсутствию протечек по телу шланга, а в местах сварочных соединений шланга с концевой арматурой, а также по падению давления на манометре.
10.3. Протечек и падения давления не наблюдалось. Образцы испытания на прочностьвыдержали.

Заключение: шланги металлические, изготавливаемые предприятием "…", соответствуют требованиям ГОСТ…

Эксперт Системы сертификации ГОСТ Р:_____

译文：

实验报告

1. 实验中心：（略）
2. 委托单位：（略）
3. 对金属波纹软管进行了测试——3根。
4. 实验样品所用标准：国标……
5. 实验日期：（略）
6. 试验目的：认证试验，确定产品是否符合国标15763-12等之要求。
7. 实验条件：
  ——周围介质的温度：15—20℃
  ——湿度：70%
  ——工作介质：国标2874型饮用水
8. 样品被实验的项目有：
  ——密封
  ——强度
9. 密封试验
9.1. 密封实验方法：向软管内加注压力为0.45MPa的水，在此压力下实验持续5分钟。
9.2. 检查软管与尾端阀门连接处是否有渗漏，检查连接在软管另一端的气压表的压力是否降低，以此来确定密封程度。
9.3. 送交试验的所有样品均已经过测试。
9.4. 在样品实验前、在装配软管的第一步、第四步、第七步和第十步进行密封检查。
9.5. 在实验过程中未见渗漏、压力下降、密封构件损伤，送交试验的软管密封良好。
10. 强度试验
10.1. 送交试验的样品同样也进行了强度试验。强度实验方法：向软管内加注压力为1.2MPa的水，强度实验持续时间为3分钟。
10.2. 检查软管管体表面、软管与尾端阀门焊接部位是否有渗漏，气压表压力是否降低。
10.3. 未见渗漏和压力降低。样品通过强度试验。

结论："……"企业制造的金属软管符合国标……要求。
俄罗斯国标认证体系专家：_____（签字）

第五节　标准翻译

1. 标准的定义和作用

标准是一种规范性技术文件，在标准中对标准化对象的规范、规定、要求做出了一系列明确的确定，再经主管部门和有关机构核准后就付诸实施。标准既可以针对具体物质对象（如某一具体产品、样品等），也可针对某一活动（如某一项工作、服务等）。

制定标准的目的是要通过标准来确保产品、工作、服务等的安全性；在于保护环境、健康、财产；保证技术和信息的兼容性；保证产品的互换性；保证产品和服务、商品标识的统一性等等。国家或经济实体推行某一标准可提升产品质量和服务质量，可以提高统一化水平和互换性程度，使生产过程自动化和标准化，可以提高产品的使用和维修效率等。

2. 标准翻译的意义

标准的翻译是消除技术壁垒的工具。把现存的国际标准译为汉语有助于我国企业在拓展境外市场时能"入境先问俗",了解了外国的标准,使我们企业能主动地去强化企业质量管理和技术水平,使我们的产品能主动地去适应国外的技术要求。同时通过"达标",促进企业产品和服务质量的提高,加强企业产品和服务的竞争优势,进而提高企业的经济效益。

标准的翻译是对外宣传的手段。把我国现行的标准译成外语有助于国际合作。随着我国经济的发展和技术水平的提高,我国已经或正在制定相关经济技术领域的国家标准,其目的在于提高我国产品和服务的竞争力。我国标准的汉译外有助于国外合作伙伴了解我国在某一领域的技术要求,对外国伙伴提供便利,进而促进双方经济技术合作。

3. 俄语国家现行的标准

目前,中国和俄语国家政治关系发展处于历史最好水平,与之相适应的经济关系发展水平也在不断提高,合作领域不断拓展。俄语国家经济的发展和对外贸易合作揭开新的篇章,随之各方面的法规也在不断地趋于完善。这一切都为中国的资本、产品、技术和服务进入俄语国家市场创造了条件。我们认为,为了确保中国和俄语国家经济技术合作的顺利进行,我们必须深入地研究俄语国家现行国家标准的语言特点、结构、内容及其翻译的方法。

苏联解体后,独联体国家立即成立了独联体标准化组织并不断地推出独联体标准(俄罗斯称为"多国标准"或"国家间标准",实质上是仅对独联体各国可行之有效的标准)。之后不久,俄语国家也很快地成立了自己的国家标准化委员会并发布了一系列标准。从俄罗斯国家标准的分类结构及标准的表示方法基本可以反映出俄语国家标准化的概况。

1. 俄罗斯现行国家标准的分类

俄罗斯国家标准采用 19 个俄文字母作为分类号,各字母代号及其标准分类内容如下:
А——矿山业、矿产;Б——石油产品;В——金属及其制品;Г——机械、设备与工具;Д——运输工具及包装材料;Е——动力与电工设备;Ж——建筑及建筑材料;И——陶土硅酸盐、碳素材料及其制品;К——木材、木制品、纸浆、纸张、纸板;Л——化工产品及石棉橡胶制品;М——纺织和皮革材料及其制品和化学纤维;Н——食品及调味品;П——测量仪表、自动化设施和计算技术;Р——卫生保健、卫生和保健用品;С——农业和林业;Т——通用技术和组织方法标准;У——文化生活用途制品;Ф——原子技术;Э——电子技术、无线电电子学和通讯。

2. 俄罗斯国家现行标准构成

现行的俄罗斯国家标准由以下几大类构成:
(1)苏联国家标准。
(2)苏联解体后制定的独联体国家标准。
(3)等同采用的原经互会标准。
(4)等效或等同采用的国际标准化组织(ISO)和国际电工委员会(IEC)制定的标准。
(5)苏联俄罗斯加盟共和国的标准。
(6)苏联解体后俄罗斯联邦制定的国家标准(此类包括等效采用 ISO 和 IEC 的标准)。

4. 俄语标准的语言特点

俄语的各类标准属于公文事务性语体,且多多少少都含有科技语体的元素,标准文本以正式书面语体拟就。其语言特点是用词准确,语义表达明了,陈述客观,段落层次分明,行文严谨。标准中忌讳遣词造句含混不清、模棱两可和条理不清。从这一点上讲,标准又具有法律文本之特征,具有法律效力,可作为仲裁技术纠纷的依据。另外标准文本行文格式化,有统一的编号,使用大量的专业术语,有其固定和常用的句式结构。

5. 标准翻译的要求

1)理解准确。标准种类繁多,涉及诸多生产或服务领域,所以标准的技术性非常强。在动手翻译标准前译者要了解标准中所涉及的专业或行业知识，可通过阅读汉、外语涉及标准领域的书籍，查证相关的技术手册，求证于技术专家，力求理解标准中所表述的内容。

2）表达精确、标准。标准翻译旨在传递文本的事务性和科技性方面的"信息"，由于标准要详细规定术语或定义、适用范围、技术要求（特别是技术标准中要规定有关的技术性能、相关的技术参数、技术指标）、验收、使用、检验、维修、存放等要求。这些内容在表达时要求特别精确，不精确的表达就会产生信息失真，也就可能成为以后生产或服务中可能出现问题的隐患，最终影响的是企业的经济效益。

3）术语地道。在标准中为了定义准确，就大量地使用术语，因此在转换时要在译入语的具体领域中去寻求对等的表达法，说得直白一些，就是要说行话。如"товар в пути"不要译为"在路上的商品"，而要译为"在途商品"；"материальные активы"不要望文生义译为"物质资产"，要译为地道的"有形资产"。另外在同一标准中某一术语的译名前后要统一，以免造成误解。

4）句式规范。作为事务性色彩鲜明的文本，在标准的各个部分已形成了许多通用的、规范性的句式结构，翻译时要注意借用汉语标准中的句式结构。如：

① Внесён Минстроем России.
（本标准）由俄罗斯建设部归口。

② Стандарт пригоден для целей сертификации.
本标准适用于认证目的。

5）把握逻辑。标准作为一种事务性文体，具有叙述严密、逻辑性强等特点，而在客观抽象的叙述中各个语义层次正是依靠逻辑连接串通。翻译时方法与技巧的使用必须以原作的逻辑为准线，或拆分或整合，或顺序和逆序，必须思路清晰，逻辑层次分明。翻译时切忌术语杂乱堆积，上下文主次不分，行文逻辑紊乱，让用户不知所云。

6. 标准的结构和常用句式的翻译

不同领域的标准，其结构、常用句式也不尽相同，本节中主要以产品技术标准为例进行研究。产品的技术标准的结构主要分为以下几个版块：

1）Предисловие（前言）

大多数的标准都有"前言"或"引言"部分，这一部分主要提供该标准的定制、实施、变化、修改、归口等方面的信息。如：

① Разработан Научно-исследовательским институтом санитарной техники Российской Федерации.
（本标准）由俄联邦卫生技术研究所制定。

② Принят Межгосударственным Советом по стандартизации, метрологии и сертификации 21 октября 2015 г.
（本标准）于2015年10月21日由国家间标准化、计量、认证理事会通过。

③ Взамён ГОСТ 21-99.
代替国标21-99。

④ Утверждён и введён в действие Постановлением Государственного комитета РФ по управлению качеством продукции и стандартом от 29.04.2015 г. № 614.
（本标准）已于2015年4月29日由俄联邦国家产品质量及标准管理委员会614号决议批准，并自批准之日起实施。

⑤ Разработчики: ...
（本标准）起草人：……

2）Область применения（适用范围）

"适用范围"一般在标准正文的开始，在这一版块内要使用简洁明了的文字清晰地指明该标准所适用的对象以及标准所涉及的各个方面，也可明确该标准不适用的界限。如：

① Действие настоящего НСБУ распространяется на все объединения, предприятия, организации, учреждения на территории РФ, независимо от форм собственности, видов деятельности, ведомственной подчинённости, осуществляющие операции в иностранной валюте на территории РФ.

本国家会计核算标准适用于俄联邦境内所有进行外汇交易的各种所有制形式的、各种业务范围的、各种隶属关系的公司、企业、组织和机构。

② Настоящий стандарт устанавливает классификацию предприятий общественного питания, общие требования к предприятиям общественного питания различных типов и классов.

本标准规定了公共餐饮企业的分类和对各种不同类型和级别的公共餐饮企业的一般要求。

③ Требования настоящего стандарта, кроме требований к размерам зеркал, правилам приёмки и методам испытаний продукции, являются рекомендуемыми.

除镜子尺寸和产品验收规定、检验方法外，本标准的其他要求为建议性要求。

④ Стандарт не распространяется на зеркала, применяемые в судостроении и железнодорожном транспорте.

本标准不适用于制造轮船、火车所用的镜子。

3）Нормативные ссылки; ссылочные нормативно-технические документы（规范性引用文件〈引用标准〉）

标准中除了新制定的规定和要求外，还引用其他相关的标准或文件，而这些被引用的文件经过引用便成为该标准使用时不可或缺的文件。对于注明日期的引用文件在翻译时应给出年号以及完整的名称，而对于不注明日期的引用文件，则不给出年号。如：

① В настоящем стандарте использованы ссылки на следующие стандарты:
ГОСТ Р 50647-12 Общественное питание. Термины и определения.
СанПиН 42-123-4117-13 Санитарные правила. Условия, сроки хранения особо скоропортящихся продуктов.

本标准引用了以下标准：
俄罗斯国家标准 50647-12 公共餐饮，术语和定义。
卫生规定及标准 42-123-4117-13 卫生规定，特别易腐食品的存放条件及存放期限。

② Указанный ниже стандарт содержит положения, которые посредством ссылок в этом тексте составляют положения настоящего стандарта.

以下标准中的条款通过本标准的引用而成为本标准的条款。

4）Термины и определения（术语和定义）

在"术语和定义"版块内要给出为理解标准中某些术语所必需的定义，以避免概念模糊，理解不一，使用混乱。术语界定不严密有时会使标准采用者误解标准，进而妨碍技术交流和合作。因此在翻译时对于这些定义和术语的翻译要予以注意，对于术语和定义的内涵和外延一定要依据原文，切勿随意删减或引申。如：

① Турист – гражданин, посещающий страну（место）временного пребывания в оздоровительных, познавательных, профессионально-деловых, спортивных, религиозных и иных целях（без занятия оплачиваемой деятельностью）в период от 24 ч. до 6 мес. подряд или осуществляющий не менее одной ночевку.

游客是指以保健、考察、业务、体育、宗教和其他（没有报酬的活动）活动为目的造访某国（某地）并滞留24小时至6个月或住宿不少于一夜的公民。

② Предприятие общественного питания – предприятие, предназначенное для производства кулинарной продукции, мучных, кондитерских и булочных изделий, их реализации и (или) организации потребления.

公共餐饮企业是指从事烹饪及面点、糖果、点心、面包类食品生产、销售和（或）组织上述消费的企业。

5) Требования (要求) или технические требования (技术要求)

在这一版块内主要是直接或以引用方式给出标准所涉及的产品、过程或服务等方面的所有特性，如，技术性能和要求，如产品外形尺寸、机械、物理、力学、声学、热学、电学、化学、生物学等特性，健康、安全要求以及环境保护或资源合理利用方面的相应要求等。如：

① Зеркала должны изготовляться в соответствии с требованиями настоящего стандарта и технических условий на конкретные виды зеркал по рабочим чертежам и технологической документации.

应按照本标准和具体镜子种类的技术要求、生产图纸、技术文件来制造镜子。

② По физико-химическим показателям сахар-песок должен соответствовать требованиям, указанным в таблице 2.

砂糖的理化指标应符合表2所列要求。

Таблица 2 – **Физико-химические показатели**
表2： 理化指标

Наименование показателя （理化指标）	Норма для сахара-песка （砂糖指标）	Норма для сахара-песка для промышленной переработки （工业用砂糖指标）	Метод испытания （检验方法）
Массовая доля сахарозы (в пересчете на сухое вещество), %, не менее （蔗糖总糖分）	99,75	99,55	По ГОСТ 12571 （按国标12571执行）
Массовая доля редуцирующих веществ (в пересчете па сухое вещество), %, не более （还原糖份）	0,050	0,065	По ГОСТ 12575
Массовая доля золы (в пересчете па сухое вещество), %, не более （电导灰分）	0,04	0,05	По ГОСТ 12574
Цветность, не более: （色值不超过：）			
Массовая доля влаги, %, не более （水分不大于）	0,14	0,15	По ГОСТ 12570
Массовая доля ферропримесей, %, не более （不溶于水杂质不大于）	0,0003	0,0003	По ГОСТ 12573

③ Всё санитарно-техническое, технологическое и другое оборудование, приборы, мебель и инвентарь должны соответствовать требованиям нормативных документов и эксплуатировать с соблюдением их требований.

所有的卫生技术、工艺及其他设备、仪表、家具和器材都应符合标准文件的要求，并按这些要求操作使用。

④ Сточные воды при производстве сахара-песка должны подвергаться очистке и соответствовать СанПиН 4630.

生产砂糖所排出的废水应净化处理并符合卫生规定和标准4630。

6）Маркировка（标识）、ярлык（标签）和упаковка（包装）

标识、标签和包装版块规定了如何标注产品的标志，如生产者或销售者的商标、形式或型号。这一版块还可包含对产品的标签和（或）包装要求，其中包括储运说明、危险警告、生产者名称、生产日期等。如：

① Все конвекторы должны поставлять в комплекте по спецификации потребителя.

所有的对流器应按用户规格成套供货。

② Допустимые отклонения от среднего арифметического значения массы нетто пакетов с сахаром не должны превышать – + 2%.

每袋净含量的平均偏差不得超过其含量的+2%。

③ К каждому зеркалу водо-растворимым клеевым составом, нейтральным к защитному и отражающему покрытиям, должны быть приклеена этикета, содержащая: наименование и товарный знак предприятия-изготовителя; наименование зеркала; артикул; сорт; обозначение технических условий на конкретные виды зеркал; размер; дату изготовления; штамп технического контроля.

每一块镜子要用水溶性的、对镜子保护和反射涂层无损害的胶水粘贴上标签，标签上需有以下内容：厂家的名称、商标、镜子名称、型号、级别、镜子具体种类、技术条件标志、尺寸、生产日期、技术监督印章。

7）Приёмка（验收）、правила приёмки（验收规则）、методы испытаний（检验方法）

根据行业和产品的特点对质量的检验可分为形式检验（例行检验）、定型检验（鉴定检验）、出厂检验（交收检验）等。不同的检验类别有不同的检验项目、抽样方案、质量判定标准。如：

① Для проверки соответствия зеркал требованиям настоящего стандарта проводят приёмо-сдаточные, периодические, типовые испытания.

要进行交接试验、定期试验、典型试验，以检查镜子是否符合本标准之要求。

② Отбор проб для определения органолептических, физико-химических, микробиологических показателей, токсичных элементов и пестицидов осуществляется по ГОСТ 12569.

检测感官、理化、微生物指标、毒素、农药的取样按国标12569执行。

③ Выдержавшим испытание считают конвекторы, на поверхности и в местах соединений которых не будет просачивания воды или пузырьков воздуха в воде.

对流器表面及结合处未见漏水、在水中未见气泡，则被视为合格产品。

8）Транспортирование（运输）

在标准的这一版块主要对产品运输提出具体要求，内容涉及运输的方式，指明运输工具等；运输条件，指明运输时的要求，如：遮篷、密封、保温等；运输中应注意的事项，指明装、卸、运方面的特殊要求以及运输危险物品的防护条件等。如：

① При перевозке сахара автомобильным транспортом мешки с сахаром необходимо укладывать на деревянные поддоны. При отсутствии поддонов кузов автомашины выстилают брезентом, бумагой или чистыми бумажными обрезками. После укладывания мешки с сахаром или ящики накрывают брезентом.

用车辆运输白糖时，糖袋下面应有木质垫层。若没有垫层，则要铺上油布、纸或干净的碎纸。在堆放时糖袋或装有糖的箱子要用油布盖严。

9）Хранение（存储）

标准的这一版块规定了产品的存储要求，特别是对那些有毒、易腐、易燃、易爆等危险物品规定了相应特殊的要求。存储方面的主要内容有：存储场所，指库存、露天、遮篷等；存储条件，指温度、湿度、通风、有害的条件的影响等；存储方式，指单放、码放等；存储期限，指规定的存储期限、存储期限内定期维护的要求以及存储期限内的抽检要求。如：

① В помещении для хранения зеркал не должно быть химикатов, вызывающих разложение отражающих и защитных покрытий зеркала.

存放镜子的场所不能有可导致镜子反射和防护涂层衰化的化学制品。

② Конвекторы следует хранить в упакованном виде в закрытом помещении и обеспечить их защиту от воздействия влаги и химических веществ, вызывающих коррозию.

应该把对流器包装入箱并存放在密闭场所，以免受潮和被其他化学物质腐蚀。

10）Гарантия предприятия-изготовителя（厂方担保）

在标准的这一版块规定了厂方和用户的责权、保修的期限、厂方受理用户诉求的条件等。如：

① Изготовитель гарантирует соответствие зеркал требованиям настоящего стандарта при соблюдении условий эксплуатации, хранения и транспортирования.

在（用户）遵守使用、储存、运输等规定的情况下，厂方保证镜子符合本标准之要求。

② Гарантийный срок при соблюдении потребителем требований по хранению, транспортированию, монтажу и эксплуатации, предусмотренных настоящим стандартом, – 24 мес. со дня ввода конвектора в эксплуатацию или продажи（при реализации через торговую сеть）, но не более 36 мес. со дня отгрузки с предприятия-изготовителя.

在用户遵守本标准所规定的运输、安装、使用、储存等要求的情况下，自对流器投入使用之日或售出之日起（指通过销售网点售出之日），保修期为24个月，但从厂方发运之日起，保修期不超过36个月。

第六节　标书翻译

1. 标书的定义和作用

标书是一个包含与招标有关的组织、技术、商务等信息的一揽子文件。标书是整个招标过程的基础，它是由招标方制定的、投标方必须执行的指令性文件，标书就像剧本，它决定着招标时可能出现的所有情况。

加入世贸组织后，中国的经济越来越融入世界经济，随之而来的是日益激烈的国际竞争。国内的一些企业也适时地调整战略，大胆地"走出去"，开拓国外市场。而在国外对一些大项目的招商引资都是通过招标方式完成的，因此正确地翻译好招标书和投标书意义非常重要。

2. 标书的语体特点

标书的主要功能是调节招标方与投标方的关系，标书中规定了招标方和投标方的权利和所承担的义务，因此从整体上讲标书属于公文事务性语体。本节我们将对标书的语体特征和翻译予以详尽地分析和研究。

1）标书具有法规性。大量使用"应该、必须、负责（有义务）、有权、无权、禁止、不许"等意义的词语。如：

① К участию в конкурсе *не допускаются* поставщики, имеющие дебиторскую задолженность перед Заказчиком конкурса.

欠招标方债务的供货商不许参加竞标。

② Поставщики ни полностью, ни частично *не вправе* передавать свои обязательства по настоящему Контракту третьим лицам без предварительного письменного согласия со стороны Заказчика.

未经招标方预先书面同意，供货方无权把自己对本合同的义务全部或部分地转交给第三方。

③ Для участия в тендере *необходимо* иметь опыт и квалификацию в реализации подобных проектов и отвечать требованиям, представленным к тендерной документации.

要参加投标（的投标方）必须具备完成类似项目的经验和资格，必须符合标书所提出的要求。

④ Никакие изменения *не должны* вноситься в Конкурсное предложение после окончательной даты их подачи.

Конкурсные предложения *нельзя* отзывать в промежутке между окончательной датой подачи Конкурсных предложений и датой истечения срока их действия.

在递交投标报价书最后日期之后，不得对报价书做任何修改。

在投标报价书递交日期与报价书到期日期之间不得收回报价书。

⑤ В ходе оценки и сравнения Конкурсных предложений, Конкурсная комиссия и Экспертный совет *имеют право* вызывать претендентов для подачи технических пояснений к предъявленным комиссии предложениям.

在评比报价书的过程中，招标委员会和鉴定委员会有权要求竞标者对其提交给竞标委员会的报价做出解释。

⑥ Заказчик *оставляет за собой право* принять, или отклонить любое предложение, а также отклонить все Конкурсные предложения и аннулировать конкурс в любой момент до подписания Контракта, не *неся* при этом никаких *обязательств* перед участниками.

招标方保留在签订合同之前随时接受或拒绝任何投标以至取消招标的权利，并且对竞标者不承担任何责任。

2）标书的另一个主要特征就是表述高度准确，容不得含糊其辞和模棱两可，更不允许表述有明显的漏洞，让他人有空可钻，如标书中对招投标双方的权利和义务，承担义务和享受权利的对象的界定是非常明确的。如：

① Участник конкурса несёт все расходы, связанные с подготовкой и подачей своей конкурсной заявки, а Заказчик не отвечает и не имеет обязательства по этим расходам, а также иным расходам участников конкурса.

投标方承担与准备和递交投标申请相关的所有开支，招标方不承担、也不对这些开支及竞标者的其他开支负责。

② Потенциальный Продавец в праве обратиться письменно с запросом о разъяснении положений Тендерной документации, но не позднее семи дней до истечения окончательно срока представления тендерных предложений. Организатор тендера обязан в трёхдневный срок с момента регистрации запроса ответить на него и без указания, от кого поступил запрос, сообщить такое разъяснение всем потенциальным Продавцам, которым организатор тендера представил Тендерную документацию.

潜在的供货商有权书面要求（招标单位）对标书条款作以解释，但是至少应在递交投标报价书最后期限前七天之内提出要求。招标单位应在登记要求之时起三天之内予以回复，并把这一解释告知所有收到标书的潜在供货方，但无须指明具体质询方。

3）标书主要是调节招标方与投标方的关系，是企业与企业之间的交际，这种交际是非私人性质的，标书中的语气是客观的、正式的、严肃的书面语，不使用有感情色彩的、形象的、夸张的、口语式的语句，禁止使用不规范的语言手段。标书的非私人性我们也可从上面的例证中体会到。

4）标书的另一特征是表述程式化。标书都有固定术语和套语，有相对固定的格式和内容要点。在标书中除了一些技术用语、商务用语外，还有大量的标书专用语。例如：сообщение（извещение）о проведении тендера（招标通知），предмет тендера（招标项目），источники финансирования（拨款来源），время и место проведения тендера（招标时间、地点），заказчик тендера（招标单位），приглашение к участию в тендере（招标邀请函），процедура тендера（招标程序），единичный тендер（单独招标），открытый тендер（公开招标），закрытый тендер（非公开招标），претендент（участник торгов）（投标人），заявка на участие в тендере（投标申请），требования к участнику тендера（对投标人的要求），требования к квалификации участников（对投标者资格的要求），финансовое положение участников торгов（投标者的财务情况），оформление тендерной документации（拟定标书），тендерное предложение（投标报价〈书〉），срок действия тендерного предложения（投标报价有效期），залог тендерного предложения（тендерное обеспечение）（投标保证金〈押金〉），документы, подтверждающие правомочность и квалификацию（权能及资格证明材料），затраты（расходы）на участие в конкурсе（投标费用），номер тендера（投标号），валюта тендерного предложения（投标货币），изменение и отзыв тендерного предложения（标书的修改和撤销），критерии оценки тендерных предложений（评标标准），предварительное заседание（标前会议），рассмотрение тендерного предложения（审查投标报价书），предварительный отбор кандидатов（遴选投标候选人），ранжирование участников тендера（对投标人排序），разъяснение тендерной документации（解释标书），раскрытие（вскрытие）конвертов с тендерными предложениями（开标），оценка тендерных предложений（评标〈议标〉），отклонение тендера（拒绝投标），принятие тендера（接受投标），определение победителя тендера（定标），выиграть тендер（中标），присуждение контракта（授标），уведомление победителя тендера о подписании контракта（уведомление о признании тендерного предложения）（授标通知），победитель тендера（中标者），стоимость тендерного предложения（标额），валюта контракта（合同货币），язык контракта（合同语言），гарантия выполнения условий Контракта（гарантийные обязательства на выполнение работ по Контракту）（履约保函），банковская гарантия（银行保函），доверенность изготовителя（制造厂家授权委托书），будут оставаться в силе（将始终有效），оставить за собой право что делать（保留……权利），не подлежать рассмотрению（不予审理），Настоящим до Вашего сведения...（兹通知您……），именуемый в дальнейшем...（下称……），заключить договор о нижеследующем（签订合同如下） 等术语或套话。

标书的程式化特征还体现在篇章层面上。虽然标书的类别和内容不同，但是它们的结构模式基本相同。一个有固定模式的标书便于招、投标双方进行解读和操作。

3. 标书的内容

1）标书的分类

——按招标的范围可分为国际招标书和国内招标书。

——按招标的标的物划分，又可分为三大类；货物、工程、服务。

2）招标书主要内容

招标书主要内容可分为三大部分：程序条款、技术条款、商务条款。包含下列主要九项内容：a. 招标邀请函；b. 投标人须知；c. 招标项目的技术要求及附件；d. 投标书格式；e. 投标保证文件；f. 合同条件（合同的一般条款及特殊条款）；g. 技术标准、规范；h. 投标企业资格文件；i. 合同格式。

一般无论工程标书还是货物标书都包括以上几部分内容。

招标邀请函：由招标机构编制，它简要介绍招标单位名称、招标项目名称及内容、招标形式、售标、投标、开标时间地点、承办联系人姓名地址电话等。

投标人须知：本部分由招标机构编制，是招标的一项重要内容。着重说明本次招标的基本程序；投标者应遵循规定和承诺的义务；投标文件的基本内容、份数、形式、有效期及投标其他要求；评标的方法、原则、招标结果的处理、合同的授予及签订方式、投标保证金。在这一部分招标人针对招标过程可能出现的各种情况提出各种要求、条件，所以条件从句、条件短语、定语从句及短语使用频繁。如：

① *При исключительных обстоятельствах* Заказчик может попросить Участника конкурса продлить срок действия его конкурсной заявки.

在特殊情况下招标方可以要求投标方延长其申请有效期限。

② Никакие вставки между строками, подтирки или приписки не будут иметь силу, *за исключением тех случаев, когда* они подписаны лицом подписывающим конкурсную заявку, и скреплены печатью.

除非有投标申请书签署人的签字和加盖其印章予以确认，否则（对投标报价书所作的）任何增删、涂改，均视为无效。

③ *Если* наружный конверт не отпечатан и не помещен в соответствии с требованиями Заказчика, данная заявка не принимается к рассмотрению.

如果外面的信封未缄封和未按招标方的要求填写，则该投标申请不予受理。

④ Данные, *касающиеся* изучения, разъяснения и сравнения конкурсных предложений, а также рекомендации по определению победителя, не подлежат разглашению участникам или иным лицам, *которые* официально не имеют отношения к этому процессу, до того как будет объявлен победитель конкурса.

在宣布中标者之前，与研究、解释、评比投标报价书有关的材料，以及定标建议不向竞标者或与竞标不相干的人公布。

标书技术要求及附件：这是招标书最重要的内容。主要由使用单位提供资料，使用单位和招标机构共同编制。设备的技术要求及附件包括的主要内容有：设备规格、技术参数、质量性能指标、控制方式及自动化程度、工艺流程、检查验收方式及标准，还包括对原材料、零配件、工具、包装的具体要求；安全、环保、节能、劳动保护等方面的要求；附件通常包括典型零件加工图纸等。技术要求及图纸的例证本书其他章节已经出现过，在此不再赘述。

投标书格式：此部分由招标公司编制，投标书格式是对投标文件的规范要求。其中包括投标方授权代表签署的投标函；说明投标的具体内容和总报价；对遵守招标程序和各项责任、义务的承诺；确认在规定的投标有效期内投标期限所具有的约束力；技术方案内容的提纲和投标价目表格式等。例如：

КОНКУРСНОЕ ПРЕДЛОЖЕНИЕ

участника открытого конкурса на （предмет конкурса）
....

Исполняя наши обязательства и изучив конкурсную документацию по проведению открытого конкурса по выбору ＿＿＿＿＿（предмет конкурса）, а также проект контракта （договора） на выполнение вышеуказанного заказа мы ＿＿＿＿＿（полное наименование организации – Участника конкурса по учредительным документам） в лице＿＿＿＿＿（наименование должности руководителя, его Фамилия, Имя, Отчество （полностью） уполномоченного в случае признания нас победителями конкурса подписать контракт （договор）, согласны выполнить предусмотренные конкурсом функции в соответствии с требованиями конкурсной документации и на условиях, которые мы представили в настоящем предложении （приложение 3）.

Мы объявляем, что до подписания контракта на выполнение заказа настоящее предложение и Ваше уведомление о нашей победе будут считаться как имеющие силу договора между нами.

Мы согласны с условием, что в случае нашей победы на конкурсе и неподписания нами в установленные сроки контракта мы лишаемся своего обеспечения участия в конкурсе.

Мы согласны с условием, что Вы не обязаны принимать предложение с самой низкой стоимостью работ и минимальными сроками выполнения заказа по объекту конкурса.

Срок действия настоящего конкурсного предложения составляет _____ дней с даты проведения конкурса （вскрытия конкурсных предложений）, указанной в конкурсной документации.

Приложение:
1. Сведения о предприятии.
2. Технические характеристики на прилагаемую продукцию.
3. Коммерческое предложение на предлагаемую продукцию

译文：

> 对……（招标项目名称）公开招标的投标方的投标函
> 为了履行我方义务，在研究了对……（项目名称）公开招标的标书后，以……（负责人的职务、姓名）为全权代表的我方，……（竞标者的全称），若我方被确定中标后，同意履行与标书要求一致和与我方报价书中所提出款项（见附件3）相符的职能。
> 我方声明，在签订完成订货合同之前，本投标报价书和贵方的中标通知书将被视为我们双方的有效合同。
> 我方同意，如果我方中标，但未在合同规定期限内签订合同，则我方失去自己的投标保证金。
> 我方同意，贵方无须接受工程成本最低和完成招标项目期限最短的报价。
> 自标书中所指定的招标（开标日期）日期起本投标报价书有效期为……天。
> 附件：
> 1. 企业情况介绍。
> 2. 所供应产品的技术性能。
> 3. 所供应产品的商业报价书。

投标保证文件： 是投标有效的必检文件。保证文件一般采用三种形式：支票、投标保证金和银行保函。项目金额少可采用支票和投标保证金的方式，一般规定2%。投标保证金有效期要长于标书有效期并和履约保证金相衔接。如：

Банковская гарантия на выполнение контракта

ПОСКОЛЬКУ_____ （далее именуемый"Исполнитель"） обязуется в соответствии с Контрактом №_____ от_____ года （далее именуемый "Контракт"） поставить _____,

И ПОСКОЛЬКУ в вышеуказанном Контракте Вами было предусмотрено, что Исполнитель предоставит Вам Банковскую гарантию от авторитетного банка на сумму, указанную в этой гарантии в качестве залога выполнения исполнителем своих обязательств по Контракту,

И ПОСКОЛЬКУ мы согласились предоставить Исполнителю гарантию,

В СВЯЗИ С ЭТИМ МЫ настоящим подтверждаем, что являемся гарантом и ответственным перед Вами за Исполнителя на общую сумму в пределах _____и обязуемся выплатить Вам по вашему первому письменному требованию, уведомляющему о несоблюдении Исполнителем условий Контракта, без придирок и препирательств, любую сумму или суммы в пределах _____, как указано выше, без необходимости с Вашей стороны доказывать или обосновывать, или указывать причины Вашего требования или указанной в нем суммы.

Настоящая Гарантия действительна до _____дня _____месяца __года

_____（Подпись и печать гарантов）

（дата）

译文：

> **银行履约担保函**
>
> 鉴于_____（下称"执行人"）根据20___年___月___日的___号合同（下称"合同"）要负责供应_____；鉴于在上述合同中规定，执行人要向贵方提供权威银行的担保，为本函中所标明的作为执行人履行合同义务的保证金承担责任；鉴于我行已经同意为执行人提供担保；因此我行确认，我行为执行人的担保人，执行人在……范围内的总款额由我行向贵方负责。我行保证，一旦贵方提出有关执行人未遵守合同条款的书面要求，我行将无条件向贵方支付在……额度之内的任何款项，为此贵方无须证实或说明或指出贵方要求的理由或所要求款额的理由。
>
> 本保证函有效期至___年___月___日。
>
> _____（担保人签字及印章）
>
> （日期）

合同条件：这也是招标书的一项重要内容。这一版块所涉及的内容也很多，如以供货合同为例，它可能包含有合同号、缔约双方的名称、合同对象（商品名称和数量）、商品品质、价格、交货地点和交货日期、包装和标记要求、付款条件和程序、货物交接条件、运输条件、保证条件和罚则、保险条款、检验条款、有关技术资料的条款、索赔条款、不可抗力条款、仲裁条件等其他条款。如：

① Экспортно-импортное объединение "Цветметпромэкспорт", г. Москва, именуемое в дальнейшем "Поставщик", с одной стороны, и Китайская государственная компания по импорту и экспорту машин "Машимпекс", г. Пекин, именуемая в дальнейшем "Заказчик", с другой стороны, заключили настоящий контракт о нижеследующем.

有色冶金工业出口公司（莫斯科市），以下简称"供货人"，与中国机械进出口总公司（北京市），以下简称"订货人"，双方签订本合同如下：

② Качество Товара должно соответствовать техническим условиям, изложенным в приложении № 1, и должно быть подтверждено сертификатом о качестве, выданным Управлением по проверке качества товаров КНР.

商品的质量应符合第1号附件所规定的技术条件，并应由中华人民共和国质检总局出具品质证明书予以证明。

设计规范：有的设备，如通讯系统、输电设备等需要指明设计规范。设计规范是确保设备质量的重要文件，应列入招标附件中。技术规范应对施工工艺、工程质量、检验标准做出较为详尽的保证，这也是避免发生纠纷的前提。技术规范包括总纲、工程概况、分期工程对材料、设备和施工技术、质量要求，必要时要写清各部分及工程量计算的规则等。

投标企业资格文件：这部分要求由招标机构提出。要求提供企业生产该产品的许可证及其他资格文件，如 ISO9001、ISO9002 证书等，有时还要求提供业绩证明。

4. 标书的翻译要求

标书的翻译是一项具有技术性、法律性和商业性文件的翻译。从上文我们可以看出，标书的内容涉及各行各业，况且其技术深浅也不统一，翻译时要掌握的知识很杂。

1）要求做到的是了解投标背景知识。国际投标与国内投标最大区别在于国际工程、服务、供货是跨国投标，因此要了解招标国政治、经济、法规、市场、金融、气候、地质、技术、习惯作法以及业主等的详细信息，这些信息对标书的翻译有很大的帮助。

2）对标书原文的理解要准确，表达要完整。因为标书是整个招标最重要的一环，翻译标书必须表达出招标单位的全部意愿，不能有疏漏。标书文件中不清楚的地方要及时向招标方咨询，不要擅做主张更改或猜定。况且，标书也是投标商投标和编制投标书的依据，投标商必须对标书的内容进行实质性的响应，否则被判定为无效标（按废标处理）。

3）选择术语要规范，也就是使用术语要精炼到位。不能因术语使用不准确让人一下子就看出毛病，觉得行事不科学、不严谨。翻译时招投标专业用语、技术用语、商业用语的措辞选择的正确与否会直接影响到投标的成功率和竞争力。

4）翻译数据、指标时要以原文为准，要精确。投标人不能擅自更改招标人所提出的质量标准和设备档次。当然，招标人要的东西不一定是世界上最好的，而是他支付能力范围内最合适的东西。

5）表述要规范。翻译时要有高水平的翻译人员在文字上把关、定稿。不能因翻译质量、投标书质量或出现文字表达失误而影响投标。在具体的工作中由于做标时间紧、标书编制量大，可能要多个翻译人员共同工作，翻译水平也可能参差不齐，但最后一定要有一位水平较高的翻译全面审核把关，从工程术语到当地语言习惯方面尽量符合要求，做出高质量的标书。

第七节　专利翻译

近年来，中国和俄语国家经济技术交流与合作蓬勃发展，在知识产权领域的合作与交流也随之不断加强，中国和俄语国家相互提交专利申请、授权量也在逐年递增。这些国家的科技人员通过专利文献的交流，了解相关技术领域的现状与发展动向，帮助破解技术难题，促进新技术和新产品的开发研制，最终促进了科学和技术的发展。在这一过程中专利文献的翻译就成了这些国家科技人员交流、沟通和合作的桥梁，因而对专利文献翻译的研究极具现实意义。

1. 专利说明书的定义及作用

专利文献包括的范围较广，"广义地讲，包括一切有关专利的文件，如专利申请者的说明书、专利机关受理的专利申请、专利诉讼等的公告或文件，甚至根据此等原始文献编写的二次情报资料，诸如专利摘要、专利题目等。狭义地讲，专利文献仅指经专利机关审查通过并公布的专利说明书。"（方梦之，2011:200）限于篇幅，本节分析研究的重心也仅放在俄语专利说明书的翻译方面，试图对俄语专利说明书的语言特点、各板块的内容和功能及其翻译要求进行全面的分析研究。

专利说明书的定义及作用：专利说明书是申请人向专利局申请专利时提交的基本文件之一。专利说明书是专利申请人期望获得专利的技术描述和专利权限范围的确定，其中包括发明的目的、背景、详细内容、具体实施方式、权利要求等。专利说明书的描写应该清楚、完整，使所属技术领域的技术人员能够理解并实施该发明。

2. 专利说明书的分类

专利是政府权威机构颁发的文件，一经公布，就承认专利持有人对知识产权对象具有特权，其中知识产权对象包括：патент на изобретение（发明专利）；патент на полезную модель（实用新型专利）；патент на промышленный образец（外观设计专利）。

发明专利是指用于工业领域的技术方案。受专利保护的是一些新的、技术水平为他人尚未达到的发明。这些发明包括设备、方法、事物、微生物菌株等。发明专利不仅保护产品发明，也保护方法发明。俄罗斯发明专利的有效期为 20 年。

实用新型专利是指对生产工具或产品所提出的形状、结构、组合方面的新技术方案。受专利保护的是一些用于工业领域的实用新型。实用新型只保护具备一定形状或构造的产品发明，俄罗斯实用新型专利的有效期最长为 10 年。

外观设计专利是指产品的外形的艺术型设计方案。获得专利的外观设计应该是新的、独特的。这种设计可以是平面图案，也可以是立体造型，或者是二者的结合。外观设计专利所保护的是产品视觉、产品形状的合理性、艺术表现力、设计的完整性、设计完成的功效。俄罗斯外观设计专利的最长有效期为 5 年，且有效期可以 5 年为单位多次顺延。

3. 专利说明语言的主要特点

专利说明书是供某一技术领域技术人员阅读和使用的一种技术文献，技术人员可以通过专利说明书了解到相关领域某一技术发展的详细状况。毋庸置疑，专利说明书文本具有鲜明的科技文体特征。专利说明书所表达的内容专业性强、抽象性强，对事实的描述准确客观，对事实的论证全面充分，叙述语言结构严谨、逻辑性非常强。

同时，专利说明书又是一种法律文件，其中会涉及一些与专利保护相关的法律信息，会使用一套固定的法律用语，因此专利说明书又具有公文事务性文体的特征，更准确地说，带有法律文体的色彩。这样一来，专利说明书的法规性强；用语正式，客观理性，冷冰冰干巴巴；表述准确，关键词语前后重复；语句结构复杂，艰涩难懂；文本行文及结构程式化极强，因而就不难理解专利说明书通常要由律师代笔的原因了。

4. 专利说明书的具体内容、结构及其翻译

俄语国家专利说明书的结构要求大致相同，一般都包括著录项目数据、摘要、专利说明、附图说明、权项要求等几个部分，各个部分的交际功能不尽相同。

1）Библиографические данные（著录项目数据）

著录项目数据是指登载在专利文献扉页或专利公报中与专利申请及专利授权有关的综合性目录中的各种著录数据，包括文献标识数据、国内申请提交数据、优先权数据、公布或公告数据、分类数据等。俄语国家专利说明书中的著录项目数据一般包括下列各项：

— （19）（公布或公告专利文献的国家或机构名称，如 RU 或 BY 等）
— （11）（专利号）
— （13）（根据 WIPO 标准 ST.16 制定的文献种类代号，如 C1，C2，U1 等）
— （51）МПК（国际专利分类号）
— （12）（专利文献名称，如 ОПИСАНИЕ ИЗОБРЕТЕНИЯ К ПАТЕНТУ〈专利说明书〉）
— （21），（22）Заявка：xxx/xxx（申请号 / 申请日）
— （24）Датеа начала отсчёта срока действия патента（所有权生效日期）
— （30）Конвенционный приоритет（优先权数据）
— （43）Дата публикации заявки（申请公布日）
— （45）Опубликовано（授权公告日）
— （56）Список документов, цитированных в отчёте о поиске（对比文件）
— （85）Дата перевода заявки PCT на национальную фазу（PCT 国际申请进入国家阶段日）

—（86）Заявка PCT（PCT 国际申请的申请数据）
—（87）Публикация PCT（PCT 国际申请的公布数据）
—（72）Автор（ы）（发明人姓名）
—（73）Патентообладатель（и）（专利权人姓名或名称及地址）
—（57）Реферат（摘要）

这一部分的编码代号及其后附文字一般都有国际通用名。值得译者注意的是，翻译发明或实用新型名称时应当清楚、简明，要准确地表明专利请求保护的主题，如"Электронная сигарета с распылением（雾化电子烟）"，"Способ получения водного раствора глицерофосфата натрия（甘油磷酸钠水溶液制取方法）"，"Гены, кодирующие главный капсидный белок L1 вируса папилломы человека, и их применение（人乳头状瘤病毒主要衣壳蛋白 L1 基因及其用途）"。另外，译文中不得出现非技术性的词语，且摘要中专利名称的译文要与申请书中专利名称的译文要保持一致。

2）Реферат（摘要）

专利说明书摘要是专利说明书内容的简要说明，其主要作用是为专利情报的检索提供方便途径，使科技人员仅凭摘要能确定是否有必要进一步查阅专利文献的全文。专利说明书摘要中首先要重复发明或实用新型的名称，然后指明它所属的技术领域、需要解决的技术问题、解决该问题的技术方案的要点、发明或实用新型的主要技术特征和用途。如：

Реферат:
Изобретение относится к области биотехнологии и вирусологии. В настоящем изобретении раскрывается кодон-оптимизированный ген, кодирующий главный капсидный белок L1 вируса папилломы человека, который способен, после трансдукции в клетку дрожжей, к эффективной экспрессии главного капсидного белка L1 вируса папилломы человека. Описана также иммуногенная макромолекула, которая преимущественно образуется при экспрессии указанного кодон-оптимизированного гена, кодирующего главный капсидный белок L1 вируса папилломы человека в клетке дрожжей. Также раскрывается применение указанной иммуногенной макромолекулы и композиции, включающей указанную иммуногенную макромолекулу. Предложенная группа изобретений может быть использована в медицине для вакцинации против вируса папилломы человека.

专利摘要：本发明属于生物工艺学和病毒学。本发明公开了一类密码子优化的人乳头状瘤病毒主要衣壳蛋白 L1 编码基因，所述基因在被转入酵母细胞后可高效地表达人乳头状瘤病毒主要衣壳蛋白 L1。本发明还公开了一种具有免疫原性的大分子，其主要由所述经密码子优化的人乳头状瘤病毒主要衣壳蛋白 L1 编码基因在酵母细胞中表达产生。本发明还公开了所述具有免疫原性的大分子的应用和组合物。本发明可用于医学领域制取抗人乳头状瘤病毒的疫苗。

专利摘要是专利说明书缩写，它必然带着说明书的文风，其中会出现特定的技术术语及习惯用语。翻译专利摘要时要以专利说明书为依托，译文要忠实于原文的科技内容，科技语选择要准确，一些常用句式结构要套用汉语专利文献中对应的表达法。简明扼要的专利说明书摘要的译文可帮助专业人士进行专利情报检索，迅速了解专利的核心内容。

3）Описание изобретения（专利说明）

专利说明部分是专利说明书科学技术层面最核心的部分，它清晰、完整、详尽地揭示专利内容，使一定专业领域的技术人员能从专利说明书中获得足够的信息，并能顺利地实施和应用本专利。前文说过，专利说明文本材料的语言具有双重性——技术语言和法律语言的融合——文本中既有科学技术描述，又使用文件用语和法律用语，从而加大了翻译的难度。

俄语专利说明书主要包括：область техники（专利所归属的技术领域，专利使用的主要领域）；уровень техники（背景技术〈其中有包括характеристика аналогов изобретения〈类似专利的特性〉, характеристика прототипа, выбранного заявителем〈专利申请者所选原型的特性〉, критика прототипа〈对原型的批评〉); раскрытие изобретения（发明详述，其中包括 цель изобретения〈发明的目的〉, сущность изобретения и его отличительные признаки〈发明的实质及其特点〉, примеры конкретного выполнения〈具体实施范例〉或 варианты осуществления〈实施方案〉, технико-экономическая и иная эффективность〈经济技术或其他效益〉), перечень фигур графических изображений（附图一览表）, формула изобретения（权利要求）等。

专利说明书涉及的各项完全是科技内容，其书写文体和句式均为科技文体。在翻译专利说明书正文时译者要用词规范，译文"应当使用发明或者实用新型所属技术领域的技术术语。对于自然科学名词，国家有规定的，应采用统一的术语，国家没有规定的，可以采用所属技术领域约定俗成的术语，也可以采用鲜为人知或者最新出现的科技术语，或者直接使用外来语（中文音译或意译词），但是其含义对所属技术领域的技术人员来说必须是清楚的，不会造成理解错误；必要时可以采用自定义词，在这种情况下，应当给出明确的定义或者说明。一般来说，不应当使用在所属技术领域中具有基本含义的词汇来表示其基本意之外的其他含义，以免造成误解和语义混乱。说明书中使用的技术术语与符号应当前后一致。"（摘自《审查指南》）。科技文体的句式结构本来就逻辑性强，结构严密，而专利说明书中又有公文事务性文体（法律文体）的成分，从而使得专利说明书的文字更加晦涩，句式结构更加繁琐。因此在翻译专利说明书时，译文在意思准确的基础上，译者可以按照汉语的行文习惯、汉语的文理结构，对原文的结构做适当调整，以达到意思明白、条理清楚、结构紧凑，方便技术人员的阅读。

技术领域。这一板块主要写明专利要求保护的技术方案所归属的技术领域，一般按技术系统分专业、行业来表示。翻译时，译者选择术语必须"采用所属技术领域通用的技术术语，最好采用国际专利分类表中的技术术语，不得采用非技术术语"（摘自《审查指南》）。除了技术用语外，在技术领域这一板块还有自己独特的、惯用的句式结构，译者要善于积累并熟练驾驭。如：

① *Изобретение относится к* области авиации, *более конкретно* к системе для борьбы с запотеванием/обледенением.

本发明属于航空领域，更具体而言，涉及防结水或结冰系统。

② *Изобретение относится к* медицине, *а именно* к лекарственным препаратам в форме мази, и может найти применение при лечении атопического дерматита.

本发明涉及医学，具体说，涉及软膏状药品，可用于治疗特应性皮炎。

③ *Изобретение относится к* химии фосфорорганических соединений, *в частности* к получению водного раствора глицерофосфата, который может быть использован в качестве общеукрепляющих средств и для регулирования обмена веществ в организме.

本发明属于磷有机化学，特别涉及甘油磷酸纳水溶液的制取方法。甘油磷酸纳作为常用补药可用于调节机体的新陈代谢。

背景技术。这一板块是与所申请专利最接近的现有技术或产品的介绍和说明，把这些技术或产品作为参照物，指出前人所做的工作和已经取得的成就，同时客观地指出现有技术或产品存在的不足，提出完善和改进的可能性和必要性，从而引出本专利的任务，因而这一板块中常常会出现一些引用文献。产品或技术的介绍和评价属于技术用语，翻译时要做到客观准确，语句得体，而其中出现的引用文献的出处一定要罗列或译出，以方便技术人员检索。如：

① *Известны* матрацы, содержащие чехлы с наполнителями из шариков（RU 2132208C1, 6A61N5/06, 01.10.1999; US 2007/011335 AI, A47C 27/10, 24.05.2007）.

公知的由球状颗粒填充床套构成的床垫（RU 2132208C1, 6A61N5/06, 01.10.1999; US

2007/011335 AI, A47C 27/10, 24.05.2007）。

② *Известен* ЭХГ *на основе* водородно-воздушных（кислородных）ТЭ, содержащий батарею ТЭ, системы подачи и продувки водорода и воздуха（кислорода）, контур циркуляции электролита с насосом, теплообменником, электролитной емкостью с датчиками температуры и уровня электролита（см. патент США 3935028, кл. H 01 M 8/04, 1976）.

Недостатком данного ЭХГ является сложность его эксплуатации при запуске и остановке, связанная со сливом, заправкой и разогревом электролита.

公知的电化学发电机以氢气空气（氧气）燃料电池为基础，包括燃料电池、供送氢气空气（氧气）系统、电解质循环回路、泵、热交换器、电解质容器、温度和电解质面传感器（参阅美国专利393502，分类号 H 01 M 8/04, 1976）

这种电化学发电机的不足之处在于，电解质需加注、排放和加热，从而使启动和停机操作复杂。

③ *К недостаткам известного* способа следует *отнести* высокое содержание балластных солей в препарате.

公知方法的不足之处在于药剂中盐杂质含量高。

④ *Технической задачей настоящего изобретения является* снижение дымности и токсичности отработанных газов, изменение их фракционного состава, сокращение периода воспламенения топлива, повышение экономичности работы двигателя и улучшение его экологических характеристик.

本发明要解决的技术问题是，降低废气的烟浓度和毒性，改变它们的分馏成分，缩短燃料的点火时间，提高发动机工作的经济性和改善发动机的生态性能。

⑤ *Другой задачей изобретения является* обеспечение высоких гигиенических качеств ортопедического устройства, в частности антимикробных, для чего в устройстве его внутренние и наружные элементы выполнены с кремнийорганическим покрытием.

本发明的另一目标是确保矫正器的高卫生质量，特别是抗菌质量，为此，矫正器的内外组件都有有机硅涂层。

发明详述。这一板块主要包括三个方面：专利的目的、专利的具体技术方案和专利的有益效果。发明详述作为专利的核心，翻译时要准确、完整、清晰地表达专利的核心内容，使本领域的技术人员能够顺利实施专利。如：

发明目的部分是一份专利说明书的组成部分之一，着重指出本发明所要解决的问题、发明的目的，本发明能够达到的预期效果。如：

① *Целью изобретения являются* улучшение условия труда, повышение выхода целевого продукта и его чистоты.

发明的目的是改善劳动条件，提高目标产品的产量和纯度。

② *Поставленная цель достигается* описываемым способом получения водного раствора глицерофосфата натрия, который заключается в том, что глицерин подвергают взаимодействию со смесью фосфорной кислоты и дигидрофосфата натрия при их молярном соотношении, равном 1:0,5-3, с последующим разбавлением реакционной смеси водой и омылением щелочью.

上述目的可以通过本专利所描述的甘油磷酸钠水溶液制取的方法来达到。这种方法是，用 1:0.5 到 1:3 克分子比例的磷酸和磷酸二氢钠的混合物与甘油相互作用，再用水稀释反应混合物和用碱对其进行碱解。

具体实施方式是专利技术的具体实施案例，其中要对所涉及产品的形状、构造进行说明，实施方式应与技术方案统一，且应当对权利要求板块所要求的技术特征予以详尽描述，其目的是对权利要求给予支持。这一部分翻译的特点与产品使用说明书相似，若专利内容涉及某一产品，译者则要明确地译出该产品的结构及其各组成部分之间的相互关系；若专利内容涉及某一方法，则译者要准确表述实现该方法的具体实施步骤、工艺流程、反应条件和用途等。如：

③ *Изобретение поясняется* выполнением конкретных примеров.

下面结合具体实施例对本发明进行说明。

④ **Пример 1.** В круглодонную колбу емкостью 250 мл, соединенную с вакуумным насосом, помещают 0,1 моль дигидрофосфата натрия, 0,1 моль безводной фосфорной кислоты и 0,23 моль глицерина. Смесь нагревают под вакуумом при температуре 140°C в течение 4 ч. Степень конверсии фосфатов составляет 97%. К расплавленной массе приливают 32,0 г 40%-ного раствора гидроксида натрия. Смесь перемешивают до полного растворения массы и затем омыляют в течение 6 ч при температуре 95-100°C. Затем к раствору добавляют 12,0 г 30%-ной соляной кислоты до pH 7,5 и 6,0 г 33%-ного раствора хлорида кальция. Выпавший осадок фосфата кальция отфильтровывают, а к раствору добавляют 10,0 г 40% -ного раствора гидроксида натрия до pH 9,5.

实施例 1. 将 0.1 摩尔磷酸二氢钠、0.1 摩尔无水磷酸、0.23 摩尔甘油放入与真空泵相连接的 250 毫升圆底烧瓶。在 140℃ 的真空中把混合物加热 4 小时，磷酸盐转化的程度为 97%。向溶化的物质添加 32 克浓度为 40% 的氢氧化钠，搅拌混合物使其完全溶解，然后在 95—100℃ 的温度下使其碱解 6 小时。然后往溶液中添加 12 克浓度为 30% 的盐酸使 PH 值达到 7.5，再加入 6 克浓度为 33% 氯化钙。把析出的磷酸钙沉淀物过滤掉，向溶液中加入 10 克浓度为 40% 的氢氧化钠溶液使其 PH 值达到 9.5，得到 83 克浓度 45% 的甘油磷酸钠溶液，成品率为 86%。

专利的有益效果是指本专利与现有专利技术相比所具有的优点和积极效果，它决定着一个专利的新颖性、创新性和实用性，有益效果的描述是对专利目的或任务的呼应。如：

⑤ Таким образом, предложенная система позволяет значительно снизить поступление азота в камеру сгорания, обогатить топливовоздушную смесь кислородом, что значительно снизит токсичность отработанных газов и изменит их фракционный состав: а именно снизит содержание окислов и оксидов азота. Использование более обогащённой кислородом топливовоздушной смеси увеличивает её воспламеняемость, уменьшает расход топлива, что делает работу двигателя более экономичной.

可见，该系统可大大减少氮气进入燃料舱，可给油气混合物增加氧气，从而大大降低废气的毒性并改变其凝聚成分：具体的是，降低氧化物和氧化氮的含量。使用含更多氧气的油气混合物可以提高其可燃性，降低燃料的耗量，使发动机更加节能。

4）附图说明。

有些专利说明书需要借助附图（如设计图、示意图、零件图、流程图、线路图等）来简明扼要地描述本专利，对本专利所保护的范围和专利的创新点进行说明。翻译时要忠实于原文，译文要简洁明了，原文中的各附图的图名和图号不能出差错，原文附图说明书中所列的附图中所示零件的名称要译出。如：

① Краткое описание чертежей

На фиг. 1 показан общий вид ортопедического устройства.

На фиг. 2 иллюстрируется ортопедическое устройство в разрезе.

附图说明

图 1 是矫正器的全貌图。

图 2 是矫正器的剖面图。

② На фиг. 1 представлена система воздушного питания для двигателей внутреннего сгорания.

图 1 是内燃机供气系统的原理图。

在发明内容的最后，为慎重起见，可以强调发明权项不仅仅局限于所述方案或所举实施例，这类表述多具有鲜时的事务性文体特征，也常常使用一些套话。翻译此类套话时语言组织要严密，以避免他人钻空子，为专利纠纷埋下伏笔。如：

③ Из вышеизложенного должно быть ясно, что, не выходя за пределы настоящего изобретения, в него могут быть внесены многочисленные модификации и видоизменения. Следует в связи с этим учитывать, что представленные конкретные варианты осуществления изобретения не должны вносить никаких ограничений в объем его защиты. Изобретение включает в себя любые возможные модификации, охватываемые прилагаемой формулой.

从以上描述可知，在本发明范围内可以做出多种变形和改变。因此应该考虑到，所提供的发明具体实施方案不应对发明的保护范围做出限制。本发明本身包括后附权利要求所涵盖的任何可能的变形。

④ Вышеизложенное описание вариантов осуществления изобретения не следует толковать ограничительно, так как в пределах сущности и объема настоящего изобретения возможны другие варианты, модификации и усовершенствования.

以上之发明实施方案详细描述不应将其看作是对本发明的限制，因为在本发明的实质和范围内，还可以做出其他的方案、变形和完善。

⑤ Специалисту в данной техники должно быть очевидно, что в настоящем изобретении возможны разнообразные модификации и изменения. Соответственно, предполагается, что настоящее изобретение охватывает указанные модификации и изменения, без отступления от сущности и объёма изобретения, раскрытого в прилагаемой формуле изобретения.

本技术领域技术人员应该可以看出，本发明可做各种变形和改变。相应地可以认为，在不违背权利要求所公开的发明的实质和范围情况下，本发明涵盖上述变形和改变。

从以上的例证可以看出，专利说明书涉及科学技术方面的内容，同时又是有事务性语体的成素，翻译时译者准确理解原文专利说明书的内容，表达时力求做到科技语地道规范，专利描述客观，限定准确，语句通顺自然，前后逻辑衔接层次清晰。

5）**权利要求**。

从法律角度来看，权利要求书主要用于确定专利所要求保护的范围，在发明的权利要求书中要形成发明享有独占权的所有实质性的特征。这一部分用语要清晰、简洁、严谨，其目的是既不侵犯已有专利权利要求的范围，又可以充分保护和扩大本专利的权利，使他人难以对本专利改头换面，投机取巧。

权利要求书由一项或几项构成。每一项常常由前序部分和特征部分组成，前序部分要求写明需要保护新型实用技术方案的主题名称和与其最接近的现有技术共有的必要技术特征。特征部分所包含的特征是发明的实质，是新的东西。使用"其特征是……"或类似用语，写明实用新型区别于最接近的现有技术的技术特征，这是实用新型为解决技术问题所不可缺少的技术特征。每一项权利要求的行文应为一句话，有时这句话拖沓冗长，一段话仅为一个权利要求。权利要求又分为独立权利要求和从属权利要求，独立权利要求从整体上概括表明专利要求保护范围的特征，而从属权利要求则是对独立权项进一步的细化或限定，主要写明局部特点、各种变化和附加特征。

权利要求部分的翻译有一定的特点，从内容方面讲，这一部分是对前面所述内容的重复，属于技术方面的内容；从形式上讲，这一部分属于法律文体。权利要求书具有法律效力，用法律句式来阐述和限定技术内容，以后若打官司的话就要以这部分内容为根据。因此翻译权利要求书时涉及技术方面的内容一定要忠实原文；涉及权利要求方面切忌用词不精准、表达含糊不清、权利限定不明确。如：

① Гастроэнтерологический препарат, включающий листья подорожника большого и траву тысячелистника обыкновенного, *отличающийся тем*, что он дополнительно содержит траву полыни горькой, почки сосны обыкновенной, бефунгин, натуральный сок алоэ（трех-пятилетнего возраста），мед пчелиный натуральный, сахар пищевой, коньяк（не менее четырехлетней выдержки）и воду питьевую при следующем соотношении компонентов, мас.%: ...

一种胃肠炎药，包括大车前叶和千叶蓍，其特征在于，其中添加了苦蒿、松牙、桦褐孔菌、（3至5年生的）纯天然芦荟汁、纯天然蜂蜜、食用糖、（存放不少于4年的）白兰地和饮用水，且成分各占比例为（%）：⋯⋯

② 10. Электронная сигарета с распылением по п. 1, *отличающаяся тем*, что уровень концентрации алкалоида табака（никотина）составляет от 0,1 до 30%.

10. 根据权利要求1所述的电子雾化烟，其特征在于：香烟的生物碱（尼古丁）的浓度为0.1%到30%.

从以上例证可以看出，权利要求书除了表达科技信息外，另外一个特征就是具有很强的法规性。专利一经批准，就会具有法律约束力，就会调节专利持有人和专利使用者的关系。因此在翻译权利要求书时，对独立权项和从属权项的解读不能出现偏差，"翻译时务必谨慎从事，力求疑问措辞严谨、文体正式，选词用字要一丝不苟，尽量避免歧义、误解、遗漏和差错，翻译时尤其不可望文生义。不然，会失去法律约束力，导致不该有的纠纷，甚至被人玩文字游戏钻空子，造成不应有的经济损失。"（贾文波，2004:247）

专利说明书翻译的任务是准确表达俄语专利说明书的实质，尽可能使译文具有汉语技术人员熟悉的、习惯的样式和表述方式。为此，除了语言知识和相关技术知识外，译者必须了解专利说明书的结构、风格、术语体系、国内出版的相关专利说明书，这样才能使专利说明书的译文在行文措辞、结构章法、语体格式上符合专利文献的特征和规范。

第八节　求职简历翻译

随着我国政府与俄语国家关系的发展，我国与俄语国家的经济、文化、科技等方面的合作在不断加强。一些用人单位已开始要求应聘者提供俄语版的求职简历。而现实中求职者的俄文版简历大多是从汉语简历翻译而成的，为了对求职简历的书写和翻译提供指导，我们有必要对汉俄求职简历的差异进行分析，对简历的汉译俄翻译进行研究。

1. 求职简历的语言特点

求职简历是求职者将自己与所申请职位紧密相关的个人信息经过分析整理并清晰简要地表述出来的书面求职资料，从使用的领域来判断求职简历归属公文事务性文体。求职简历是对个人所取得的成就、个人品质和能力的简要描述。求职简历是用人单位在阅读求职者求职申请后，对求职者产生兴趣进而决定是否给予面试机会的极重要的依据性材料。书写求职简历的目的是要获得用人单位的面试邀请，一份能打动招聘主管的简历是开启求职就业的金钥匙。和其他信息型文本一样，求职简历在发展过程中为了便于信息的传达和接受也形成了特有的固定表达方式，呈现程式化、模块化之特点。求职简历具有公文事务性文体的基本特点，行文时要求表达客观，语言规范，措辞精准，信息浓缩，层次清楚。求职简历中忌讳使用那些旨在加强语言感染力和宣传效果的各种修辞格，切忌辞藻堆砌，夸夸其谈，以免使用人单位产生简历行文浮华、内容虚饰、言过其实之感。

2. 求职简历的内容和形式

1) 简历的内容

简历的内容：主要介绍的是应聘者个人的信息和招聘单位所要了解和关注的信息。汉俄简历一般都分为以下几个方面：

联系方式（контактная информация）：这一版块主要是罗列应聘者的姓名（имя и фамилия），在简历正文中求职者的姓名要居中，大号字体，起加强印象、引人注目之作用。同时还附有生日（дата рождения）、出生地（место рождения）、住址（адрес）、电话（телефон〈мобильный телефон〉）、传真（факс）、电子信箱（e-mail）、邮箱（почтовый ящик）等个人信息。

汉语简历这些方面的内容与俄语大致相同，只不过汉语的简历中这一版块一般多出现在求职简历的最后。

求职意向（цель）：开门见山地表明应聘者所向往的行业、岗位、职位。如：

求职意向：总经理助理

Цель: Получение (поиск, соискание) должности помощника генерального
директора.

在这一板块中忌讳出现不切主题、用语模糊、应聘意图难以让招聘者捉摸的语句。如：

求职意向：希望得到的工作既要与自己所受的教育和工作经验相符，又能有益于贵公司继续顺利发展。

Цель: Хотел бы получить работу, которая бы соответствовала моему образованию и опыту работы и могла бы принести пользу Вашей компании для её дальнейшего успешного развития.

学习经历（образование）：这一版块中要列举应聘者所接受过的教育和培训，要注明入校（接受培训）和毕业的年月、所学专业、所获得的证书。若高中教育与所谋职位为无关，则不宜提及。如：

学习经历：
2000 年 9 月—2004 年 7 月　　西安外国语大学俄语学院，专业：俄语
2004 年 9 月—2004 年 12 月　　文秘班
2005 年 9 月—2008 年 7 月　　西安外国语大学研究生部，专业：翻译

Образование:
9/2005-7/2008　Сианьский университет иностранных языков, отдел аспирантуры. Специальность: перевод
9/2004-12/2004　Курсы секретарей-референтов
9/2000-7/2004　Сианьский университет иностранных языков, институт русского языка.
　　　　　　　Специальность: русский язык

在这一板块中不必面面俱到，所列举的教育和培训经历要与所谋的职位有关，让用人单位感到你所受的教育与其招聘的条件相吻合。另外要注意的是，汉译俄时要注意汉俄在教育经历方面的排列次序是有差异的，在俄语简历中所列受教育的顺序应是逆序的，即按最新所接受的教育到最早所受的教育顺序排列。

工作经验（опыт работы）：这一版块主要突出的是应聘者在大学（或研究生）阶段所从事的各种社会兼职或实习时工作单位、职务、职责、业绩等。所列举的经历首先是与招聘单位的要求相符的，其次才是其他方面的工作经验。如：

工作经验：

2003 年 5 月—2003 年 10 月　　西安国际旅行社
　　　　　　　　　　　　　　　外联处处长助理
　　　　　　　　　　　　　　　—接待；
　　　　　　　　　　　　　　　—办理票务、护照、签证；
　　　　　　　　　　　　　　　—办公室的协调和计划工作

2007 年 4 月—2007 年 8 月　　陕西省贸促会
　　　　　　　　　　　　　　　翻译
　　　　　　　　　　　　　　　—谈判翻译；
　　　　　　　　　　　　　　　—文件翻译；
　　　　　　　　　　　　　　　—合同起草

Опыт работы:

4/2007-8/2007　　Шэньсийская ассоциация по содействию международной торговле
　　　　　　　　Переводчик
　　　　　　　　– Перевод на переговорах;
　　　　　　　　– Письменный перевод документов;
　　　　　　　　– Составление контрактов

5/2003-10/2003　　Сианьское международное бюро путешествий
　　　　　　　　Помощник заведующего отделом внешних связей
　　　　　　　　– Работа в приёмной;
　　　　　　　　– Оформление билетов, загранпаспортов, виз;
　　　　　　　　– Координирование и планирование работы офиса

在"工作经验"板块中忌讳用那些"工作经验丰富（большой опыт работы），具有团队精神（умение работать в команде），组织能力强（хорошие организаторские способности）"等献媚式的、讨好式的虚话，因为招聘单位会根据你具体的经历得出结论。如果涉及工作或兼职时的职务或头衔，不要只写职务和头衔，更重要的是你如何担任这一职务的——组织了哪些活动，有什么成绩。所以在这一板块中尽量使用定量化的商业语言，你的简历中的数字愈多，你的商业价值就传达得愈明确。尽可能使用量化的语言描述你的工作职责、业绩和获得的奖励，因为数字能大大增强简历的可读性。同样要注意的是，汉俄实践经历的排列次序是有差异的，在俄语简历中工作或实习经历的顺序应是逆序的，即由最新的工作单位到最早的工作单位顺序排列。

这一板块中的翻译时选词择句也值得注意。如果选用动名词，则整个板块的译文都要统一使用动名词。当然也可选用动词，在递交简历时仍在工作或实习单位时，叙述时动词要用现在时；在叙述过去曾经工作和实习的单位时，则动词选用过去时。忌用被动语态，多用行为动词，以突出应聘者个人的积极行为。慎用缩略语，特别是那些不通用的表示学校名称、专业名称、工作或实习单位名称的缩略语。减少"我"（"я"）的使用频率，以突出叙述的客观性和正式性。尽量使用短句，少用复合句。简历中避免使用陈词滥调。

人常说：话有三说，巧说为妙。同一个意思，若使用不同的表达方式，在语义上就会有细微的差别，这一点在汉译俄时值得注意。试比较俄语简历中一些句子语义的差别：

用 "Имею большой опыт работы."，不如用 "Имею пятилетний опыт работы."。

用 "Помогал уменьшить ошибки..."，不如用 "Сократил ошибки на 15%, чем сэкономил компании $ 5000."。

用 "Занимался обучением..."，不如用 "Обучил четырёх новых служащих."。

用 "Быстро осваиваю новые знания."，不如用 "Освоил новые процедуры в рекордно короткий срок – за две недели."。

用 "Проработал там три года."，不如用 "Получил повышение в должности и два повышения оплаты."。

用 "Нёс ответственность за...; Работал в качестве...; В мои обязанности входили...; Принимал участие в ..." 等，不如用 "Отвечал за..."。

用 "Отвечал за выполнение..."，不如用 "Выполнил..."。

用 "Перешёл с должности..."，不如用 "Продвинулся на должность ..."。

用 "Выполнял дополнительную работу."，不如用 "Всегда выполнял работу в срок."。

通过比较我们可以看出，语义差别比较明显，后一句式要么比前一句式表达事实更具体，要么比前一句式中所表达的应聘者的行为更主动、更积极。

技能（**технические навыки**）：在这一版块要列出与所谋职位有关的技能。使你有机会向招聘方展现你学习和工作以外的天赋与才华。如：

技能：熟练操作电脑和办公设备

Технические навыки: Опытный пользователь ПК и офисным оборудованием

证书（**сертификаты**）：如果有的话，也要列出，这是展现你才能的很有说服力的证明材料，况且要选择与未来工作方向相关的那些证书。列举时要标明颁发日期、序列号。如：

证书：翻译资格证书（发证日期：2006 年 9 月 5 日）
　　　俄语八级证书（发证日期：2005 年 9 月 30 日）
　　　英语六级证书（发证日期：2004 年 7 月 20 日）

Сертификаты: Сертификат о квалификации переводчика
　　　　　　　　（выдан 05.09.2006）
　　　　　　　　Сертификат о знании русского языка（8-ой уровень）
　　　　　　　　（выдан 30.09.2005）
　　　　　　　　Сертификат о знании английского языка（6-ой уровень）
　　　　　　　　（выдан 20.07.2004）

嘉奖（**награды**）：这一版块列举应聘者在学习、见习、工作中所获得各种奖项，这也可以增加应聘者竞争的砝码。

嘉奖：政府奖学金
　　　三好学生
　　　俄语语言国情文化知识竞赛特等奖
　　　"校园之星" 获奖者

Награды: Правительственная стипендия за успеваемость
　　　　　　Учащийся-отличник
　　　　　　Лауреат премии высшей степени на конкурсе "Знания по русскому языку, страноведению и культуре"
　　　　　　Лауреат звания "Звезда университета"

爱好（**хобби**）：一般列举 2—3 个爱好或特长就够了，最好列举那些积极的爱好和兴趣，如体育、旅游、音乐、绘画等，这样既可以使招聘方全面地了解应聘者，有时还可以增加竞争力。如 "爱好体育" 可能会使招聘方认为你的体质很好，适合于经常出差；而 "爱好旅游" 则会让招聘方相信，你更适合于他们的工作，因为在以后的工作中需要你经常去国内外出差或陪顾客游览。如：

爱好：体育（足球和游泳），喜欢旅游

Хобби: Занимаюсь спортом（футбол, плавание）.
　　　　　Люблю экскурсию.

个人品质（**личные качества**）：这一板块中对自己性格特点的描述要实事求是，切勿夸夸其谈，过分渲染自己，给人一种虚浮不踏实的感觉。如：

个人品质：善于交际、工作能力强、责任心强、具有团队精神

Личные качества: Общительность, работоспособность, ответственность, умение работать в команде

2）简历的形式

简历的形式是指简历的样式和格式、版面设计、字体大小、色彩搭配、纸质、打印效果等外在的东西。应聘者在制作简历时，在格式和样式方面要简洁明了、重点突出；用字措辞要规范正式。

简历的篇幅应控制在 1—2 页内，面面俱到则反而难以突出与所应聘职位相关的特点和特长。翻译求职简历时要仔细校对，求职简历中坚决不能出现拼写、打印和语法错误。翻译简历的过程本身就能反映出你的外语水平、你的翻译实践能力和你的工作态度，所以应该仔细认真，尽量做到语言规范，消灭语法错误，样式、格式得体，译文要符合俄语习惯，要消除中式俄语。

译文欣赏 1——合资企业章程翻译

IV. ПРАВА И ОБЯЗАННОСТИ УЧАСТНИКОВ СП

4.1. Участники СП вправе:

–участвовать в управлении делами СП, как непосредственно, так и через своих представителей;

–получать информацию о деятельности СП и знакомиться с его бухгалтерской и иной документацией;

– принимать участие в распределении прибыли;

– получать преимущественное право на получение продукции или услуг, производимых СП;

– выйти из состава СП в установленном действующим законодательством РФ порядке;

–получать в случае ликвидации СП часть имущества, оставшегося после расчетов с кредиторами, или его стоимость.

Участники СП могут иметь и другие права, предусмотренные законодательством РФ и учредительными документами СП.

4.2. Участники СП обязаны:

– вносить вклады в порядке, размерах, способами и в сроки, предусмотренные настоящим Уставом;

–не разглашать сведения, которые СП объявлены коммерческой тайной;

– исполнять добровольно принятые на себя обязанности по отношению к СП;

–воздерживаться от действий, которые могут нанести ущерб СП, или иным образом неблагоприятно повлиять на его деятельность.

V. Ликвидация СП

5.1. Основания ликвидации СП

СП ликвидируется в следующих случаях:

–По истечении срока деятельности СП, если срок этот не будет продлен;

–Если деятельность СП станет убыточной и оно окажется не в состоянии выполнять принятые на себя обязательства и обязанности;

–По решению правительства, если деятельность СП не соответствует целям и задачам, предусмотренным в договоре о создании СП, Уставе.

5.2. Порядок ликвидации СП

–В случае ликвидации СП Правление назначает ликвидационную комиссию, в которую входит одинаковое количество представителей участников СП;

–Ликвидационная комиссия составляет ликвидационный баланс и представляет его на утверждение Правлению;

–Оценка имущества при ликвидации СП производится с учётом его физического и морального износа;

–Оставшееся после удовлетворения требований кредиторов имущество СП распределяется между участниками пропорционально их доле в уставном фонде;

–СП утрачивает права юридического лица и считается прекратившим свое существование с даты регистрации его ликвидации в Министерстве финансов РФ.

4. 合资企业股东的权利和责任

4.1. 合资企业股东有权：
——直接或通过其代表参与合资企业事务管理；
——获得合资企业业务的信息和了解合资企业的财务和其他文件；
——参加利润分配；
——优先获得合资企业所生产的产品或服务；
——按照俄联邦现行法律所规定的程序退出合资企业；
——若合资企业注销，在结清债务后获得部分剩余的财产或价值；
合资企业股东可以享有俄联邦法律及合资企业创办文件所规定的其他权利。
4.2. 合资企业股东有义务：
——按本章程的规定程序、数额、方法、期限缴纳股金；
——不泄露合资企业的商业秘密；
——自觉完成自己对合资企业所承担的义务；
——不做给合资企业带来损失或者对合资企业业务产生不良影响的行为。

5. 合资企业的注销

5.1. 合资企业注销的根据
合资企业在下列情况下注销：
——合资企业期限已满，若不再延长期限；
——若合资企业亏损，且无力完成所承担的责任和义务；
——若合资企业的活动与其创建合同和章程所规定的目的和任务不相符合，被政府责令关闭。
5.2. 合资企业撤销程序
——合资企业撤销时董事会任命清算委员会，该委员会成员由企业股东人数相同的代表组成；
——清算委员会编制清理资产负债表并提交董事会审批；
——在企业撤销时，进行资产评估要考虑其有形和无形的损耗；
——在偿还完债权人的债务之后，所剩余的企业财产要按照各股东在法定基金中的所占股份比例进行分配；
——自在俄联邦财政部登记注销之日起，合资企业就失去其法人权利，企业不复存在。

译文欣赏 2——合同公证书翻译

Удостоверительная надпись на договоре

Город Москва

Тридцатого июня две тысячи пятнадцатого года

Настоящий договор удостоверен мной, Константином Константиновичем Константиновым, нотариусом Московской государственной нотариальной конторы. Договор подписан сторонами в моем присутствии. Личность сторон установлена, дееспособность их проверена.

Зарегистрировано в реестре за № 1 Д-8888

Взыскано госпошлины 150 рублей

Нотариус:（Подпись）

Печать

公证书

公证书编号：№ 1 Д -8888

兹证明，合同签约双方于 2015 年 6 月 30 日来我处申请办理合同公证。合同双方在本公证员的面前，在前面的合同上签字。

经查，合同签字双方身份真实，具备行为能力。

公证费：150 卢布

莫斯科国立公证处：（公章）

公证员：康．康．康斯坦丁诺夫（签字）

2015 年 6 月 30 日

译文欣赏 3——中标通知书翻译

Уведомление о присуждении контракта

Финансово-хозяйственное управление Мэрии Москвы уведомляет Вас о том, что в соответствии с решением Конкурсной комиссии от _____ г.（протокол № _____），победителем открытого конкурса по _____ признано _____, которое получает право на заключение контракта с Финансово-хозяйственным управлением Мэрии Москвы на _____ на предложенных им условиях：

Общая стоимость работ в текущих ценах, с учетом НДС _____ рублей.

_____ обязано в течение 20 дней с момента получения Уведомления о результатах конкурса подписать с Финансово-хозяйственным Управлением Мэрии Москвы контракт на _____.

В случае если по причинам, зависящим от _____, контракт не будет подписан до установленного срока（20 дней с момента получения Уведомления о результатах конкурса），_____, выплачивает Финансово-хозяйственному Управлению Мэрии сумму обеспечения на участие в конкурсе в качестве штрафных санкций, кроме того, право на заключение контракта будет передано участнику конкурса, предложения которого признаны Конкурсной комиссией лучшими после _____, и сохраняют силу.

Председатель Конкурсной комиссии _____

中标通知书

莫斯科市政府财经管理局通知贵方，根据 ___ 年 ___ 月 ___ 日招标委员会的决定（___ 号记录），_____ 公开招标的中标方为 _____，它获得与莫斯科市政府财经管理局根据其所提条件签订 _____ 合同的权利。

按现行价格计算，合同总值为 _____ 卢布。

_____ 应自收到中标通知书后 20 天内与莫斯科市政府财经管理局签订 _____ 的合同。

若在规定期限前（收到中标通知书 20 天之前）未签订合同，且原因在 _____ 一方，那么 _____ 应向莫斯科市政府财经管理局支付罚金，罚金为该投标方所交的保证金，此外，签订合同的权利要转交给招标委员会认为其投标报价仅次于 _____，且其报价仍然有效的另一投标方。

招标委员会主席：_____

译文欣赏 4——技术要求翻译
Технические требования

1. Характеристики базового исполнения

1.1. Базовый химический состав для каждого класса прочности приведен в приложении 2.

Массовая доля фосфора в стали должна быть не более 0,035%, серы – не более 0,040%.

Массовые доли азота в стали – не более 0,012%, мышьяка – не более 0,08%, При выплавке стали из керченских руд массовая доля мышьяка – не более 0,15%, при этом массовая доля фосфора – не более 0,030%.

Перечень марок сталей, рекомендуемых для различных классов прочности, и толщин фасонного и сортового проката, приведён в приложении 3, листового проката – в приложении 4.

1.2. Прокат изготовляют в горячекатаном, термообработанном состоянии или после контролируемой прокатки в соответствии с заказом. При отсутствии указания способ изготовления определяет предприятие-изготовитель.

1.3. Поверхность, требования к кромкам и концам проката должны соответствовать: листового – ГОСТ 14637, сортового и фасонного – ГОСТ 535.

1.4. Расслоения в листах не допускаются.

1.5. Механические свойства при растяжении, а также условия испытания на изгиб должны соответствовать для фасонного и сортового проката требованиям табл. 1, листового и широкополосного универсального проката и гнутых профилей – табл. 2.

Допускается испытание на изгиб фасонного и листового проката толщиной до 20 мм у изготовителя не проводить. При этом соблюдение установленных норм изготовителем должно гарантироваться.

技术要求

1. 基本制作规格

1.1 每类强度钢基本化学成分列于附录2。

钢中磷的质量组分应不大于0.035%，硫则不大于0.040%。

钢中氮的质量组分应不大于0.012%，砷则不大于0.08%。熔炼水磷铁矿钢时，砷的质量组分不大于0.15%，磷则不大于0.030%。

建议的不同强度级和厚度钢牌号目录，型材和异型材列于附录3，板材列于附录4。

1.2 根据订单在热轧、热处理状态或被监测轧制后制造轧材。如果没有说明，加工方法由制造商确定。

1.3 对轧材边缘和端部的要求及平面性，板材应符合国标1437，型材和异型材应符合国标535。

1.4 板材不允许出现夹层。

1.5 拉伸时的机械特性以及弯曲试验条件，型材和异型材应符合表1要求，板材、通用宽扁钢和弯型钢应符合表2要求。

厚20毫米以下异型材和板材，允许厂家不做弯曲试验。这时，厂家应保证满足标准的要求。

译文欣赏 5——商品鉴定书翻译

ТОРГОВО-ПРОМЫШЛЕННАЯ ПАЛАТА РФ
Московское отделение
БЮРО ТОВАРНЫХ ЭКСПЕРТИЗ
Акт экспертизы №._____

1. Дата составления акта: 15 июня
2. Фамилия, и., о. эксперта: Петрова С.Я.
3. Наряд БТЭ №6401 от: 8 июня 2015 г.
4. Наименование товарополучателя: ООО"Anno Danini"
5. Фамилия, и., о. и должность представителей организации, учавтовавших в проверке товара: Иванов П.А. – старший товаровед-бракёр, Максимов В.К. – зав. Складом.
6. Наименование товара: очищающее молочко для лица "ИЯ". К экспертизе предъявлено: один контейнер – 10000 банок, полученных из КНР по заказу ООО "Росхимимпорт"№_____транс №602217

Счёт имп. ком. №_____от_____2015 г.

Счёт_____№_____от_____2015 г.

7. Транспортные документы:

№эшелона или наим. парохода	№ накладной	№ конт.	Станция отправления	Дата отправления	Дата прибытия		Пребывание	
					на ст. назн.	на скл. покуп.	в пути	до осмотра
1	2	3	4	5	6	7	8	9
	201/1	32-07-37	Ст. Пекин	30 мая	8 июня	8 июня	9	в день прибытия

8. Задачи экспертизы: определение количества

9. При осмотре товара установлено: что в предъявленном контейнере № 3207-37 с ненарушенными пломбами фактически оказалось 10000 банок с очищающим молочком для лица"ИЯ", согласно маркировке на банках.

Внешним осмотром предъявленной партии очищающего молочка установлено, что очищающее молочко в баночках вспучился, вытекает из-под завинчивающейся крышки. Вытекшее молочко на поверхности баночек в застывшем состоянии белого цвета.

Дата начала экспертизы: 8 июня. Дата окончания: 15 июня.

Эксперт_____

Представители_____

10. Заключение эксперта:

В предъявленном контейнере №3207-37 фактически оказалось 10000 банок с очищающим молочком для лица"ИЯ", что соответствует количеству и наименованию, указанным в спецификации инокомпании.

Для определения качества очищающего молочка необходимо провести экспертизу по качеству.

Эксперт_____

Зарегистрирован в БТЭ МО ТТП "21"июня 2015 г.

俄罗斯工商会
莫斯科分会
商品检验局
鉴定书

第 6304/1 号

1. 证书编制日期：6 月 15 日
2. 鉴定人姓、名、父称：С.Я. 彼得洛娃
3. 商品检验局 6401 号通知单签发日期：2015 年 6 月 8 日
4. 收货人名称："Ann.Danini" 有限责任公司
5. 参加商品检验的单位代表性、名、父称和职务：П.А. 伊万诺夫——主任商品检验员；B.K. 马克西莫夫——仓库主任
6. 货物名称："逸雅"洗面奶

   交验：根据俄罗斯化学进口责任有限公司订货单第 _____ 号 运输代号 602217 收自中国的壹集装箱 10000 盒。

   进口公司账单：20   年   月   日第   号

   账单：20   年   月   日第   号
7. 运输凭证：

列车号码或船名	运单号码	合同号	发货站	发货日期	到达日期		滞留	
					到抵达站	到卖方仓库	途中	检验前
1	2	3	4	5	6	7	8	9
	201/1	32-07-37	北京站	5 月 30 日	6 月 8 日	6 月 8 日	9	到货当天

8. 检验任务：确定数量
9. 商品检验时需查明：在交验的 3207-37 号集装箱中是否实有 10000 盒"逸雅"洗面奶，是否与盒面标记相符。

   在对校验的一批洗面奶做外部检验时要查明，盒中洗面奶是否膨胀，从拧紧的盖中流出。流在盒表面的洗面奶在凝结状态呈白色。

   鉴定开始日期：6 月 8 日

   结束日期：6 月 15 日

   鉴定人 _____

   代表 _____

10. 鉴定人意见：

    交验的 3207-37 号集装箱内实有 10000 盒"逸雅"洗面奶，符合外国公司规格说明中的数量和名称。

    为确定洗面奶质量，需进行质量鉴定。

    鉴定人 _____

2015 年 6 月 21 日于俄罗斯工商会莫斯科分会商品检验局注册

译文欣赏 6——求职简历翻译

简历
吴佳芬

联系信息
  地址：西安市雁塔区长安南路 437 号
  电话：86-29-85309114
  E-mail: wujiafen@163.com
国籍：中国
护照号：XXXXXXXX
身份证号：XXXXXXXXXXXX
出生日期及出生地：1975 年 4 月 28 日，陕西西安
家庭状况：已婚，儿子
教育经历：高等教育
1981-1987 年西安外国语大学附中。
1987-1991 年西安外国语大学，俄语系，俄语语言文学专业。
1994-1998 年西安外国语大学研究生部读研。研究方向：语言学
2000-2005 年俄罗斯普希金语言学院读博。语言学副博士。
外语水平：英语——六级
     法语——阅读、借助字典翻译
工作经验：
  1991/7——1994/7 西安外国语大学俄语学院，办公室工作人员。负责出差安排，初级会计，办公室装备，档案整理和管理，解决行政问题。
  1998/7——2000/7 西安外国语大学国际处，科员。起草俄汉语函电，口笔译，安排外国和俄国代表团行程计划，陪同西安外国语大学代表团访问俄罗斯，组织与俄罗斯合作伙伴的谈判。文件翻译。
  2006/7——2011/7 西安外国语大学俄语学院，副教授。实践俄语，外贸信函。
  2011/7——2014/7 哈萨克斯坦欧亚大学孔子学院教师。
  2014/7 至今西安外国语大学俄语学院，副教授。实践俄语，语用学。
技能：熟练使用 MS Windows, MS Office，互联网，会使用办公设备。
个人品质：独立性强、灵活性强、有责任心、心理素质好、生活乐观向上。

РЕЗЮМЕ

Контактная информация
  Адрес: г.Сиань, Яньтаский р-н, ул. Чанъаньнаньлу, д. 437
  Тел. 86-29-85309114
  E-mail: wujiafen@163.com
               У Цзяфэнь

Гражданство: КНР
Паспорт: XXXXXXXXX
Удостоверение личности: XXXXXXXXXXXXXXXXX
Дата и место рождения
  28 апреля 1975 г. Сиань
Семейное положение
  Замужем, сын
Образование
  Высшее

2000-2005 гг. Государственный институт русского языка им. А.С. Пушкина
Аспирантура
Кандидат филологических наук
1994-1998 гг. Сианьский университет иностранных языков
Магистратура
Научное направление: языкознание
1987-1991 гг. Сианьский университет иностранных языков
Факультет русского языка
Специальность: русский язык и культура
1981-1987 гг. Средняя школа при Сианьском университете иностранных языков

Уровень знания языков

Английский язык: Сертификат о знании английского языка (6-ой уровень)
Французский язык: Чтение, перевод со словарём

Опыт работы

2014/7- н.вр. Институт русского языка Сианьского университета иностранных языков, доцент. Практический курс русского языка, прагматика.
2011/7-2014/7 Преподаватель Института Конфуция Евразийского университета Казахстана
2006/7-2011/7 Институт русского языка Сианьского университета иностранных языков, доцент. Практический курс русского языка, деловая переписка.
1998/7-2000/7 Сотрудник международной службы Сианьского университета иностранных языков. Ведение деловой переписки на русском, китайском языках, устный и письменный переводы, разработка программ пребывания иностранных и русских делегаций, сопровождение делегации СУИЯ в Россию, проведение переговоров с русскими партнерами. Перевод документов.
1991/7-1994/7 Офис института русского языка Сианьского университета иностранных языков, сотрудник. Планирование командировок, ведение первичной бухгалтерии, оснащение офиса, разработка и ведение архивов, решение административных вопросов.

Технические навыки

Опытный пользователь MS Windows, MS Office, Интернет, знание продуктов Adobe (Acrobat, Fine Reader).Умение работы с офисной техникой

Личные качества

Самостоятельность, гибкость, ответственность, стрессоустойчивость, активная жизненная позиция.

第八章

应用翻译之对外宣传文本翻译

第一节 地区对外宣传翻译

随着全球经济一体化的进程进一步加快,随着我国改革开放的进一步深入,国家为了扩大我国的国际影响,积极主动加大对外宣传的力度,加强与世界各国的联系。在此背景下外宣翻译工作的意义愈发重要,外宣翻译已经成为我国增强国家软实力的有效手段和渠道。时任中宣部副部长、中央外宣办、国务院新闻办主任王晨曾经指出,"我们要从战略高度认识做好翻译工作的重要性,进一步关心、重视和支持翻译事业,切实把翻译工作作为一项长期的、系统的、战略性的工作统筹规划、科学布局,为我国翻译事业的健康发展营造良好的社会环境和文化氛围,提供可靠的人才支撑和体制保障。"(王晨,2012)可以看出,对外宣传在国家层面已得到高度重视,已被提升到国家战略高度,外宣翻译数量和质量也得到了提高。据我们跟踪研究,由国家级的外交部网站、商务部网站、新华网、人民网、国际广播电台、CCTV(Русский язык)所发表或播报的外宣文本译文的质量和由外文局、中央编译局所主持的外宣项目翻译的质量就非常高,而在地区层面对外翻译宣传的质量就不尽如人意。对一个地区来说,对外宣传工作是其对外经济和文化联系的重要窗口和手段,对外宣传的质量的好坏可能直接影响到一个地区的对外经贸、招商引资、文化交流的最终结果。在地区层面,由于有些地方和部门对外宣工作的重要性和外宣翻译的特点认识不够,外宣翻译的人力、财力、物力投入的不足,再加之在地区层面缺乏针对外宣翻译质量的监管和批评,致使地区外宣材料的翻译质量存在很多的问题。外宣翻译的质量难以保证,必然会影响到宣传的效果,因此有必要对地区外宣译文进行分析和研究,以图探讨出现问题的原因和提出解决问题的对策。

1. 对外宣传的内涵

1)对外宣传的内涵

国内学术界关于对外宣传的定义表述不一,除了传统的对外宣传这一概念外,沈苏儒先生使用过"对外报道"一词。在1990年沈苏儒先生编著出版《对外报道业务基础》,2004年该著作的增订版改名为《对外报道教程》。在这一专著中沈苏儒认为,对外报道是向国外提供信息并进行国际交流和配合国际斗争的重要手段。它的总目的是在国际上塑造本国形象、维护其利益、宣扬其立场、散播其观念、介绍其真实情况,以争取外部世界尽可能了解本国并建立友谊。可以说,对外报道是对外传播业务的主要部分。(沈苏儒,2009:303-304)张长明则使用"对外传播"一词,他认为,对外传播,顾名思义,指的是一个国家或文化体系对另一个国家或文化体系所展开的信息交流活动,其目标是要信息接受国了解信息输出国,培养其友善的态度和合作愿望,并创造一个有利于信息输出国的国际舆论环境,取得最高程度的国际支持和合作。(张长明,1999:24)2002年沈苏儒先生也支持用"对外传播"替代"对外宣传"一词。他认为,"我们用'对外传播'而不用'对外宣传',在学术层面上是因为'传播'可以涵盖'宣传',对'传播'的研究有助于对'宣传'的研究,而对'宣传'的研究则应成为'传播'研究的重要组成部分。其次,我们来考察一下我国'对外宣传'的任务、对象和方针。在这个问题上,我想大家都有明确的共识,概括地说,就是增进世界各国人民对中国的了解和友谊,加强各国同我国在经济、技术、文化、政治等方面的合作,在国际上塑造我国的正确形象,维护我国最高的国家利益。我们在主观上并无改变受众思想和行为,使之与我一致的意图和目的,因此'对外宣传'实质上是'传播'而非'宣传'"。(沈苏儒,2009:216)从以上术语的阐释可以看出，"对外宣传""对外传播"和"对外报道"的对象、任务和目的是完全一致的，"'对外宣传'与'对外传播'之争的真正焦点在于英文的'**propaganda**'（通常译为'宣传'，但更确切的含义应该是'鼓动'）与'**communication**'（传播）两次之间的区别，而不是中文的'宣传'与'传播'两词的差别。'宣传'一词在中国古已有之，其含义为宣布传达和互相传播，与传播相近，并没有贬义。……而且'对外宣传'和'对外传播'经常作为同义词，同时出现在我国党政领导的讲话和重要文件中。"（衡孝军，2011:4-5）在学术研究层面我们并不反对使用"对外传播"一词，但在对外传播的实务及实务研究方面我们更倾向于使用"对外宣传"一词。比如，在地区层面的外宣翻译实践中我们更习惯于说"陕西省的对外宣传"而不说"陕西省的对外传播"，更常说"……企业产品对俄语国家的宣传"而不说"……企业产品对俄语国家的传播"，所以在本节中我们继续沿用传统的"对外宣传"这一说法。

2）地区外宣翻译的定义。

国内译界对外宣翻译的界定基本上是大同小异，如刘雅峰教授认为，"所谓外宣翻译也就是译者把大量有关中国的各种信息的外宣材料准确、严谨而简洁地从中文翻译成外文，通过图书、期刊、报纸、广播、电视、互联网等媒体以及国际会议，对外发表和传播以满足国外受众特定需求、树立和维护正确良好的中国国际形象、推动和促进社会、人类文明进步与发展的思维活动和语言活动。"（刘雅峰，2010:22）而衡孝军教授则认为，"从广义上说，中译外的翻译活动，无论是文、史、哲的典籍外译，还是对外国受众介绍中国政治、经济、社会、文化、历史等方面的一般情况，或多或少都有外宣性质。也就是说，外宣翻译工作基本上都是中译外，把大量有关中国的各种信息从中文翻译成外文，通过图书、期刊、报纸、广播、电视、互联网等媒体以及国际会议，对外发表和传播。因此，外宣翻译和中译外在翻译实践中几乎是同义词。"（衡孝军，2011:6）基于以上定义，我们认为地区外宣翻译是一种跨文化、跨语言的交际活动，译者把某个地区对外宣传的信息文本译成外文，通过不同媒体和平台进行发表或传播，以达到宣传地区形象，促进地区间的经济和文化的合作和交流，带动地区经济的发展。

中国加入世贸后，改革开放进一步深入，与世界各地区的不同级别、不同规模、不同层次的交往日益频繁。交往的目的各异：或进行观光旅游，或进行业务考察，或从事贸易，或进行文化交流，或进行科技合作。为了给这些交流合作创造条件、提供指南，许多地区已经有意识地加大对本地区进行宣传的力度。然而据我们了解，目前译界同仁关于地区对外宣传材料的翻译却鲜有研究，本节旨在研究地区对外宣传材料的特点和翻译方法，以图补缺，抛砖引玉。

2. 地区对外宣传材料的特点

1）地区对外宣传文本的特点。

和国家层面的外宣材料相比，地区对外宣传材料的政治性、思想性方面的内容就更少了一些。地区对外宣传材料所涉及的内容比较广泛，一般包括地区的地理位置、人口、行政区划、历史渊源、气候条件、自然资源、农业、工业、交通、通信、科技、教育、文化、旅游、金融、对外贸易等诸多领域的情况。地区对外宣传文本中多使用一般书卷语言，语体呈多语体性。宣传材料集一些看似矛盾的特征为一体：既有程式化，又有形象性；既有逻辑性，又具有感情性；客观阐述中有主观评价；行文简洁却又意义完整、明白易解；信息量大却又节约用词。地区对外宣传又是多功能的，它准确真实地讲述本地区的客观情况，用事实说服人，以优势吸引人，同时又附带一些主观性的评价，加强宣传感染力。（安新奎，2006:42）

2）地区对外宣传的方式

从宣传的方式来看，地区对外宣传材料可分为间接的和直接的两种。直接的是指宣传者和信息接受者面对面、近距离接触进行地区情况介绍，如省、市、地区领导人在会见外宾时所作的当地情况的介绍；而间接的则指在国内外举行的展销会、合作项目推介会、招商引资洽谈会上派送的各种宣传性文字或音像材料，或在互联网、报刊等媒体上所发布相关宣传材料。

3）地区对外宣传的主体和对象

地区对外宣传材料的拟定者或讲述者所代表的并非他们个人，而是代表着某一群体、代表着某一地区。他们所传播的信息是官方的、正式的、严肃的，进而他们所使用的语言大多是正式场合所使用的书卷语言。

地区对外宣传信息的接受者则兼具有确定性和不确定性的特点。确定性——是指地区领导人介绍情况的对象是确定的,如外国各种级别的代表团成员、文化界人士或企业界代表等;而不确定性——是指信息接受者难以确定,在国内外举行的展销会、合作项目推介会、招商引资洽谈会上派送的各种宣传性文字或音像材料的对象难以确定,互联网、报刊等媒体上所登载的相关宣传材料的读者难以确定。

4)地区对外宣传的内容

地区对外宣传材料所涉及的内容比较广泛,一般包括地区的地理位置、人口、行政区划、历史渊源、气候条件、自然资源、农业、工业、交通、通信、科技、教育、文化、旅游、金融、对外贸易等诸多领域的情况。

5)地区对外宣传材料的语体特点

地区对外宣传涉及诸多领域,其行文一般使用书卷语言,语体呈多语体性。宣传材料集一些看似矛盾的特征为一体:既有程式化,又有形象性;既有逻辑性,又具有感情性;客观阐述中有主观评价;行文简洁却又意义完整、明白易解;信息量大却又节约用词。地区对外宣传又是多功能的,它准确真实地讲述本地区的客观情况,用事实说服人,以优势吸引人,同时又附带一些主观性的评价,加强宣传感染力。纽马克曾经说过,很少有文本是纯一种功能的,大部分文本都是以一种功能为主而其他二者兼而有之。下面仅举几例对地区对外宣传材料的特征予以简要说明。如:

① 胶南是山东省东南部一座海滨城市。南临黄海,北靠胶济铁路,西依泰山山脉的五莲山,东与著名的城市青岛隔海相望。地理位置独特,水陆交通四通八达。

Цзяонань – приморский город на юго-востоке провинции Шаньдун. К югу от него простирается Жёлтое море, к северу проходит железная дорога Цзяонань-Цзинань, к западу возвышается гора Уляньшань – ветвь Тайшаня, к востоку расположен и отделен от него морем город Циндао. Географическое положение города благоприятно, водный и сухопутный транспорт очень удобен.

在例①中 "南邻" "背靠" "西依" "东与……隔海相望" 已是描述地区地理位置方面的程式化语言,而 "位置独特" 和 "四通八达" 却又带有明显的主观评价色彩,具有很强的表现力,所附译文在这两方面处理得也比较得体。

② 这里有全国最现代化的市政基础设施;全国最大的商务活动中心;全国最先进的高新技术产业和出口加工基地;全国开放程度最高的自由贸易区;全国最现代化的城郊型农业和全国配套服务最好的高质量生活区。

Здесь имеются самая современная городская инфраструктура, самый оживлённый в стране торговый центр, самая передовая в Китае база высокотехнологических производств и переработки экспортных товаров, зона свободной торговли с наивысшей степенью открытости, наиболее современное в стране пригородное сельское хозяйство и самый благоустроенный микрорайон со всем комплексом услуг.

例②中使用了许多专业术语,且句式结构具有科技语体的特点。然而原文中连续使用了"最现代化的""最大的""最先进的""最高的""最现代化的""最好的"等七个形容词最高级,即加强了原文的表现力,又提高了原文的感染功效。

③ 陕西是中国西部开发的"桥头堡"。

Провинция Шэньси представляет собой "форпост" для освоения западной части Китая.

在例③中"桥头堡"一词的使用使客观的叙述增添一份形象性,译文中也是以形象译形象,达到形象等值。

④ 陕西人民素来热情好客,我们热烈欢迎海内外各界朋友来陕进行技术合作和旅游观光。

Народы провинции Шэньси известны своим *гостеприимством и радушием*. Мы *горячо приветствуем* китайских и зарубежных партнёров и друзей, кто пожелает посетить нашу провинцию с целью бизнеса или в качестве туриста.

例④中"热情好客""热烈欢迎"表达了宣传主体求合作的强烈感情，也缩短了与宣传对象之间的距离，为进一步合作作了情感铺垫。

地区对外宣传材料涉及诸多领域，内容广泛，多使用一般的书卷词汇，汇集各领域的专业词汇和各个行业的程式化的套语，干巴巴的统计数据多，同时感情表现力色彩的语言手段使用适当：较之报刊政论语体用得要少，以强调所叙述的事实客观可靠；较之科技语体用得稍多，使客观的叙述添一份情感的色彩。

为了使信息接受者便于领会宣传，地区对外宣传材料就要简明通俗，句法结构较为简单，避免过多地使用冗长的句式。即使要使用复合句，那么其结构也一目了然，句子的语义和语法关系清楚，易于切分。

此外，地区对外宣传材料的篇章结构也比较松散，一般以行业（领域）为段节，各段相对独立，段节之间衔接不太紧密。段节排序比较随意，逻辑性不强，段节长短不一，主观性强，段节长者旨在突出亮点优势，段节短者意在遮掩疵斑，一笔带过。

3. 地区对外宣传材料的翻译

1）地区对外宣传翻译的原则。

如何进行外宣翻译，外宣翻译过程中有哪些原则和要求？针对这一问题，外宣翻译界的同仁们从不同角度提出自己的看法。习近平同志曾经指出，做对外宣传时要使中华民族最基本的文化基因与当代文化相适应、与现代社会相协调，以人们喜闻乐见、具有广泛参与性的方式推广开来，把跨越时空、超越国度、富有永恒魅力、具有当代价值的文化精神弘扬起来，把继承传统优秀文化又弘扬时代精神、立足本国又面向世界的当代中国文化创新成果传播出去。要以理服人、以文服人、以德服人，提高对外文化交流水平，完善人文交流机制，创新人文交流方式，综合运用大众传播、群体传播、人际传播等多种方式展示中华文化魅力。要注重塑造我国的国家形象，让当代中国形象在世界上不断树立和闪亮起来。（习近平，2014）外宣翻译的老前辈沈苏儒先生认为，"我们讲对外报道的特性，除了受众、任务、语言等方面的差异外，在具体业务上，主要不外乎三条：一是要客观报道，让事实说话，让读者自己下结论，不要用宣传腔、有宣传味，不要说教或强加于人；二是要适应国外受众的兴趣、理解能力和接受水平；三是要细水长流、潜移默化，不要急功近利、急于求成。"（沈苏儒，2009:110）时任中国外文局副局长、中国译协副会长的黄友义曾倡导，"……除去所有翻译工作都需要遵循的'信、达、雅'标准之外，外宣翻译更需要翻译工作者熟知并运用'外宣三贴近'（贴近中国发展的实际，贴近国外受众对中国信息的需求，贴近国外受众的思维习惯）原则。"（黄友义，2004:27）而我们在总结自己外宣翻译经验的基础上也曾提出，"对外宣传材料的翻译要忠实传达宣传信息，切忌随意发挥；翻译时要使用规范的译入语，禁止机械地复制原文的语言结构；选词择句要注意宣传效果，必要时可在内容不变的情况下调整和改变宣传的表述形式，使之适应于译入语的语言和习惯。"（安新奎，2006:45）从以上的原则和要求中可以看得出，地区外宣翻译必须要忠实于客观现实，不能言过其实，切勿过分渲染；译文语言要地道规范，要照顾到译入语读者的思维习惯、语言习惯，要便于译入语的读者或听众理解和接受所宣传的信息；不要忽视中外文化的差异，文化性太强的信息在转达时要作变通，避免出现文化冲突，惟其如此才能获得好的宣传效果。

2）地区对外翻译过程中的理解

理解术语。理解是翻译的前提，而术语的理解又是对外宣传材料内容理解的基础。地区对外宣传材料涉及的面广，要求译者知识渊博，译事经验丰富。翻译过程中译者要面对不同领域的术语，这就要求译者反复查对字典和文献，虚心向有关专家求证，动笔前务必搞清楚每一术语的含义。如：

① 杭州市地处亚热带，气候温和，四季分明，日照时间长，雨水充足。年平均气温为16.2℃，无霜期为230—260天，年降水量为1435毫米。

Город Ханчжоу находится в *субтропическом поясе*. *Климат мягкий и тёплый с ярко выраженными годовыми сезонами*, *довольно продолжительное время солнечного света*, *достаточное количество осадков*. Средняя годовая температура воздуха +16,20℃. Продолжительность *безморозного периода* – 230–260 дней. Ежегодно выпадает 1435 мм осадков.

② 2014年城市国内总产值约为1570亿元，年人均国内总产值达25000元。2014年城市财政收入总额为189亿元，地方收入104亿元。

В 2014 г. *ВВП* города составил около 157 млрд. юаней. Величина *ВВП на душу населения* в 2014 г. достигла 25 тыс. юаней. Суммарная величина *финансовых доходов* города в 2004 г. составила около 18,9 млрд. юаней, *местный доход* – свыше 10,4 млрд. юаней.

例①、例② 分别涉及气候学和经济学两个不同专业，堆积了不同的专业术语和套语，译者不能疏忽大意，要查证核实，理解清楚。

具有表现力词汇的理解。为了增强宣传的感染力，地区对外宣传材料中会适量地使用一些具有表现力的修辞手段，翻译时译者要领会吃透其真正的含义，然后再依据译入语的语法规则，使用合适的手法把汉语文本的意旨再现出来。如：

① 西安市历史悠久，名胜古迹多。西安市政府积极发挥自己的历史优势，以旅游"搭台"，经贸"唱戏"，促进经济发展。

Город Сиань имеет древнюю историю. Здесь сосредоточено (сохранилось) множество исторических памятников и достопримечательностей. Мэрия города активно использует своё историческое преимущество, чтобы *с помощью туризма развивать коммерческие связи и способствовать развитию экономики*.

例①中的"搭台"和"唱戏"是汉语中非常形象的表达手法，若按汉语字面意思去理解、去机械复制，那么俄语读者（听众）必会莫名其妙，不知所云。该例译者处理得当，把握住了形象用语后面的语用目的，在俄语中无法找到相应的形象用语的情况下，把其语用意义表达出来——"借助旅游发展经贸合作"。

3）地区对外翻译过程中的表达

术语对应与术语创新。一般来讲，术语的意义比较单一，完全理解后，只要认真仔细都可以在译入语中找到相对应的术语。这种情况下，要求译者使用现成的术语，无需自我杜撰术语。如：

① 西安最发达的产业有机械制造业、仪表制造业、电子工业、纺织工业、轻工业和航空工业。西安是中国最重要的电器设备、飞机、纺织和电子产品的生产中心之一。

В городе Сиань наиболее развиты *машиностроительная*, *приборостроительная*, *электронная*, *текстильная*, *лёгкая* и *авиастроительная промышленность*. Сиань является одним из важнейших центров Китая по производству *электрооборудования*, *самолётов*, *текстиля* и *электроники*.

例①中原文译文术语完全对应。

有时原文中会出现一些反映我国某一领域新特点的术语，这些术语在俄语中没有对应的表达法，这时就要求译者依据俄语术语的构词方法，发挥自己的创造力，把汉语的表达法移植进俄语，为俄语输入新术语。如：

②在农业方面我们省大力推广"公司加农户"和"订单农业"等方式。

В сельском хозяйстве у нас в провинции всемерно внедрялись такие формы хозяйствования, как "*компания плюс крестьянские дворы*" и "*производство сельхозпродукции по заказам*".

例②中的"公司加农户"和"订单农业"在我国农业经济领域已沿用多年，并在该领域为人们所约定俗成，但在俄语中则属于新词，需要译者根据译入语的规则进行移植或仿造。

句式和结构地道规范。 地区对外宣传材料中经常会对本地区的归属、组成、现状、优势等进行描述，翻译时译者要善于使用表示事物性质、状态、关系等的句式和结构，以使表达规范自然。

使用俄语的静词句式。 俄语应用文本中对事物的特征、现象进行描述时多使用静词句式，宣传材料汉译俄时要注意使用这类句式。如：

① 主要生产部门有轻工、纺织、电子及食品工业。

Ведущими отраслями *являются*: лёгкая промышленность, текстиль, электроника и пищевая индустрия. （使用系词）

② ……省由10个省属城市、15个县级市和40个市属区组成。

Провинция...*состоит из* 10 городов провинциального подчинения, 15 городов уездного уровня и 40 районов городского подчинения. （使用系词）

③ 主要出口服装、布匹、机械产品、家用电器、化工和农业产品。

Основу экспорта *составляют* одежда, ткани, продукция машиностроения, электробытовые товары, химическая и сельскохозяйственная продукция. （使用系词）

④ 城市及郊区有许多名胜古迹。

В городе и его округе *сохранилось* множество достопримечательностей древности. （实词用作系词）

⑤ 昆明被称之为"春城"。

Куньмин *называется* городом «вечной весны». （实词用作系词）

⑥ 夏季漫长，酷热天数多，对当地农作物产生不良的影响。

Летний период продолжителен и *отличается* значительным числом засушливых дней, что весьма негативно сказывается на урожайности местного сельского хозяйства.

⑦ 沿海地区气候温和湿润，夏季多雨，冬季干旱。

На побережье климат мягкий и влажный, *характеризуется* дождливым летом и сухой зимой.

⑧ 陕西省科技实力雄厚。

Провинция Шэньси *обладает* крупным научным потенциалом.

后三句中的 отличаться, характеризоваться, обладать 等词在俄语中虽说未被列入系词或用作系词，但经常也用来表示事物的性质和特征，汉译俄时应注意选用这几个动词。

使用俄语的表义结构。 俄语应用文本中经常也是用一些表示事物存在、属性、特点、类属、成分等意义的词汇语法结构，在翻译地区对外宣传材料时，要根据所表达的意义选用这些表义结构。如：

① 上海是中国四大最发达城市之一。

Шанхай *входит в* четвёрку самых развитых городов Китая. （表示类属）

② 西安市有11区、2县、67个镇、2991个村。

В состав города Сиань *входят* 11 районов, 2 уезда, 67 посёлков, 2991 деревеня. （表示组成）

③ 西安市历史悠久。

Город Сиань *имеет* давнюю историю. （表示特征和性质）

在翻译地区对外宣传材料时，除了动词结构以外，在俄语中也可使用形容词短尾结构表示事物的状态和特点。如：

④ 陕西省矿产资源丰富。

Провинция Шэньси *богата* различными полезными ископаемыми.

⑤ 陕西省旅游业很发达。

В провинции Шэньси хорошо *развита* туристическая индустрия.

⑥ 本地区气候温和湿润，日照充足，降水量大。

Для данной местности *характерны* мягкий и влажный климат, достаточное количество солнечного света и обилие осадков.

在翻译地区对外宣传材料时，除了要使用以上句式和结构外，当然也不排除使用不定人称句、"动词 + 名词"结构、被动结构、带 -ся 动词等，限于篇幅，不再一一列举。

善于运用翻译方法与技巧。 由于汉语、俄语属于不同的语系，汉、俄两种语言在表达方式和用法习惯上差别较大，因此地区对外宣传材料汉译俄时不能机械复制汉语的表达方式和用法习惯。为了使俄语读者（听众）能够准确地接收宣传的信息，在翻译过程中必须做一些调整和变通，使译文符合俄语的表达习惯。要达到这一目的，译者就要根据具体情况选用翻译方法和技巧，或增补，或减略，或转换，或断切，或引申，或反说。如：

① 广州又称羊城。

Город Гуанчжоу также называют городом баранов.

如果按字面翻译，该译文无可厚非，但对外宾来说则会顿生疑惑：广东为什么称之为羊之城？所以为了打消外宾的疑惑，给外宾提供完整的信息，就得补加"羊城"之名的由来：

Как гласит древняя легенда, однажды пять святых людей спустились на землю на пяти баранах (по-китайски – "ян"), каждый из которых держал во рту колосья пшеницы (по-китайски – "гусуй"), и попали в Гуанчжоу, где они раздарили пшеничные колосья трудовому люду, пожелав ему вечного урожая.

（相传，有一天五仙人骑着五只羊，各携带一串谷穗降临此处，赠谷穗给居民，祝福此地五谷丰登，永无饥荒。）

② 陕西是中华民族和华夏文化的重要发祥地之一，*文物名胜甲天下，发展旅游业得天独厚*。

Провинция Шэньси является одной из важных колыбелей китайской нации и китайской культуры. *Обилие древних памятников культуры благоприятствует развитию туризма.*

在例②中并未把"文物名胜甲天下，发展旅游业得天独厚"两句分开译为"Провинция Шэньси славится своими достопримечательностями и памятниками старины, что даёт превосходные возможности для развития туризма."。而是把两个单句合二为一，译文更紧凑，语义更精炼。做到了省词省句，但不欠缺意义，使译文更符合文体要求。

③ 上海在全国经济发展战略总格局中由"*后卫*"走向"*前沿*"，又成为"*龙头*"，与这座大都市所具有的独特优势是分不开的。

译文 1：Тот факт, что Шанхай превратился из "*арьергарда*" в "*авангард*", стал "*головой дракона*", объясняется специфическими особенностями этого крупного города.

译文 2：Тот факт, что Шанхай превратился из "*арьергарда*" в "*основные силы*", стал "*авангардом*", объясняется специфическими особенностями этого крупного города.

两个译文的不同之处在于形象的处理，译文 1 把"后卫"译成 арьергард（陆军部队的后卫），把"前沿"译成 авангард（军队的先锋、先遣队），把"龙头"译为 голова дракона（龙之头）。从表面上看，原文、译文中的形象基本对应，而实质上 авангард（军队的先锋、先遣队）和 голова дракона（龙之头）两词语义重复，无助于突出上海在当今中国经济中的"领袖风采"。况且译文 1 与原文貌合神离，因为译文 1 中把"龙头"译为 голова дракона（龙之头），未曾顾及汉俄两种语言的文化差异、审美差异。在汉文化中"龙"是人们所崇拜的动物形象，而俄罗斯民族则视之为又丑又恶的动物，常用龙来形用那些冷酷的人。

在译文 2 中我们尝试把"后卫"译为 арьергард（陆军部队的后卫），把"前沿"译为 основные силы（部队的主力），把"龙头"译为 авангард（军队的先锋、先遣队）。三词均为军事术语，三者连用使界限更分明，空间感更强。翻译时形象虽然发生了变化，但译文从整体上再现了原作所要表达的意义，突出了上海在当今中国经济中的火车头作用，同时译文 2 又避免了文化冲突，达到了对外宣传的效果。

情感把握要有分寸。在地区对外宣传材料中除了大量的文笔用于客观传播"信息"，讲述事实，以理服人，同时也会添加一些主观的评价，使用一些具有表现力的修辞手段，以热忱来感动人。翻译具有情感的词句时要处理得当，使宣传对象产生相应的反应；切勿过分张扬情感，"使读者产生行文浮华、内容虚饰之感"。（刘宓庆，1988：333）

① 陕西欢迎国内外各界人士前来投资，洽谈贸易，旅游度假，进行经济、科学、技术、文化方面的交流与合作。

Провинция Шэньси сердечно приветствует внутренних и иностранных туристов, предпринимателей и инвесторов для развиттия экономического, научно-технического и культурного сотрудничества.

② 一切到陕西开发合作、访问考察、观光旅游的各国朋友都将受到好客的陕西各族人民的热忱欢迎和接待。

Все иностранные друзья, приезжающие в Шэньси для делового сотрудничества или в качестве туристов, могут рассчитывать на наш самый тёплый приём и гостеприимство.

在以上两例中，原文与译文情感相当，不欠不溢。

第二节　语体与企业及产品对外宣传翻译

应用文本包括科技语体、政论语体、新闻语体及事务性语体等语体文本，而这些语体是各有功能和语体特点的。然而以上各语体的独立只是相对而言的，各种语体之间的相互影响、相互交错、彼此渗透却是必然的。本节以研究企业广告宣传的语体特点为例，来分析语体的渗透现象及企业及产品广告宣传翻译时应注意的语体问题。

需要指出的是，本节要研究的广告宣传并非指广播、电视、网络等媒体上商品广告词的翻译，而是指在报刊等媒体上刊载的或在座谈会、会谈、洽谈会、交易会、展销会、新闻发布会上传播的旨在宣传企业及产品的文字推介材料。

众所周知，报刊政论语体的两大功能为报道功能和宣传鼓动功能，而对外广告宣传的功能和目的在于宣传企业，寻找国外合作伙伴，或推销产品，拓展国际市场。由此看来，报刊政论语体与对外广告宣传的功能完全吻合，可以认为，广告宣传语体属于报刊政论语体，是其分体之一。

1. 对外广告宣传材料的功能

1）对外广告宣传材料的报道功能

对外广告宣传的报道功能：这一功能乃是对外广告宣传的直接功能，其目的在于宣传企业及产品，即介绍企业性质、规模、业务范围、信誉和产品用途、特点、质量等与企业形象或产品形象相关的信息。请看一下例证：

① Группа компаний "..." – многоотраслевое производственное объединение, приоритетным направлением которого является производство пищевой продукции.

……集团公司是一家多行业的生产集团公司，其主要方向为食品生产。

② "Тяньши" – многоотраслевая транснациональная корпорация, объединяющая научные исследования, промышленность, торговлю, недвижимость, образование, культуру, обслуживание, транспорт.

"天狮"——是一个集科、工、贸、房、文、教、服、交为一体的多领域跨国公司。

③ 海星公司是集科、工、贸、服务于一体的现代化大型实业公司。

Ассоциация "Хайсин" представляет собой крупное современное объединение, сочетающее промышленное производство, научно-исследовательскую работу, торговлю и обслуживание.

④ Наша компания специализируется на производстве сложной электроники и сложных электронных изделий.

我们公司专门研究生产复杂电子设备和产品。

⑤ Продукция имеет международный сертификат качества ISO-9000-9002 и сертификат качества по системе FDA（США）.

产品获 ISO-9000-9002 国际质量认证和美国 FDA 体系质量认证。

⑥ В состав компании входят научно-исследовательский центр в г. Санкт-Петербург и производственная база в Москве.

公司旗下包括圣彼得堡研发中心和莫斯科的生产基地。

⑦ 有 5 大类 50 多个产品畅销 20 多个国家和地区。

Более 50 марок 5 видов продукции пользуются большим спросом в двух десятках стран и регионов мира.

⑧ 公司固定资产逾 5 亿元，年产值 9000 万元，利税 500 万元，创汇 100 万美元。

Основные фонды оцениваются в 500 с лишним млн. юаней. Каждый год производится продукция на 90 млн. юаней. В бюджет государства перечисляется 5 млн. юаней в качестве налогов с прибыли, доход в иностранной валюте составляет один миллион американских долларов.

⑨ Располагая большим опытом и квалифицированными специалистами, предприятие ставит своей целью стать крупнейшим производителем электроники в России и выйти на первые позиции в данной области, активно развивая перспективную наукоёмкую продукцию.

企业拥有丰富的经验和熟练的专家，企业的目标是要成为俄罗斯最大的电子生产家之一，开发富有前景的科技密集型产品，力争处于该领域前沿。

⑩ За последние годы корпорация заслужила большое признание на международном рынке, получила 16 кубков, 49 медалей, 143 сертификата, 167 почётных знамён.

近年来，公司在国际市场上获得广泛认可，获 16 座奖杯、49 块奖章、143 项认证、167 项荣誉。

⑪ 天威集团前身为成立于 1958 年的保定变压器厂，1995 年改制为国有独资企业。

Tianwei Group – это бывший Баодинский трансформаторный завод, основанный в 1958 году и в 1995 году преобразованный в государственное унитарное предприятие.

⑫ 中国核能电力股份有限公司在上交所成功挂牌上市。

Акции Китайской компании ядерной энергетики CNNP котируются на Шанхайской фондовой бирже.

⑬ TCL 通讯科技控股有限公司是香港联合交易所主版上市公司（股票代码：2618.HK），是全球最大的消费电子制造商之一 TCL 集团的成员公司，是世界发展最快的十大手机制造商之一。

TCL Communication является открытой акционерной компанией, зарегистрированной на Гонконгской фондовой бирже（2618.HK）и входящей в состав корпорации TCL Corporation – одной из крупнейших компаний – производителей потребительской электроники в мире. В настоящее время компания TCL Communication входит в первую десятку самых динамично развивающихся производителей мобильных телефонов.

2）对外广告宣传材料的宣传鼓动功能

对外广告宣传的宣传鼓动功能（或称之为吸引感染功能）：这一功能乃是对外广告宣传的指向功能和最终目的，其侧重点在于刺激消费者，鼓动他们购买和使用本企业的产品，或吸引国外合作伙伴，鼓励他们投资合作，进行贸易或产品开发，进而达到拓展或开发国外市场之目的。请看以下例证：

① 切莫错失良机！生意成功等待着您！
　　Не упустите свой шанс! Коммерческий успех ждёт вас!
② 我们公司热诚欢迎国内外各界人士前来投资、洽谈、贸易、科技合作。
　　Наша компания сердечно приглашает иностранных предпринимателей для инвестирования, торговли и экономического, научно-технического сотрудничества.

2. 广告宣传材料——多语体的融合

企业及产品对外广告宣传与报刊政论语体一样，由于宣传报道的内容不同，这些宣传材料中又不乏公文事务语体、科技语体、口语语体及文艺语体等方面的内容，语体渗透现象比较明显。现分述如下：

1）广告宣传材料中的公文事务语体

这类材料中包含寻求合作伙伴、介绍合作范围、承担义务等方面的内容。如：

① 公司以平等互利为原则，以薄利多销、履约守信、热情服务为经营宗旨，积极发展友好合作与贸易往来。
　　Руководствуясь принципами расширения сбыта с меньшей прибылью, точного выполнения обязательств и отличного обслуживания, компания готова на началах равенства и взаимной выгоды развивать дружественное сотрудничество и торговые контакты.
② 公司负责供应货物，安装调试，投产使用，培训人员，保修服务，操作咨询。
　　Компания обеспечивает поставки, настройку, ввод в эксплуатацию, обучение персонала, гарантийное обслуживание и консультации по применению систем оборудования.
③ 公司承接各种航空产品、机电产品的来图、来料、来样和来件加工及装配。
　　Объединение выполняет обработку и сборку продукции авиационной, механической и электротехнической промышленности по чертежам, материалам и образцам, предоставленным заказчиком.
④ 公司可以完成与下列工程有关的各项工作：水电站、高压电力输送线、变电站。
　　Объединение выполняет все виды работ, связанные с сооружением:
　　– гидравлических электростанций;
　　– высоковольтных линий электропередачи;
　　– трансформаторных подстанций.
⑤ 我们可按用户的设计、图样生产电子元件，也可为新产品设计电子部件。
　　Мы готовы изготовить по разработкам и чертежам заказчика отдельные электронные компоненты, осуществить разработку электронных блоков для новых изделий.

⑥ Компания гарантирует качество выпускаемой ей продукции.

公司保证其生产产品的质量。

⑦ По Вашему желанию наша компания готова провести независимую экспертную оценку аромата выпускаемого Вами товара, а также предоставить рекомендации для улучшения или модификации запаха.

我们公司可按贵方要求对贵方所生产的产品的香味进行独立测评，也可对改善或改变产品的香味提出建议。

⑧ Компания осуществляет поставку и сервисное сопровождение её продукции.

公司负责供货和对其产品提供跟踪服务。

⑨ Компания осуществляет рекламную поддержку её продукции и клиентов.

公司可对其产品和用户予以广告支持。

以上译例说明，在翻译其中包含有公文事务语体的广告宣传材料时，要兼顾公文事务语体的特征，要使用正式、严肃的书面用语（多使用动名词和判断句、陈述句，且译文的句子结构要完整，多使用一些带扩展成分的单句和复合句）。

2）广告宣传材料中的科技语体

这类材料中包含有工业企业的介绍、工艺流程的介绍、工业产品的介绍（产品的技术性能、型号、使用范围、维修）等。

① "彩虹"集团是我国最大的彩色显像管的生产、科研、出口基地。

Объединение "Радуга" – крупнейшая в Китае база по производству, исследованию и экспорту телехрома.

② 这种摄像机运用先进的超大规模集成电路技术。

При создании видеокамеры использованы сверхъёмкие интегральные схемы.

③ 这种检测仪有检测手段简易、省时、准确度高等特点。

Этот аппарат отличается простатой в обращении, быстротой и точностью измерений.

④ 家用电吹风机用于快速吹干头发、卷发和烫制各种发型。

Электрофен бытовой предназначен для ускоренной сушки, завивки, укладки волос и моделирования причёсок различной сложности.

在翻译其中具有科技内容的广告宣传材料时，要考虑到科技语体的特征，选词造句要使用书面语，在翻译广告材料中的描述和论证部分时要精确严密（在俄语中准确地选择汉语科技语在俄语中的对等译名，要注意多使用陈述句，句子要完整，句子内部、句子与句子之间衔接要紧密，要注意句子前后的逻辑关系。）

3）广告宣传材料中的文艺语体及口语语体

在广告宣传材料中常常适当地借用口语语体和文艺语体中的一些富有表现力的手段和方法（如比喻、夸张等），以加强广告宣传语言的鼓动性，来提高广告宣传的感染力和吸引力。如：

① 信守合同，质量第一。

Строгое соблюдение контракта, качество превыше всего.

② 产品用料考究，花色美观大方，质量上乘。

Качество прекрасное, дизайн элегантный, материал роскошный.

③ 世界一流质量，耗电极少，性能可靠，维修方便。

Мировой уровень качества, минимальный расход электроэнергии, высокая надёжность работы, простота ремонта.

④ 崭新的模型！独一无二的构造！

　　Новая модель! Незаменимая конструкция!

⑤ 我们愿与国外公司携手合作，共创美好未来！

　　Мы готовы сотрудничать с иностранными компаниями во имя светлого будущего!

⑥ 我们的团队朝气蓬勃，年轻有为。

　　Наш коллектив молод, энергичен и талантлив.

广告宣传材料中少不了要使用一些富有表现力的手段和方法，以此提高广告宣传的感染力和吸引力。汉译俄时应在俄语中选择相应的手段和方法再现出来，使原文和译文有同样的感染力和吸引力，使译入语读者与原语读者产生同样的反应。

企业和产品对外宣传材料是多语体的融合，是不同语体相互积极作用的一个领域。对此英国翻译学者纽马克曾经指出，很少有文本是纯一种功能的，大部分文本都是以一种功能为主，而其他二者兼而有之。翻译广告宣传时应根据材料的语体特点慎重选择词句、句法结构及修辞手段。

另外需要补充的是，企业和产品的对外广告宣传与广播、电视等媒体上的商业广告有所不同。广播、电视等媒体上的商业广告特点是词组搭配新颖奇异，语句简明通俗，而企业的对外宣传广告材料的句子结构和用词要以书面用语为主，且有一定的程式化。这就要求译文要忠实地表达原文中的概念意义，译文的句子结构要严谨，逻辑性要强，用词要准确凝练，同时又要注意宣传的目的、宣传对象的特点，把原语中那些具有表现力色彩的词句用译入语中相应的手段再现出来，使我们的译文能产生原文本作者所期待的交际效果（即宣传效果）。

第三节　企业名称及产品品牌翻译

企业的名称、产品的品牌，就其实质来说，是企业的一种极其重要的无形资产，而且具有实实在在的资产增值功能，可使企业在无限开拓市场的过程中获得巨大的利益回报。而在对外广告宣传中，企业名称和产品品牌的正确翻译、妙译则与企业能否拓展市场、获得利益密不可分。我们熟知的"可口可乐、百事可乐、万宝路、金利来、奔腾"等都是在这方面非常成功的译例。

1. 企业名称的翻译

1）企业的性质及其译名

在现阶段，我国多种经济成分并存，译者必须熟知其类型并运用合适的俄语译名。现将我国企业类型及其译名分列如下：

集体企业——коллективное предприятие

国营企业——государственное предприятие

私人企业——частное предприятие

乡镇企业——поселково-волостное предприятие

股份制企业——акционерное предприятие

中外合资股份企业——совместное акционерное предприятие

中外合作经营企业——совместное кооперационное предприятие

外商独资企业——иностранное предприятие（предприятие, основанное исключительно на иностранном капитале; предприятие со стопроцентным иностранным капиталом）

了解汉语企业名称的内涵，寻找对等的俄语译名。要想准确地再现企业名称的内涵，译者首先要理解企业名称中各组成部分的含义，然后才能采用合适的翻译策略为企业选择规范的译名。

2）俄语"公司"之辨析

汉语中可用"工厂"和"公司"泛指各种类型的企业，而在俄语中由于企业的规模、类别、结构、职权范围等因素不同，就可能有不同的表达方法。如俄语中表示"工厂"的有"завод"和"фабрика"，而表示"公司"的有"объединение, фирма, компания, комбинат, ассоциация, корпорация, общество, товарищество"等等。因此，翻译时译者要深入细致地了解该企业的实力、结构，慎重、恰当地为其选择译名，力求名副其实。下面介绍一下俄语中表示"公司"词语的内涵。

объединение——多指国家部委所属、有涉外权和独立法人资格、较为大型的组织机构。

фирма——指贸易或工业公司，一般为объединение的下属业务部门，不具有法人资格。

компания——指从事商业、贸易、工业、建筑等业务比较单纯的机构，一般为独立法人，但不具有专营权。

комбинат——指不同门类的工业企业在技术、动力、经济组织等方面紧密结合的综合体，其中一企业的产品为另一企业的原料或半成品。

ассоциация——指各个企业横向联合组成的多功能综合公司。

корпорация——一般指跨国垄断集团公司。

общество, товарищество——表示"公司"之义已属古旧词，但现在依然运用较为广泛，一般多用其固定结构"акционерное общество（товарищество）с ограниченной ответственностью（股份责任有限公司）"。其中有包括"закрытое акционерное общество（акционерное общество закрытого типа）（封闭型股份公司，指公司股票不公开出售）"，"открытое акционерное общество（акционерное общество открытого типа）（开放型股份公司，指公司股票对外公开出售）"。

3）汉语企业名称的翻译

了解俄语企业名称的结构，选择企业名称的最佳译名。我国企业的名称可能包含企业注册所在地的行政区划、企业的商号、企业的生产对象或经营范围和企业的组织形式等四个方面的因素。一般情况下企业注册地名称采用音译＋意译；企业的商号多采用音译，国际知名企业也可直接借用其英文译名或英文缩写，也有一些企业的商号可使用意译方法译出；企业的生产对象或经营范围一般用形容词词组作一致定语、二格名词或前置词词组作非一致定语来予以限定；企业的组织形式则采用意译方法译出。如：

西安绿谷制药有限公司——ООО "Сианьская фармацевтическая компания 'Зелёная долина'"（企业注册地名称采用音译＋意译，企业的商号采用意译方法译出）

海尔集团——Корпорация Хайэр（Haier）（企业的组织形式使用意译方法，企业商号用音译或借用英文名）

中国石油化工集团公司——Китайская нефтяная и химическая корпорация（Sinopec）（用形容词作一致定语，限定企业的经营范围）

陕西煤业化工集团有限公司——ООО "Шэньсийская корпорация угольно-химической промышленности"（用二格名词作非一致定语，限定企业的经营范围）

中核陕西铀浓缩有限公司——ООО "Шэньсийская компания по обогащению урана при Китайской государственной корпорации ядерной промышленности（CNNC）"（前一个前置词结构用来限定企业经营范围，后一个前置词结构用来表示企业的归属关系）

2. 产品品牌的俄译

汉语中的产品品牌在俄译时，一般根据其构成可相应的采用音译、意译、音意合译、形意合译等译法。目前纯粹的音译在汉译俄实践中还用得很少，因为中国企业、产品的知名度不高，不及"麦当劳（Макдональдс）""松下（Панасоник）""西门子（Сименс）""美孚（Мойбил ойл）""三星（Самсунг）"等名牌，由于这些品牌已名扬天下，仅用音译即可。我们相信，随着我国经济的发展，企业实力、产品质量的提高，对外广告宣传力度的加大，在不远的将来在我国也会出现一些闻名于世的名牌企业或名牌产品。

产品品牌外译时要遵循的原则是：字句通俗，不晦不涩，行文通顺，言简意赅，引人注目。"字句通俗"旨在面向广大消费者；"不晦不涩、行文通顺"旨在使消费者能顺利地理解所表达的信息。如果行文不通，那么用户就会困惑不解，就会对产品宣传的严肃性产生怀疑，进而就会不信任产品的质量。"言简意赅"是为了提高宣传的效果。若企业名称或产品品牌的译名过长，不管是在视觉还是在听觉上都会使消费者产生厌烦，最后影响的还是宣传效果。我们不妨比较下面译例：

"长岭冰箱"——宜译为 холодильник марки "Чанлин"（音译），不宜译为 холодильник марки "Длинная гора"（意译）。因为 Чанлин 比 Длинная гора 要简洁得多。

"505 元气袋"——宜译为 Пояс 505（意 + 形译），不宜译为 Пояс пятьсот пять（意译）。因为作商标的"505"已不表示纯粹数字，"505"已是充当一种符号，一种整体形象。

"熊猫彩电"——宜译为 телевизор марки "Панда"（意译），不宜译为 телевизор марки "Сюнмао"（音译）。虽然 Панда 与 Сюнмао 音节近似，但是"Панда（熊猫）"是中国和俄罗斯读者都喜欢的一个动物形象，用意译自然比音译更妙一些。

针对译名翻译严复有句名言："一名之立，旬月踟蹰"。从这一经验之谈中可以看出译者在选择译名时的责任心和工作的艰辛。企业名称和产品品牌的翻译是一个很重要的问题，其译名一旦确定便会固定下来，在以后的对外宣传中、在以后企业的合作文件中会反复使用，所以译者需要认真斟酌。翻译时译者首先要对原语企业名称和产品品牌的内涵有一个较深的理解，其次在表达时要力争译名准确，用语通俗易懂，能照顾到译语在表达企业名称和产品品牌时的用词习惯、语法结构、社会文化环境和群体心理状态。

第四节　对外招商引资项目翻译

经济全球化的一个显著的标志就是市场和资金流动的全球化。为了促进地区和企业的发展，我国的地区政府和企业不但"走出去"，而且"引进来"，扩大对外开放，积极对外投资，主动招商引资。而本节所研究的对外招商引资项目（инвестиционные проекты）乃是我国地方政府和企业利用可支配的资源（经济要素）谋划对俄语国家对外招商引资的项目。对项目文本进行翻译宣传，其目的是吸引俄语国家投资者，刺激其投资欲望，促成投资者完成投资行为，进行生产经营活动，为政府和企业带来经济效益，促进地区和企业的发展。虽然对外招商引资起决定作用的是项目本身所包含的相关政策法规、资源、环境、经济效益等因素，但是对外招商引资项目的翻译是一个不可忽视、不可掉以轻心的环节。若翻译环节出了问题，如译者不了解相关专业的知识、工作随意和翻译策略使用不当，那么项目其他方面的条件再好，投资者也难以获得准确的信息，对他们就产生不了政府和企业所期待的刺激作用。自然而然，招商引资的效果就会大打折扣，有时甚至会有损于政府和企业的形象，所以我们认为有必要加大对外招商引资项目的翻译研究。

1. 俄语招商引资项目文本的语体归属及特征

一个有前景的招商引资项目必须通过项目发起人主动地对外宣传推介（презентация）才能引来投资人，最终产生经济效益。政府和企业为了寻求国际合作，经常会通过各种方式、各种平台宣传政府和企业的招商引资项目，如常见的推介方式有：利用出国考察进行项目推介、利用接待国外团队进行推介、利用互联网等现代媒体进行推介、利用传统媒体资源进行推介、借助友好城市关系进行推介、依托举办各种节会进行项目推介。政府和企业借助这些平台宣传自己的特色优势、资源优势、区位优势、环境优势、人才优势、企业优势、产品优势、理念优势等等，以达到吸引国外政府、企业、投资个体，获取预期的商业效果。为此，对外招商引资项目文本除了能提供招商引资项目的基本信息（即科仁娜所谓的信息功能〈информативная функция〉）外，其文本还得具有一定的宣传鼓动效力（即科仁娜所谓的感染功能〈воздействующая функция〉，英国翻译理论家纽马克称之为呼唤功能，美国语言学家雅各布森称之为意动功能，德国心理学家布勒称之为诉求功能，德国翻译学家诺德称之为操作功能。虽说各位学者对这一功能所使用的术语有所不同，但其内容无实质性的区别）。基于对外招商引资项目文本所具备的信息功能和感染功能，我们可以确定该文本在俄语中属于报刊语体。报刊语体的两大主要功能不是孤立存在的，"报纸的报道功能和感染功能是有机地紧密相连的。在信息的报道中渗透着感染。"（白春仁等，1999：190）

报刊语体有不同的体裁，文本的体裁不同，文本功能就有所差异。俄罗斯修辞学家 M.M.科仁娜（1982:250）认为，报刊语体的功能除了信息功能、教育功能、组织功能、消遣功能外，"在语言修辞中表现得最为直接的功能，是宣传—报道功能，其中侧重点在于感染的功能上。"这就证实报刊语体的功能常常不是单一的，关于这一点纽马克曾经说过，"很少有文本是纯一种功能的，大部分文本都是以一种功能为主而其他二者兼而有之"。（贾文波，2004：159）诺德也提出过类似的观点——"除一些纯粹寒暄用语或寒暄言语外，几乎没有文本的功能是单一的"。（诺德，2005:58）

根据以上论述，作为报刊语体体裁之一的招商引资项目文本自然而然具备信息功能和影响功能，下文中我们对俄语招商引资项目文本的两大功能及其具体表现形式予以分析研究。

1）招商引资项目木文本的信息功能

招商引资项目文本的信息功能"体现在另一些特点上——同表现语言的理性方面联系的一些特点上。这一方面的语体特点就是：确凿性，这表现为叙述的客观性和有可靠根据。"（科仁娜，1982:254）俄语的招商引资项目文本的信息功能突出，重在用事实说话，意在以理（如项目的理念）服人，以"利"（如项目的预期经济效益）动人。在政府、企业的项目介绍时力求突出项目在各方面的竞争优势，做到信息准确、言之有物、客观可信，忌讳用语夸张浮华、言而无据、过分渲染。如：

① Проект создаётся на территории центральной Якутии, в 33 км от города Якутск, на левом берегу реки Лена, на природно-ландшафтном парке "Мэ-чэ-сисэ", общей площадью 5,9 тысячи га.

　　该项目将建在雅库特中部地区，距雅库茨克市33公里，位于勒拿河左岸的"梅切—希赛"自然景观公园内，总面积5900公顷。

可以看出，本例中没有主观性太强、彰显情感的词句，因为其目的在于向宣传对象客观具体地报道事实。同时句子描写精准，数据详实，语气平稳、句序规整、句子结构严谨完整。

语句"严谨、郑重，以此显示事实、消息的重大意义；这一特点除了表现在语言的称名性质上"（科仁娜，1982:254）以外，还表现在文本中句子各成素关系紧密、句式结构严谨和篇章层次分明上。如：

② Основная цель проекта: строительство производственного комплекса по глубокой переработке сои – крупного высокотехнологического предприятия, реализующего стационарные многоступенчатые биохимические процессы, связанные с выделением из сои беловых комплексов.

　　项目的主要目标：建设大豆深加生产工综合体——采用定态多级生物化学生产流程从大豆中提取蛋白复合体的大型高科技企业。

本例中大量使用名词（动名词）凸显该文本的称名性特点，以此来表达文本的郑重性，此外还使用二格名词、形动词、前置词，使句子各成素衔接紧密。

另外，文本"叙述在一定程度上具有概括性、抽象性和概念性"（科仁娜，1982:254-255），之所以具有这一特点是因为招商引资项目文本主要涉及科学技术和经济贸易方面的内容。如：

③ Создание импортозамещающих производств *стройматериалов* и *стеновых панелей* для *быстровозводимого домостроения* (**строительство** *домостроительного комбината* по **производству** *термоструктурных панелей* и *пенополистирольных изделий*)

　　建立建材生产业，生产搭建活动房所需建材和预制墙板的进口替代产品（建设生产热结构板及聚苯乙烯泡沫塑料制品的房屋建筑公司）。

本例中没有形象的描述，没有表现力强的词语，只是一些建筑行业的专业术语的堆积，从而体现了招商引资项目文本的概念性和抽象性。与报刊语体的其他体裁相比，招商引资项目文本所指向的读者群是政府代表、企业家、投资人等专业人士，所以该文本在表达上力求"绝对准确、以事实为根据的准确性，它表现在语言的术语化上，表现为术语很少有隐喻的用法，广泛使用专业词汇。"（科仁娜，1982:254）可见，招商引资项目文本中大量使用技术和经济类词汇的原因就在于此。

2）招商引资项目文本的感染功能

虽说信息功能是招商引资项目文本的基本功能，但是招商引资项目文本最侧重的、最直接的、最终的功能是感染功能——刺激和鼓动潜在的政府单位、企业、投资人参与项目合作，实现项目的经济效益。虽说招商引资项目文本中对潜在投资者感染力最强莫过于项目所包含的政策优惠、资源优势、地理位置、人才优势、经济效益等方面的信息，但是为了更好体现招商引资项目文本的宣传和感染功能，招商引资项目文本也可具有一定的表现力和鲜明的程式化。

俄语报刊其他体裁的表现力体现在语言的"生动活泼，褒贬鲜明，为读者所喜闻乐见"，依赖于"不仅仅是狭义的语义辞格句法辞格的运用，还应包括通过生动、鲜明的描写，动态和有力的议论等手段的有机结合来得到充分的体现。"（白春仁等，1999：198）富有表现力的手段在报刊的不同体裁中使用的程度不尽相同，受其内容的影响和限制，招商引资项目文本的语言表现力手段有自身的特点。为了加强文本的感染力，该文本中也可适当地使用一些带有评价色彩的词语，如用来说明项目性质的有褒义色彩的形容词和名词、表示最高评价的词语等。如：

① Реализация проекта по созданию особой экономической зоны в Республике Бурятия предполагает строительство *всесезонного* курорта *мирового уровня* с *высокоразвитой* инфраструктурой, *крупнейшим* горнолыжным курортом на востоке России, *крупными* центрами SPA-терапии и тибетской медицины.

实施在布里亚特共和国建设经济特区的项目，计划修建全年适用的世界级疗养地，该疗养地具备非常发达的基础设施、俄罗斯东部最大的高山滑雪疗养地、若干大型SPA-理疗和藏医中心。

② Конкурентные преимущества проекта:
– *уникальные* географические условия;
– *удобная* транспортная локализация;
– наличие *свободных* площадок для строительства;
– *преференциальный* режим предпринимательской деятельности

项目的竞争优势：
——独特的地理条件；
——便利的交通区位；
——有闲置的建设用地；
——优惠的创业机制。

适当地使用有评价色彩的词语可以提高语言的表现力，但是为了客观地传达招商引资信息，招商引资项目文本中很少使用报刊等其他体裁中旨在加强语言感染力和宣传效果的带形象色彩和感情色彩的词语、灵活多样的句式和各种富于形象性和鼓动性的辞格（如比喻、排比、层递、对偶、设问、反问、引用等）。

3）招商引资项目文本——科技语体与事务性语体的融合

科仁娜曾经指出，"一段话或一部完整的巨著，可能并不一定以纯粹、严格、完整的形式体现出某一功能语体的特点；它可能是某种多层次的修辞现象，这是由于各语体相互影响的结果，更重要的是因为它反映了某种分语体和某中体裁的特点。"（科仁娜，1982:213）俄语报刊语体这一方面的情况如何？根据白春仁教授（1999：198）等人的研究，"不同语体的语言手段在报纸的不同体裁中运用的程度也不相同。"作为报刊语体体裁之一的招商引资项目文本，由于受其交际对象、交际目的、交际内容、交际方式等的限制，该体裁在术语使用方面地道规范，在内容表达方面客观准确，在句子段落衔接方面逻辑关系紧密、层次鲜明。因此可以说，招商引资项目文本在表现方式上更接近于科技语体和事务性语体，科技语体和事务性语体的语言手段在其中并存。如：

① Создание комплекса наукоёмких производств высокотехнологичных материалов для полупроводниковой промышленности, солнечной энергетики, микро- и оптоэлектроники и других отраслей.
建设科技密集型产业集群，以生产半导体、太阳能、微电子、光电子等工业用的高新技术材料。

② Капитальные затраты на проект составят свыше 20 млрд. рублей, из которых уже инвестировано 4 млрд.
项目基本建设费用总计超过200亿卢布，其中已投入40亿资金。

在同一个文本中，如果说前一个例子带有明显的科技语体的特征，那么后一个例子则是典型的事务性文本用语。

4）招商引资项目文本的程式化

招商引资项目文本是在中国和俄语国家政治经济发展过程中出现的一种新现象、新体裁。为了适应招商引资活动的需求，招商引资项目文本也寻求加强表现力手法，招商引资项目文本的语言另外一个与表现力有联系的基本语体特点就是它的程式化及由此而产生的招商引资项目文本的固定用语。受交际任务、交际对象、交际内容和交际条件的限制，招商引资项目文本在发展过程中迅速程式化。这些程式化的语言手段方便交际双方，从招商引资项目的发起人来说，使用程式化的语言可大大提高文本编制的效果；从招商引资项目潜在的投资方来说，程式化的语言能大大提高获取必要信息的速度，使他们迅速、有效地获取感兴趣的投资信息。

招商引资项目文本中大量选用科技语体和事务性语体的固定用语，科技用语的例证前文已多次出现，在此不再列举，而其中经常使用的经贸用语有 срок реализации проекта（项目实施期限），экономические показатели проекта（项目经济指标），инициатор проекта（项目发起人），первая очередь проекта（项目一期），дисконтированный срок окупаемости（折现回收期），чистый приведённый доход（净现值）（NPV），внутренняя норма рентабельности（内部收益率）（IRR）等等。此外招商引资项目文本还形成了一套特有的固定表义结构，在汉译俄时要注意套用俄语对应的表义结构。如：

① В рамках проекта *предполагается* строительство следующих объектов:
在项目框架内现拟建以下项目：

② Производство товарной продукции *планируется* начать в 2017 году.
计划2017年开始进行商品生产。

③ Проектом *предусматривается* дальнейшее развитие и ввод второй очереди комплекса за счёт строительства следующих основных инфраструктурных объектов в 2017-2018 гг.:
该项目还计划进一步发展，于2017年至2018年开始建设第二期工程，包括以下重要基础设施工程：

④ С 2010 года Кластер *представлен на* Гонконгской *фондовой бирже* под брендом IRC.
集团于2010年在香港证券交易所挂牌上市。

招商引资项目文本语言的程式化除了体现在词汇、词法、句法手段方面以外，还"表现在诸如篇章结构、语义结构及印刷手段、版面设计等方面"。（白春仁等 1999：207）招商引资项目文本的印刷手段、版面设计不是本节研究的对象，而文本的语义结构和篇章结构在下文中将结合招商引资文本的翻译予以研究。

2. 汉语招商引资项目文本的俄译

招商引资项目文本在其产生、发展、完善的过程中形成了自身的特点，为了便于交际也形成了该文本的体裁规范。究其实质，"体裁规范是交际活动标准化的结果。当某种文本在某种情况下重复使用，其功能或多或少相同，这种文本就获得了常规形式，这些形式有时甚至会上升为社会规范。因此语篇体裁常规和规范在文本创作（作者若想实现交际意图就必须遵循常规）和文本接受（接受者就必须从文本的常规形式推断出作者的意图）两方面都发挥着重要的作用"。（诺德，2005:69）具体到我们的招商引资项目文本的汉译俄，为了使招商引资项目的俄文译本成为俄语中的一个典型的体裁，为了使俄语接受者能迅速识别并能准确地接受项目文本中的信息，译者翻译时就必须了解俄语招商引资项目文本的体裁规范，译文的遣词、造句、谋篇必须遵循俄语招商引资项目文本的体裁规范。

为了对汉语招商引资项目文本的俄译研究做铺垫，我们在前文结合俄语报刊语体对俄语招商引资项目体裁的语言特征进行了分析研究。招商引资项目的俄译文本"要实现预期的功能，译文应该依循相应文本类型与行文风格，采用正式的表达方式"。（诺德，2005:80）这样译文才能适合俄语读者的习惯，利于俄语读者的理解和接受。招商引资项目文本有其相对固定的读者群，如政府代表、企业家、投资人等，他们都是一些职业人士，在招商引资项目文本的俄译本中要融入科技语体和事务性语体在词汇、词法、句法和篇章层面的成素。同时翻译时要"用海外读者乐于接受的方式、易于理解的语言"（习近平，2015），多使用一些招商引资项目文本相沿成习的套语和固定程式，这样一来业内人士一看就明白，方便招商引资领域人士的交流。为了使招商引资项目文本的俄译更规范得体，"在语言程式、体例，甚至在某些部分的用词方面，译者常是遵循传统的规矩，按定型或基本定型的程式或句式模式进行翻译。"（方梦之，2002:176）

1）招商引资项目文本翻译中的词汇问题

术语的翻译。前文说过，招商引资文本在内容和表现方式上都更接近于科技语体和事务性语体，那么其中会使用大量的具有极强专业性的科技和商务方面的术语，这就要求译者多使用相关专业的参考书和工具书，一般情况下常用的术语在现有的工具书中都可以找到对等的译文。而一些新的术语我们可借助网络词典和搜索引擎，使用"汉语→英语→俄语"模式"曲径通幽"。在具体的翻译实践中我们发现，"较之传统纸质工具书，网络在线查询要方便快捷得多，从而使译者节省了大量时间和精力。网络信息资源的增长速度快、更新快，避免了一些纸质工具书出版之日也就是工具书落伍之时的尴尬局面，一些在传统纸质参考书和工具书中难以查到的新词汇及其用法和译法在网络资源中大多可以找得到"。（安新奎，2011：28）招商引资项目文本中涉及的科技领域难以确定，科技方面的术语种类庞杂繁多，有关其译法国类研究的成果也很多，所以我们在本节中不再赘述。而在招商引资项目文本中有关商务方面的专业用语比较固定，译者要熟知其俄语中对应的表达法。如：项目实施期限（срок реализации проекта），项目理念（идея проекта），项目产能（мощность проекта），项目内容（состав проекта），项目目标（цель проекта），项目任务（задачи проекта），项目效益（эффективность проекта），项目经济指标（экономические показатели проекта），投资额（объём инвестиции），投资项目参与方（участники инвестиционного проекта），项目发起方（инициатор проекта），项目投资方（инвеститор проекта），已到位资金（фактический вложенный капитал），合作形式（форма сотрудничества），经济效益（экономическая эффективность），特许经营（франчайзинг），外包（аутсорсинг），合资（совместное предпринимательство），合作生产（производственная кооперация），自筹资金（самофинансирование），股份制（акционирование）等等。

招商引资项目名称的翻译。招商引资项目的名称如同报刊新闻的标题，在表述时都要求言简意赅、用语规范、点明主题、吸引眼球。"为了增强标题的表现力，报刊政论语言除了使用词汇修饰手段外，更主要的还是借助丰富多样的句法结构，如称名结构、简略结构、冒号结构，及富有表现力的句型。"（吕凡等，1988：157）而招商引资项目文本的标题只能使用名词性结构，不宜使用感叹句、简略句、设问、反问、逆词序、明喻等富有表现力的句式。招商引资项目文本的标题措辞严谨、描述精确，意在突出招商引资项目的客观性和可信性。众所周知，要吸引潜在的投资者和合作人，靠的是项目自身和项目可能产生的经济效益，而不是项目标题用语的文采华丽或字词组合的多变怪异。翻译时译者要注意的是如何才能准确地表达招商引资项目标题所含的语义要素。如：

① "创新工业园区" ——"Парк индустриальных инноваций"
② "西安国际内陆港综合投资项目" ——"Комплексный инвестиционный проект создания международного внутриконтинентального порта в г. Сиань"
③ "宝鸡市太白山欢乐谷项目" ——"Проект по строительству туристско-рекреационного комплекса 'Весёлая долина' в горах Тайбайшань г. Баоцзи"
④ "LED工业园建设项目" ——"Создание промышленного парка по производству LED"

通过对以上汉、俄招商项目标题的对比我们可以看出，俄语译文的标题均使用名词或动名结构，术语使用准确，标题各语义成素之间的修饰限定关系明确，词组组合合乎语法规范，整个标题行文地道，完全符合俄语招商引资项目体裁的标题规范，况且项目内容使人一目了然。

项目参与方（企事业单位）名称的翻译。企业名称是由字词组成的语言符号，承载着本企业的生产、经营和文化等方面的信息。公司名称对一个企业将来的发展而言是至关重要的，因为公司名称它不仅关系到企业在行业内的影响力，还关系到企业所生产的产品投放市场后，消费者对该企业的认可度。企业要想把企业的产品或服务推销出去，首先就要把自身推销出去。

翻译时还需注意的是，俄语和汉语中企业组织形式的表达是不同的。"汉语中可用'工厂'和'公司'泛指各个类型的企业，而在俄语中由于企业的类别、规模、结构、职权范围等因素不同，就可能有不同的表达方法。如俄语中表'工厂'的有'завод'和'фабрика'，而表'公司'的则有'объединение, фирма, компания, комбинат, ассоциация, корпорация, общество, товарищество'等等。因此翻译时译者要深入细致地了解该企业的实力、结构，慎重地为其选择译名，力求名副其实。"（安新奎，2000：23）关于如何准确地为汉语"公司"选择俄语译名，我们已在本章第二节"企业名称及产品品牌翻译"已详述，在此不再赘述。一个成功的企业名称的译名可以体现企业的内涵和企业的文化，这是一个无声的招牌，是企业参与国际市场的通行证，可以为企业打开国外市场，销售更多的产品和服务，吸引更多的投资者和合作人。

招商引资项目文本中会涉及不同专业的术语、行话，这有可能是五花八门的科技术语、相沿成习的商务行话。译者除了具备一定的双语的驾驭能力和熟练地掌握双语的转换技巧外，必须对招商引资项目文本中所涉及的专业知识有所了解。只有这样，才能使自己的译文用语地道，不说外行话。

2）招商引资项目文本翻译中的词法问题

招商引资项目文本受其内容专业性较强所影响，其词法在很大程度上也接近于科学语体和事务性语体，如文本概念多、对项目的描述多，文本称名性强，所以多使用名词。文本中动名词使用的频率也不低，其目的在于语句表达意义更概括、紧凑；二格名词、形动词、前置词（复合前置词）、连接词使用较多，其目的在于是对项目文本中事物或现象的关系的描述更严谨和紧凑一点，使文本语言更具逻辑性一些；和项目文本特点相适应的形容词、动词不定式和带-ся动词也不少。如：

为了更加有效的开发华清池及其周边地区，发展做大华清池旅游，进一步提升华清池在全国、全世界的知名度和影响力，进一步提升我省温泉旅游的市场价值和经济效益，计划在2004—2006年期间在占地58亩的地段上建成以温泉沐浴为龙头，集"吃、住、行、游、购、娱"为一体的综合性温泉旅游区

В целях более эффективного освоения термальных источников Хуацинчи и примыкающих к ним районов, развития и расширения туризма на территории источников Хуацинчи, увеличения их популярности и авторитета внутри страны и за ее пределами, повышения рыночной стоимости и экономического эффекта от туризма в нашей провинции планируется в 2004-2006 гг. на территории 3,87 га создать на основе термальных источников высококачественную комплексную туристическую зону, сочетающую купание, питание, проживание, трансфер, путешествие, покупки, отдых и развлечения.

可以看得出，在译文中我们在前文所列举的招商引资项目文本的词法特点均有所体现，译文在词法层面完全符合俄语招商引资项目文本的体裁规范。

3）招商引资项目文本翻译中的句法问题

招商引资项目文本的俄语译文除了词汇、词法外，在句法上也同样接近于科技语体和事务性语体。招商引资项目文本在句法方面以书卷语句法手段为基础，如积极使用多成素词组，从而使简单句复杂化，句子结构更紧凑，表述更严密准确；多使用被动结构、动词不定式；词序为正词序等，招商引资项目文本的这些句法特征在上例中也同样清楚地表现出来。

此外，招商引资项目文本中有自己相沿成习的程式化的表义结构，如表示项目组成的、项目前景的、项目产能的、项目资金的、项目作用等方面的程式化的语句。在招商引资项目文本中这些语句比较典型，其使用频率也比较高，程式化的特点也比较明显。如：

① 住宅区有高层楼群（最高至30层）、不高于3层的低层住宅组成，舒适程度各有不同（有精品房——经济房多种等级）。

Застройка *состоит из* секционных жилых домов разной этажности （до 30 этажей） с преобладанием малоэтажной застройки до 3 этажей разного уровня комфортности （от элит- до эконом-класса）.

② 拟建社会文化及市政设施。

Предусматривается строительство объектов социально-культурного и коммунально-бытового назначения.

③ 在项目框架内拟建以下项目：

В рамках проекта *предполагается* строительство следующих объектов:

④ 项目计划组建冶金企业集团，对当地铁矿石原料进行深加工。

Проект *предусматривает* создание кластера металлургических предприятий, связанных с глубокой переработкой местного железорудного сырья.

⑤ 经济区总面积为6000公顷。

Общая площадь территории особой экономической зоны *составляет* 6000 га.

⑥ 项目基本建设费用总计超过50亿元，其中已投入10亿元资金。

Капитальные затраты на проект *составят* свыше 5 миллиардов, из которых уже инвестирован 1 миллиард.

⑦ 计划到2018年达到设计产能。

Выход на проектную мощность *запланирован* к 2018 году.

⑧ 该企业将提供超过3000个工作岗位。

На предприятии будет *создано* более 3000 рабочих мест.

⑨ 拟建项目分前后两期。

Создаваемое производство *включает в себя* две последовательные очереди.

⑩ 实施该项目可以：
——满足人们对高质量肉类产品及其副产品日益增长的消费需求；
——降低本地区肉类产品供应中进口产品所占的比重。

Реализация проекта *позволит*:
– удовлетворить растущий потребительский спрос на качественную

мясную продукцию и субпродукты;

– сократить импортную составляющую в обеспечении населения региона мясной продукцией.

⑪ 住宅、餐饮、娱乐、运动等其他项目的建设正在招商之中。

Ведётся поиск инвесторов для участия в строительстве объекта гостинично-ресторанного комплекса и жилых, развлекательных, спортивных объектов.

4）招商引资项目文本翻译中的篇章问题

招商引资项目文本的俄译本在篇章结构方面也表现出比较强的程式化特点。一般情况下俄文招商引资项目的篇章结构由项目名称、项目实施期限、项目理念、项目内容、项目经济指标、项目参与方、联系方式等板块组成。而汉语的招商引资项目文本则由项目类别、项目名称、承办单位、项目内容（包括项目位置、项目背景、建设内容、投资优势、投资效益、投资总额、项目进展）、合作方式、联系方式等板块组成。二者对比可以看出，汉语和俄语的招商引资项目文本内容从整体上看没有多大的区别，只是一些板块的名称、板块的位置、板块所涉及的部分内容不同而已。

面对两种语言同一体裁存在的篇章结构差异译者该如何应对？我们认为，在具体的翻译中"译者可以根据翻译的目的和类型来决定是复制原文还是对原文进行调整。有些翻译任务要求译者必须原封不动地复制原文的常规，而有些则要求译者按照译语文化标准进行调整。"（诺德，2005:69）翻译时要注意汉俄招商引资项目文本在篇章上的差异，准确地把握汉语招商引资文本的信息结构及内容，对汉语招商引资项目文本的信息进行筛选并对文本的结构进行调整，表达时要借用俄语招商引资项目文本的习惯用语、格式和规范，以适应俄语读者的阅读习惯，进而取得项目最佳的宣传效应。如：

项目类别	住宿和餐饮
项目名称	财富酒店项目
项目单位	西安曲江楼观道文化展示区管理办公室
项目内容	**承办单位简介**：西安曲江楼观道文化展示区管理办公室系西安曲江新区管理委员会的常设派出机构，受周至县人民政府委托授权，在项目规划区内行使发展改革、外经外贸、招商引资、规划、建设、绿化、市政建设、国土资源及房屋管理、财政财务管理、编制、人事、外事、监察、审计、市容环境卫生、社区管理等相关县级管理权限。 **项目内容**：西安周至楼观财富酒店西临财富文化景区，置于财富文化商业街最北端，按照国际四星级酒店标准设计建造，融合现代建筑理念与绿色生态元素，着力打造周至楼观地区全新定位的商旅休闲、会议居停核心平台。酒店占地面积6780平方米，总建筑面积约42941.2平方米，拥有248间各式标准间及套房,14间独具风格的餐饮包间及数个设施完备的会议室、宽敞大气的宴会大厅。 **合作方式**：合作开发 **投资效益**：项目建成后，预计可实现年收入xxx元，年均利润xxx元，回收期xxx年。
投资额（人民币万元）	XXX 万元
联系方式	1. 联系人：xx. 2. 通讯地址：xx. 3. 邮政编码：xx. 4. 电话：xx. 5. 传真：xxx 6. 电子信箱：xxx

Проект: "Строительство гостиницы 'Фортуна'"

Идея проекта: Гостиница "Фортуна" расположена в селе Лоугуань уезда Чжоучжи г. Сиань, в северной части торговой улицы "Фортуна", примыкая с запада к культурно-ландшафтному парку "Фортуна". Проект удовлетворяет международным стандартам 4-звездочных отелей, интегрирует современную архитектурную концепцию и экологические элементы и направляет усилия на создание основной платформы для нового позиционирования делового и развлекательного туризма в селе Лоугуань уезда Чжоучжи.

Состав проекта: Общая площадь гостиницы 6780 кв.м., общая площадь застройки – 42941,2 кв.м., в гостинице расположено 248 стандартных номеров и апартаментов, 14 отдельных обеденных залов в оригинальном стиле, несколько полностью оборудованных конференц-залов и большой банкетный зал.

Форма сотрудничества: совместное освоение

Эффективность капиталовложений: После окончания строительства планируется ежегодный доход в объеме _____ юаней, среднегодовая прибыль – _____ юаней, срок окупаемости – _____ лет.

Участники инвестиционного проекта:

Инициаторы проекта: Дирекция демонстрационной зоны даосской культуры Лоугуань, правительство уезда Чжоучжи.

Инвесторы: Административный совет нового района Цюйцзян

Контактная информация:

Контактные лица:_____

Почтовый адрес:_____

Почтовый индекс:_____

Телефон:_____

Факс:_____

Электронная почта:_____

原文和译文在内容和结构上有一定的差异，"通过原文和译文之间的比较，我们可以清楚地知道，原文中哪些信息或语言成分应该原封不动的保留，哪些应该根据翻译意图进行调整。"（诺德，2005:82）在俄语译文中我们对汉语信息进行了相应的筛选和整合，篇章结构也发生了一些变化，如原文中一些板块的次序作了调整，使之更加符合俄文招商引资项目文本的体裁规范和俄语读者的阅读习惯。原文中承办单位简介板块在译文中被略去，其原因在于汉语原文中这些信息是说给中国人听的，翻译时要注意内外有别。如果译者不加取舍、一味照搬译出，就会使译文内容主次不分、轻重失衡，不合乎俄文招商引资项目文本的体裁规范，达不到应有的宣传效果。总之，在翻译招商引资项目文本时译者要把握住该文本的具体功能，根据该文本的文体和体裁方面的要求，采用相应的翻译策略，使汉俄文本功能对等，达到项目宣传的效果。

招商引资项目文本的翻译一定要遵循俄语的文体和体裁规范，因为"每种文体都有某些遣词造句上的常规。要想整篇得体，必须使译文的词、词组、句子以至段落得体。从等值概念上讲，只有在词、词组、句子、段落等深层等值和文体等值的基础上，才能最终达到篇章的等值，所以篇章的得体，根植于各语言平面的得体。"（方梦之，2002:193）汉语招商引资项目文本的译文只有做到在俄语中各语言平面的得体，译文才能符合俄语读者的阅读习惯，才能易于激发他们的阅读兴趣，最终产生投资合作意愿，完成招商引资项目对外宣传的任务。

第六节　文本功能与会展翻译

随着经济全球化，我国与世界各国的联系更加密切，而随之国内会展业（выставочно-ярмарочный бизнес）也蓬勃发展。各地通过举办大型国际会议（论坛）、交易会、博览会、展览会、展销会等活动加强国际交流与合作。近些年来，特别是"一带一路"战略构想的提出，我国与俄语国家会展合作必将越来越密切。这些会展作为我国与俄语国家交流和合作的平台，为我国与俄语国家传递了各种各样的信息，促进了相互投资和融资，扩大了商品的交流和流通，产生了很大的辐射影响和带动作用。国际会展的组织者和参展者需要依靠各种不同功能的文本进行沟通、交流、协作和操作。为了使这些国际会展能顺利有效地举行，会展承办方必须给国外参展商提供准确的各类会展文本的译文，唯有高质量的翻译，方可保证参展人员相互有效地沟通和理解。

1. 文本类型、文本功能及其翻译

语言学家和翻译学家很早就注意到文本的多样性及各自不同的功能及其翻译的策略。俄罗

斯翻译家 А.В. 费多罗夫（Фёдоров），把翻译文本分为三大类：1）报刊信息文本，公文和专业学术类文本（тексты газетно-информационные, документальные и специальные научные）；2）政论作品（произведения публицистические）；3）文艺作品（произведения художественной литературы）。他分析了不同文本的内部特征及其相互联系，指出了翻译的任务在于如何处理各类体裁材料的修辞问题，具体地说，修辞问题的处理在于对词汇和语法手段进行选择。这一方面取决于原文总的意图及体裁，另一方面，又要遵守译文语言中相应的体裁规范。（Фёдоров，1958：222-228）

俄罗斯翻译家 В.С. 维诺格拉多夫（Виноградов），根据语言的功能以及语言和言语的风格把翻译文本分为六大类：1）口语文本（разговорные тексты）；2）公文事务文本（официальные тексты）；3）社会信息文本（общественно-информативные тексты）；4）科技文本（научные тексты）；5）文学文本（художественные тексты）；6）宗教作品（религиозные сочинения）。他认为翻译文本的体裁风格和功能复杂多样，了解所要翻译的文本类型对译者是非常重要的，文本的类型决定着对待翻译的态度和要求，影响着翻译方法的选择，决定着译文和原文的等值程度。译者的任务和目的取决于他所翻译的对象，每种文本体裁都有其各自的翻译规律性。（Виноградов，2006:15-18）

德国功能翻译学派的代表人物赖斯（Катарина Райс）根据德国心理学家布勒（Карл Бюлер）语言功能观点，提出三大功能文本类型：1）信息型文本（информативный текст; тексты, ориентированные на содержание）；2）表达型文本（экспрессивный текст; тексты, ориентированные на форму）；3）诉求型文本（апеллятивный текст; тексты, ориентированные на обращение）。他认为，在翻译信息型文本时译者要确保信息内容的不变性，要做到准确、完整地再现原文的内容；在译文语言表达方面译者应该完全遵守译文语言规范，使读者所获的信息是以读者所习惯的方式来表达。在翻译表达型文本时译者的任务首先在于表达原文的美学效果。不可否认，这类文本本身也表达一定的信息，如果翻译时不保留原作作者的艺术目的或文体形式，那么该类文本便失去其特质，自然而然就对读者产生不了相应的美学效果。在翻译诉求型文本时译者应考虑到，这类文本除了以一定的语言形式表达信息外，此类文本还追求达到一定的目的和一定的语言外效果。这时译文文本的内容和形式应以获取文本预期的超语言效果为准则，即对原文的忠实首先是在能否达到原文作者希望达到的那种效果、译文能否保留原作中所含的诉求性。因而相较之其他文本，在翻译祈使型文本时为了达到译文读者的同等反应这一总体目标，译者可以适当地偏离原文的内容和文体特征。

英国翻译理论家纽马克（Питер Ньюмарк）根据布勒和雅各布森（Роман Якобсон）关于语言功能的论述，在赖斯的"信息型""表达型"和"诉求型"三类文本的基础上，重新把各类文本体裁划分为"表达型文本""信息型文本"和"呼唤型文本"（вокативный текст）三大类。纽马克明确指出，语言的主要功能表现为表达型、描述或信息型以及呼唤、指示或诱劝型，而语言的应酬、元语言和美学功能则为次要功能。他指出，表达型文本的核心是表情达意，作者独特的语言形式和内容应视为同等重要。他提出用"语义翻译"的方法来处理这类文本，即尽可能地使用贴近原语的语义、句法结构将原文语境意义准确表达出来。而信息型文本的核心是语言之外的现实世界，原文作者处于一种匿名的地位。翻译这类文本时应该注重信息传递的效果，所以他建议采用"交际翻译"的手法，其目的在于让译文读者获取尽可能接近原文读者的效果。呼唤型文本的核心是号召读者去行动、去思考、去感受，翻译时重要的是信息传递的效果和读者的情感呼应，为此译者必须顺从译文读者的欣赏习惯和心理感受，尽量使用译文读者所熟悉的语言表达形式，去获得译文预期的效果。（贾文波，2004:53-56）

2. 会展文本的功能及其翻译

会展活动就其本质来说，是一种有组织、有目的、在特定时间和特定空间进行的信息交流活动。会展组织方通过会展搭建信息交流平台，会展组织方和各类参展方利用这一平台进行交流、研讨、洽谈，使各种信息相互碰撞，最终达成共识，产生社会效应和经济效应。为了确保会展的顺利进行，必须借助功能和形式各异的会展文本来进行沟通、协调和调节。在长期的发展过程中会展文本趋于程式化，形成了不同功能的文本。会展文本种类繁多，而在国际会展上译者需要翻译的大多是会展宣传招展类的、参展说明指南类、会展商务契约类、会展事务礼仪类等文本。这些文本的功能有共性，有差异，译者的任务是要准确把握各类会展文本的意图，在译文文本中把这些功能再现出来，确保文本功能的等值。为此，译者必须首先确定一种文本的主要功能，或在同一文本不同部分确定每一部分的语言功能，从而有针对性地采用相应的翻译策略和方法。惟其如此，方可再现文本的功能，使会展组织单位和参展商达到有效与交流。

1）会展文本的信息功能（информативная функция）

会展活动是一种信息汇集、交流、传播的平台。会展宣传招展类的、参展说明指南类、会展商务契约类、会展事务礼仪类的文本的形式虽然不同，但是它们的信息功能的主导地位非常明显。对此奈达先生曾强调指出，在信息传译的过程中"译者必须不惜一切代价地传译信息内容，尽可能避免信息走失或走样。"（谭载喜，1999:218）会展翻译时译者要如实地传递这些文本所表达的信息，即准确地向国外参展商提供有关会展活动的目标、主题、背景、方式、服务项目、各项规定等重要信息，以便国外参展商掌握会展的情况，决定是否参会、参展，或者选择自己需要的服务项目，或者了解作为参展商所应尽的义务和职责。

会展名称的翻译。会展名称浓缩会展会活动的主要信息，常见的会展名称一般包括三个方面的信息内容：基本部分、限定部分和行业标识。例如"第18届中国国际投资贸易洽谈会"，其中基本部分为"洽谈会"，限定部分为"第18届中国国际"，行业标识为"投资贸易"。下面将分别对这三方面的内容及其翻译进行详细说明。

基本部分：主要用来表示会展的形式和特征，经常使用的词有展销会、交易会、展览会、博览会、论坛、会议、"节""周"等等。如：

① 国际新能源汽车产业促进推广周
   Международная *неделя* содействия развитию производства автомобилей на новых источниках энергии

② 国际新能源汽车发展与合作论坛
   Международный *форум* по сотрудничеству и развитию производства автомобилей на новых источниках энергии

③ 中国进出口商品交易会
   Китайская *ярмарка* импортных и экспортных товаров

限定部分：主要用来说明会展举办的时间、地点和会展的性质等方面的内容。

会展举办的时间一般有三种表示方法，一是用"届"来表示，二是用"年"表示，三是用"季"来表示。三种表达方法中"届"最常见，强调会展历史悠久、连续性强。用"年"则一般用来表示刚举办不久或仅举办一届的展会。而"季"则强调会展举办的季节。如：

④ 第二十五届中国哈尔滨国际经济贸易洽谈会
   XXV Харбинская международная торгово-экономическая ярмарка

⑤ 2010年上海世界博览会
   Шанхайская ЭКСПО-*2010*

⑥ 2011年西安世界园艺博览会
   Сианьская всемирная ярмарка садоводства-*2011*

⑦ 春季中国进出口商品交易会
   Китайская *весенняя* ярмарка импортных и экспортных товаров

有时举办会展的地点（城市或地区的名称）也会出现在会展名称中。如：

⑧ 乌鲁木齐对外经济贸易洽谈会（乌鲁木齐中国—亚欧博览会）
   Урумчийская внешнеторгово-экономическая ярмарка （ЭКСПО "Китай-Евразия" в *Урумчи*）

⑨ 上海世界投资博览会
Шанхайская международная ярмарка инвестиций

会展名称中常常会有一些限定会展性质、范围或规模的修饰语，如"国际""世界""全国""地区"等。如：

⑩ 欧亚经济论坛
Евразийский экономический форум

⑪ 中俄博览会
Китайско-российское ЭКСПО

⑫ 中国东西部合作与投资洽谈会
Торгово-инвестиционная ярмарка по сотрудничеству между восточными и западными регионами **Китая**

行业标识：主要用来限定会展的题材或展品范围，行业标识通常是一个产业的名称或者是一个产业中的某一个产品大类。如：

⑬ 中国国际石油石化技术装备展览会
Китайская международная выставка нефтяных и нефтехимических технологий и оборудования

⑭ 中国国际航空航天博览会
Китайская международная авиационная и аэрокосмическая **выставка**

会展名称的翻译在对外宣传和对外交流中意义重大，一个准确的会展名称的译名可以作为对外招展的固定用名或固定形象，它除了要传达会展的核心信息外，在一定程度上还要能吸引国外参展者的注意力。翻译时会展名称的各组成部分在俄语中的选词要精准，词和词的组配要合乎俄语语言的规范、整体表述要简洁明了。

办展机构的翻译。办展机构也是国际会展的参展商所看重的信息内容，办展机构的知名度、权威性、职业性常常是参展商所关注的信息。办展机构是指负责会展的组织、策划、招展和招商等事宜的有关单位。据我们研究，中国和俄语国家的会展大多都是政府主导型的，会展的主办方或主办单位多为政府部委或地方政府，而西方国家的办展机构一般只有主办方和赞助商两种机构，况且主办方多为一些民间企业或行业协会。

我们发现，国内有些会展常常根据办展机构所起的不同作用，对办展各方进行分门别类。最常见的除了主办单位和赞助商外，可能还有承办单位、指导单位、成员单位、协办单位、支持单位、伙伴单位等林林总总。五花八门的办展机构让译者在选词时非常困惑，难以抉择。如果机械地复制汉语原文，把各个办展单位逐一译出，则会让国外参展商对如此庞杂的办展机构感到吃惊，使人很难想象这一臃肿的办展机构是如何运作的。

据我们多年的跟踪研究，国内的一些展会的译者常常机械地复制汉语原文，对这些的组办单位名称望文生"译"。如：

① 主办单位：
中华人民共和国商务部
……
陕西省人民政府
协办单位：
博鳌亚洲论坛
……
承办单位：
西安市人民政府

Ведущие организаторы
Министерство коммерции КНР
...
Народное правительство провинции Шэньси
Со-организаторы
Боаоский азиатский Форум
...
Исполнительный организатор
Народное правительство города Сиань

本例的译者逐词拆分汉语办展机构名称的各组成部分，臆想译文。这种中式俄语有悖俄语会展行业用语习惯，致使信息表达不明朗，让国外参展商莫名其妙。

那么究竟如何翻译以上会展机构的名称呢？俄语中相应的会展机构的名称究竟如何表达？从俄罗斯举办的"第二届机械制造技术工艺国际论坛-2012"的宣传材料中我们可略见端倪。

② **Технологии в машиностроении** 2012 – 2-й Международный Форум
Организаторы:
- Министерство промышленности и торговли РФ
- Федеральная служба по военно-техническому сотрудничеству
- Государственная корпорация "Ростехнологии"

Генеральный устроитель форума – ОАО "Транспортно-выставочный комплекс 'Россия'"

Генеральный партнёр форума: Союз машиностроителей России

Устроитель форума – ОАО "Авиасалон"

第二届机械制造技术工艺国际论坛-2012

主办单位：
- 俄联邦工业与贸易部
- 俄联邦军事技术合作局
- "俄罗斯技术"国有集团公司

总承办单位："俄罗斯"交通展览中心开放式股份公司
总合作伙伴：俄罗斯机械制造协会
承办单位："航空展览"开放式股份公司

在会展文本中"主办单位"指的是拥有会展并对会展承担主要法律责任的办展单位，翻译时可以选用 организатор；"联合主办"的单位不妨译为 со-организатор；"承办单位"指的是直接负责会展的策划、组织、操作与管理，并对会展承担主要财务责任的办展单位，翻译时可以选用 устроитель 或 выставочный оператор；为会展提供经费、实物或相关服务等支持的赞助单位自然可译为 спонсор；而对于国内目前名目繁多的"支持单位、指导单位、授权单位、成员单位、伙伴单位、战略联盟"等参展机构，因为其中多为政府相关机构或企业，常常只起一些支持或协助作用，如果非得逐一译出或列出，我们认为不妨选用 партнёры 或 При поддержке: …/При содействии: …。

此外，在国际会展的宣传材料和会展的一些函件中，为了强调会展的影响力，会展组织者常常会罗列参与会展的国际组织、政府机构和企业等诸多信息。针对企业名称的翻译我们在本章第二节"企业名称及产品品牌翻译"中已进行研究，本节不再赘述。而对于国际组织、政府机构的译名，我们建议译者不妨先查阅一下有关的汉俄分类词典、译名手册和网略资源，确定是否已有公认的定译。一般情况下国际组织名称都有通用的译名，而地方政府机构的名称如果没有定译，我们也可以参考这些材料中同类的或类似的机构名称的俄译规律，按照俄语的语法规范排列好机构名称各成素（如行政区划、属性、通名等）在俄文中的组配次序。试对比以下译文：

③ 投洽会由中华人民共和国商务部主办，联合国贸发会议（UNCTAD）、联合国工发组织（UNIDO）、国际金融公司（IFC）、世界投资促进机构协会（WAIPA）协办。

Китайская международная торгово-инвестиционная ярмарка организуется Министерством коммерции КНР при поддержке Конференции ООН по торговле и развитию, Организации по промышленному развитию ООН, Международной финансовой корпорации, Всемирной ассоциации агентств по продвижению инвестиций.

④ 2013 欧亚经济论坛由中华人民共和国国务院批准，外交部指导，环保部、商务部、文化部、

海关总署、国家旅游局、国务院发展研究中心、国家能源局、国家外国专家局、中国贸促会、国家开发银行、中国进出口银行等国家部委与单位,以及上海合作组织秘书处、联合国开发计划署、欧亚经济共同体秘书处、国际欧亚科学院、国际生态安全组织等国际组织与陕西省人民政府共同主办。

  ЕАЭФ 2013 утверждён Госсоветом КНР и проведён под руководством МИДа. Форум будет организован государственными комитетами и ведомствами, международными организациями и народным правительством Шэньси: Министерство коммерции, Министерство культуры, Министерство охраны окружающей среды, управление таможни, Управление по делам туризма, по делам энергетики, Исследовательский центр развития при Госсовете, управление по делам иностранных специалистов, Торгово-промышленная палата, Банк развития, импортно-экспортный банк КНР, и Секретариат Евразийского экономического сообщества, Международный Евразийский институт, Международная организация экологической безопасности и т.д.

  通过对以上译例的对比我们不难看出,"投洽会"中的机构名称的翻译使用了俄语的固定说法,即已被普遍接受的定译,所以汉语和俄语中机构名称完全对应。而"欧亚论坛"材料的翻译中除了正字法错误、语法错误和句式结构不规范以外,国内、国际机构名称的翻译或多或少存在问题,如"海关总署(Главное таможенное управление)"译成了Управление таможни;"国家能源局(Государственное управление по делам энергетики)"减缩为по делам энергетики;"国务院发展研究中心(Исследовательский центр по вопросам развития при Госсовете)"译成了Исследовательский центр развития при Госсовете;"中国贸促会(Китайский комитет содействия развитию международной торговли)"被译成了与原文相差甚远的"Торгово-промышленная палата";"国家开发银行(Государственный банк развития Китая)"译成了Банк развития;"上海合作组织秘书处(Секретариат ШОС)"和"联合国开发计划署(Программа развития ООН)"两个重要机构名称竟然被漏译;"国际欧亚科学院(Международная евразийская академия наук)"被译成了Международный Евразийский институт。我们认为,这些不合规范的或不符合国际通行惯例的译名产生的原因主要在于译者缺乏责任心,没有耐心地查证核实,望文生"译"。机构名称的误译使俄译机构名称词不达意,而机构名称的漏译则丢失了一些关键信息,二者在一定程度上都可能造成参展各方的误解。

  会展术语的翻译。会展术语是会展文本的词汇基础和重要组成部分,会展术语承载着更多的信息负荷,会展术语的一个重要的功能就是它的信息功能,会展术语服务于会展业专业人士的交流和沟通。会展业的发展已有相当长的历史,称不上是一个新近诞生的行业。随着社会的演变和科技的进步,会展业作为一种经济形式,其存在的形式、内容、功能和办展方式等各个方面都在不断进行调整和变化。正是在这个发展变化的过程中形成了会展业的术语体系,进而也形成了会展行业术语的国际标准。会展文本中大量地使用会展行业术语,而作为会展文本的译者必须了解会展专业知识,积累会展专业术语,熟悉会展术语在译文语言中的对应表述方式。常见的会展术语有:展览会(выставка)、博览会(ярмарка)、展销会(выставка-продажа)、会展主题(тематика выставки)、会展日程安排(программа выставки)、会展平面图(план выставки)、参展人(экспонент/участник выставки)、会展通行证(пропуск на выставку)、参展人员胸牌(бэджи участников)、参展指南(руководство участника)、参展申请(заявка на участие в выставке)参展合同(договор на участие)、展览面积(выставочная /экспозиционная площадь)、展区(демонстрационная площадка)、展品(экспонат)、露天展地(открытая экспозиция)、室内展地(закрытая экспозиция)、展厅(экспозиционный /выставочный зал)、展馆(павильон)、展台(выставочный стенд)、标准展台(стандартный стенд)、"墙角型"展台(угловой стенд)、"道边型"展台(линейный стенд）、"岛型"展台（стенд "остров"）、"半岛型"展台（стенд "полуостров"）、室内展台（стенд в закрытом помещении）、室外展台（стенд на открытом воздухе）、多层展台（многоэтажный стенд）、租赁展台（аренда стенда）、布展—撤展（монтаж-демонтаж）等等。

当然，要做一个合格的会展翻译仅掌握上述会展术语是远远不够的，现代会展业是一个涉及诸多领域的综合性活动，其中可能会涉及运输、海关、技术、保险、商务、建筑、美术设计、广告宣传、礼仪、餐饮、宾馆、旅游、文化活动等方面的信息，译者必须融会贯通其他相关领域的基础知识，否则在翻译时也会出现这样或那样的问题。如：

① 2013 欧亚经济论坛日程

Повестка дня ЕЭФ-2013

Повестка 多指党组织会议、委员会会议、工人组织会议的日程安排和会议的议题，而论坛日程则是指的是论坛活动的具体内容、程序、活动安排等，所以应该改译为 Программа Евразийского экономического форума-2013。再如：

② 自助午餐

Обед *самообслуживания*

可以看得出，译者是在盲目套用自选商店（магазин самообслуживания）的译法，正确的译文应该是 обед（шведский стол）。由此可见，翻译时掌握足够的会展术语固然很重要，但是译者其他领域知识的欠缺同样会影响到会展翻译的准确性。

会展文本正文的翻译。更详尽的会展信息主要还是依靠会展文本正文来展开、来细化，因此对文本中字词的理解、句子的结构分析、句段之间的衔接关系的判断、译文语言的驾驭能力等都会影响到会展文本信息的传达。如：

① 为了增进欧亚国家相互了解、推动区域经贸合作，以"深化务实合作，促进共同繁荣"为主题的 2013 欧亚经济论坛定于今年 9 月 26 日在西安举办。

В целях улучшения взаимопонимания между странами Евразии и продвижения регионального торгово-экономического сотрудничества 26-го сентября в городе Сиань состоится Евразийский Экономический Форум-2013 на тему "Углубление делового сотрудничества, содействие общему процветанию"

② 自 1990 年创办以来，累计有 80 多个国家和地区的近 190 多万中外客商参会参展，总成交额逾千亿美元。

С момента своего создания в 1990 году в Харбинской ярмарке приняли участие более 1,9 миллионов участников и посетителей из 80 стран и регионов мира, общая сумма подписанных сделок составляет более 100 миллиардов долларов США.

以上两例常见于会展的信息宣传或招展函中，原文中客观地传达了与会展相关的会展目的、会展主题、会展名称、会展时间与地点、会展历史、会展规模、会展成果等关键信息内容。而译文也是信息表达完整无损、逻辑层次清晰、措辞精确严谨、译名规范地道、语言程式化、行文通顺明达。可以说，译文完全有效地再现了会展原文文本的信息功能。

2）会展文本的诉求功能（апеллятивная функция）

会展文本中的招展函、参展指南、参展契约等文本中含有大量的指令性信息（директивная информация），这类会展文本呈现鲜明的诉求特征，其目的是希望通过文本的内容和形式对参展商的行为产生影响，使其能按文本中的规约或惯例来行事。如：

① 展位费请于 5 月 31 日前交纳，逾期不付者，大会视为自动退出，展位由哈洽会组委会另行安排。

Оплату за стенд просим перечислить до 31 мая. Несвоевременная оплата заказанных стендов считается добровольным отказом от участия, и стенды распределяются по усмотрению Канцелярии по организации Харбинской международной торгово-экономической ярмарки.

②参展合同原件及其所有合同附件应由参展单位全权代表签字并盖章。

Оригинал Договора на участие и все приложения к нему должны быть подписаны уполномоченным лицом организации-участника и скреплены печатью.

③说明：

1. 酒店提供的收费服务不在论坛提供的服务范围内。
2. 统一退房时间截至9月28日14:00前，延期费用自理。

Примечание：

1.Платные виды услуг, предоставляемые гостиницами, оплачиваются из собственных средств.

2.Срок сдачи номеров: 28 сентября 14:00, дальнейшее пребывание в гостинице оплачивается из собственных средств.

会展文本中的招展函、参展指南、参展契约，分别从不同的侧面，直接或间接地体现了会展承办方和参展商之间契约关系，对双方都有约束力，"因而翻译时务必谨慎从事，力求译文措辞严谨、文体正式，选词要一丝不苟，尽量避免歧义、误解、遗漏和差错，翻译时尤其不可望文生义。不然，轻则会让外商失去信任，重则会失去法律约束力，导致不该有的纠纷，甚至被人玩文字游戏钻空子，造成不应有的经济损失。"（贾文波，2004:247）

3）会展文本的表达功能（**экспрессивная функция**）

会展文本以传达信息为主，但是文本的撰写者在描述过程中也会适当地使用具有一定感染力的语言手段，来表达自己对所描述事物或现象的思想感情、评价、态度、愿望等，并以此来吸引参展者，这就是会展文本的表达功能。值得注意的是，为了确保会展文本内容的客观性，会展文本语言一般比较自然质朴，不刻意雕琢，不过分玩弄辞藻，因此在会展文本中明示的主观评价语使用频率并不高。遇到会展文本中有表现力或感情色彩的词或句子时，译者需谨慎，翻译时切勿修饰过度，让人感到行文渲染，装腔作势，华而不实。如：

① 预计中国旅游展台将成为最大最漂亮的展台之一。

Как ожидается, китайский туристический стенд станет одним из *самых больших и красочных*.

原文中使用"最大最漂亮的"两个形容词来表达承办方对中方展台的主观评价，译文中也使用相应的形容词最高级来再现原文的情感色彩，原文、译文功能和效应完全等同。

② 哈洽会将成为中外客商打造一个投资洽谈，贸易对接和传播友谊的国际平台，成为中外客商开拓国际市场的风向标。

Харбинская ярмарка создает китайским и зарубежным гостям и бизнесменам международную *платформу* для инвестиционных переговоров, торговой биржи и распространения дружбы, а также станет *конусом-ветроуказателем* их открытия международного рынка.

"平台"原指供使用者生活或工作的平面式的开放式建筑空间或建筑体，在本例中用来喻示进行某项工作所需要的环境或条件；"风向标"则是指示风向的仪器，一般是安在高杆上的一支铁箭，铁箭可随风转动，箭头指着风吹来的方向，而在本例中用来喻示事物发展的动态、趋势、动向。而译文中платформа和конус-ветроуказатель与汉语中"平台"和"风向标"的原义和喻义基本相同，能为俄语读者所接受。若译文语言条件许可，按照奈达先生的观点，"翻译具有表达功能的词语形式时，译者必须在译语中找到功能对等的形式来再现原文。"（谭载喜，1999：36）译者要吃透原文的精神，充分理解原文字里行间的内涵和外延，斟词酌句一定得准确达意、通顺易懂，切勿不讲分寸，过分夸张。

③ 南联北开，富国兴边。

Расширим экономические связи с южными провинциями, широко распахнем двери для торговли с северной страной; оживим экономику приграничных районов для процветания нашей Родины!

汉语会展文本中使用了两个四字词词组，言简意赅、形象感强、工整对应、朗朗上口，表达了会展举办地的区位优势和战略优势。众所周知，四字词是我们汉语所特有的表达手段，在俄语中没有类似的语言手段。汉语、俄语语言文化常规和传统有所不同，"这就意味着，原语文本中所表达的表情功能必须在目标语文化价值系统内进行解释。"（Christiane Nord, 2005:54）可以看得出，由于俄语中缺乏汉语的四字词这种表达手段，译者为了表达原文的思想内容，使用了解释性译法。通过对比可以看出，汉语原文和俄语译文意思相同，只不过是相较之于汉语，俄语的表述方式显得拖沓冗长。

另外，会展上常会有一些与招商引资相关的涉及历史、地理、风俗、文化等方面的地区推介、旅游宣传或产品广告之类的文本。俄、汉语文本的差异比较明显，俄语的这类文本注重所表达信息的准确性和语言的实用性，其文体风格简约、结构严谨、行文用词简洁明了。而汉语的这些文本则文采浓郁、言辞华美、辞藻堆砌、行文工整、平仄有序，整个行文充满诗情画意。在这种情况下对待会展文本中那些具有表情功能的词句篇文译者不能简单地模仿，一定得考虑到译语的规范、文化标准、译语读者理解和欣赏的方式和习惯，进行相应的变通。翻译实践中"译者可以根据翻译的目的和类型来决定是复制原文还是对原文进行调整。有些翻译任务要求译者必须原封不动地复制原文的常规，而有些则要求译者按照译语文化标准进行调整"。（Christiane Nord, 2005:74）

4）会展文本的寒暄功能（фатическая функция）

各类会展文本的主要功能为信息功能，但是其中的一些文本，如招展函、请柬、开幕词、闭幕词、答谢词、祝酒词等文本中还包含有一定的礼仪性成分，用来缩短会展主办方与参展方之间距离和维持主办方与参展方之间友好关系，这就是此类会展文本的交际维持功能或应酬寒暄功能。如：

① 尊敬的……：
我非常高兴通知您，……
Уважаемый…!
С радостью сообщаем Вам, …

② 我们期待着贵方早日回复，并与您在上海会面。
С нетерпением ждем Вашего скорейшего ответа и надеемся увидеть Вас в Шанхае.

③ 希望您莅临展会！
Надеемся увидеть Вас в числе наших гостей на выставке!

④ 诚挚地邀请您参加第二十四季中国哈尔滨国际经济贸易洽谈会！
24-ая Харбинская международная торгово-экономическая ярмарка искренне ждёт Вашего участия и посещения!

⑤ 热烈欢迎各国朋友参加哈洽会！
Горячо приветствуем друзей разных стран! Добро пожаловать на Харбинскую ярмарку!

⑥ 顺致深深的敬意！
С глубоким уважением,

在招展函、请柬、开幕词、闭幕词、答谢词、祝酒词等会展文本中，最能集中体现文本交际维持功能的莫过于这些文本的开头和结尾部分，其作用显然在于维持会展参与方的友好关系，属于典型的交际维持语言。翻译时要尽量挖掘译文语言的潜能，要寻找译文语言中对应的措辞，注意行文的格式和用词造句方面的礼仪标准和惯例。

从以上的阐述中可以看出，"除了一些纯粹寒暄用语或寒暄言语外，几乎没有文本的功能是单一的。"（Christiane Nord, 2005:58）纽马克对此也持类似的观点，他认为，一个文本可能具备一种功能，也可能同时具备几种功能，但以其中一种功能为主。（廖七一，2001:155）翻译的目的是保持和再现原文所具有的各种功能，以满足不同的交际需要。为此，译者要细心识别汉语会展文本的功能标识，并善于使用不同的翻译策略，或复制原文的功能标识，或改写原文的功能标识，其目的是使译文符合俄语会展文本的常规和程式，最终再现这些会展文本的各种功能。

会展文本是一种以表达信息功能为主的文本，翻译时首先要要辨别会展文本的各种功能，分清其主次轻重；表达时原文和译文的术语要对应，各类译名要规范自然，造句行文要善于套用译文语言中会展文本的体例、程式，使原文和译文效应等同。

译文欣赏 1——企业名称及产品品牌翻译
西安制药厂

西安制药厂地处中国西北经济、文化、科技、商贸和交通的中心——西安，是西北地区乃至全国最大的制药企业。龙头产品为抗菌消炎药"利君沙"和"利迈先"，药品质量好，药效高，并多次获奖，闻名全国，远销欧美及东南亚多个国家和地区。

西安制药厂紧邻几大高校和西安高新技术开发区，地理位置优越，技术基础雄厚。药厂拥有自己的科研所和试验工厂，有一批高水平的科研队伍，加之工厂抓住西部开发和中国加入世贸组织的有利时机，加速技术改革，从欧美引进成批先进的技术设备，与此同时不断改革企业管理，企业效益明显提高。

西安制药厂重信用，守合同，竭诚为客户提供各项服务。

西药人热情好客，欢迎海内外各界朋友前来投资洽谈贸易，携手合作，共谋发展！

Сианьский фармацевтический завод

Сианьский фармацевтический завод расположен в городе Сиань – в центре экономики, науки и техники, культуры, торговли и транспорта в Северо-западной части Китая. Завод является крупнейшим производителем медикаментов в Северо-западной части Китая и даже во всём Китае. Основными медикаментами являются антибиотические（антибактериальные）и противовоспалительные лекарства "ЛИ МАЙ САНЬ"и "ЛИ ЦЗЮНЬ ША", которые отличаются высоким качеством и заметной эффективностью（которые имеют хорошее качество и заметную эффективность）, и которые поставляются во многих странах и районах Европы, Америки и Юго-восточной Азии.

Сианьский фармацевтический завод находится недалеко от нескольких университетов и Сианьской зоны развития новых и высоких технологий, в связи с этим он имеет превосходное положение и огромную техническую мощность. При заводе имеется научно-исследовательский институт с экспериментальным заводом. Здесь работают высококвалифицированные научные сотрудники. Воспользовавшись благоприятными случаями масштабного освоения западной части страны и вступления в МТО, завод ускорила техническую реконструкцию, закупила передовое оборудование из Европы и Америки, и тем временем подняла уровень менеджмента. В результате значительно повысились качество продукции и экономическая эффективность.

Сианьский фармацевтический завод дорожит своей репутацией, строго выполняет контрактные обязательства, готовы предоставить свои услуги покупателям.

Сотрудники в Сианьском фармацевтическом заводе известны своим гостеприимством и радушием. Мы призываем китайских и зарубежных друзей посетить наш завод, чтобы вложить капиталы и заниматься торговлей и сотрудничеством.

译文欣赏 2——会展宣传翻译
中国出口商品交易会

中国出口商品交易会,又称广交会,创办于1957年春季,每年春秋两季在广州举办,迄今已有60余年历史,是中国目前历史最长、层次最高、规模最大、商品种类最全、到会客商最多、成交效果最好的综合性国际贸易盛会。

广交会由50个交易团组成,有数千家资信良好、实力雄厚的外贸公司、生产企业、科研院所、外商投资/独资企业、私营企业参展。

广交会贸易方式灵活多样,除传统的看货成交外,还举办网上交易会。广交会以出口贸易为主,也做进口生意,还可以开展多种形式的经济技术合作与交流,以及商检、保险、运输、广告、咨询等业务活动。来自世界各地的客商云集广州,互通商情,增进友谊。

Китайская экспортная товарная выставка

Китайская экспортная товарная выставка начала свою деятельность в 1957 году и теперь проводится ежегодно весной и осенью уже в течение 60 лет. По сравнению с другими ярмарками в Китае она имеет самую давнюю историю и самый высокий уровень обслуживания, она самая крупная по масштабам, самая полная по ассортименту товаров и самая комплексная в Китае, она имеет самый большой оборот посетителей и сделок в Китае, она уже становится торжественным форумом международной торговли.

В работе армарки участие принимают 50 торговых делегаций, составленных из тысяч крупнейших внешнеторговых фирм, промышленных предприятий, научно-исследовательских учреждений, предприятий с иностранным и собственным капиталом, частных предприятий, имеющих доверие со стороны покупателей и устойчивый финансовый потенциал.

Методы ярмарочных сделок многообразны и гибки, кроме традиционного отбора по образцам, используются также сделки по интернету. Сделки в основном экспортные, но бывают и импортные, возможны также различные формы обменов и технического сотрудничества, выполняются также услуги по контролю товаров, страхованию, доставке товаров, рекламе, консультациям. Бизнесмены со всего мира собираются в Гуанчжоу, обмениваются деловой информацией, устанавливают дружеские отношения.

译文欣赏 3——地区对外宣传翻译
西安

一条黄河汹涌着中华民族的几千年血脉。

一座古城浓缩象征着中华民族几千年文明。

这是一片神秘的土地,这是一座如诗如梦的古城,处处都是魔方变幻的时空。

如果把五千年中华文明史看作一部连续剧,那么就有四千年在这里轰轰烈烈的演出;如果说中华文明是一棵参天大树,西安就是这棵大树虬龙盘曲的根系!

西安位于中华大地的圆心,是中华文明古国的心脏!雄踞八百里秦川,南倚秦岭,北枕黄河,关山壮美,河岳灵秀,物宝天华,人杰地灵,千年古都,历史辉煌!以迷人魅力,吸引着全世界游人关注的目光!

西安是中华文明的破晓之地,早在110万年前,最早的亚洲直立人——中华民族的祖先蓝田人就在这里繁衍生息。6700多年前母系氏族时代繁盛时期半坡村落遗址,被称为华夏第一村,人文始祖黄帝和炎帝在这片土地上开创了华夏文明,仓颉在这片土地上创造出中国最早的象形文字。

三千多年前的青铜时代——西周，开始在这片沃土上建都，秦始皇从这里横扫天下，统一六国；张骞从这里出使西域，开创举世闻名的丝绸之路；鉴真从这里东渡日本，传播中华文明。历周秦汉唐，几代盛世，西安聚集丝路花雨，沐浴汉韵唐风，世界各民族文化精华在这里交汇，中华文明光芒从这里向外辐射。在1000多年前的唐代，作为都城长安就已人口百万，成为当时世界第一的国际大都市！

3300多年的建城史，1100百多年的建都史，先后十三个王朝在这里定鼎，是建都王朝最多，历时最长的中华第一古都！也是与开罗、雅典、罗马齐名的世界四大历史名城。

Сиань

В течение тысяч лет течёт река Хуанхэ, как кровь и импульс китайского народа. В древнем городе сконцентрирована многотысячелетняя цивилизация.

Это таинственная земля, это древний поэтический город, в котором всё изменяется как калейдоскоп.

Если рассматривать пяти-тысячелетнюю китайскую цивилизацию как многосерийный телесериал, то в течение четырёх тысяч лет здесь происходили грандиозные события; Если сравним китайскую цивилизацию с высоким до неба деревом, то Сиань можно считать корнем этого дерева.

Сиань расположен в центральной части Китая, он является сердцем китайской цивилизации. К югу от города возвышается хребет Циньлин, на западной окраине течёт река Вэйхэ. Здесь природа очень живописная, земля плодотворная. Здесь не место красит человека, а человек – место. Древняя столица своей блестящей историей и своим очарованием привлекает туристов со всего мира.

Сиань называют колыбелью китайской цивилизации. Свыше 1,1 миллионов лет тому назад здесь обитали предки китайского народа – Ланьтяньские питекантропы. Более шести тысяч семисот лет тому назад здесь процветал матриархат. Стоянка села Бань-по-цунь называется "первым селом Китая". На этой земле наши прародители Хунди и Яньди основали китайскую цивилизацию. На этой земле Цанцзе создал первые иероглифы.

Более трёх тысяч лет тому назад в эпоху бронзового века, точнее, в эпоху Западную Чжоу здесь основали столицу. Именно отсюда император Цин Шихуан начинал далёкие походы и с неодолимой силой разгромил шесть царств, осуществляя объединение Китая. Отсюда Чжан Цянь сначала отправлялся послом на запад, а затем открыл известный всему миру "Великий Шёлковый путь". Отсюда возвышенный монах Цзянь Чжэн отправлялся в Японию в целях распространения китайской культуры. В древности здесь происходило слияние цивилизаций разных народов мира. Отсюда излучалась китайская цивилизация. Более тысячи лет тому назад во времена династии Тан в столице Чанъан число населения составляло миллион жителей, и в то время Сиань был самым большим международным городом на востоке.

Более трёх тысяч трёхсот лет тому назад здесь начинали возводить город, и более тысячи ста лет тому назад здесь начинали основывать столицу. Сиань был столицей тринадцати династий. Во времена правления самых разных династий и в течение долгого времени Сиань был столицей Китая, в этой связи Сиань не имеет себе равных среди других древних городов в Китае. Наряду с Афинами, Римом и Каиром Сиань входил в число четырёх самых знаменитых столичных городов.

第九章

语言文化与应用翻译

第一节 跨文化冲突与翻译之策略

现今世界政治、经济、文化活动日益频繁，打破了地域的限制，其足迹遍及世界的各个角落，从这一点讲，这个世界变得愈来愈大。而交通工具的现代化，通讯技术的日新月异，使得在某一个区域内就可实现国际政治、经济、文化的对话和交流，从这一点讲，这个世界又变得愈来愈小，这个世界又像是一个地球村——一个多语言、多文化的村落。不管是走出去还是请进来，我们都面临着一个和各种不同文化背景的人进行交际的课题，这也是我们常说的跨文化交际。而不同的民族、不同的宗教信仰、不同的政治制度、不同的价值体系、不同的思维方式进行交际时就免不了会产生分歧、误解甚至是冲突。在具体的交际场合采用什么样的翻译策略，如何化解跨文化交际中的矛盾和预防跨文化交际冲突，值得我们研究和探讨。

1. 跨文化交际中翻译的作用

介绍异域文化是翻译的一个很重要的社会功能。翻译展示了文化价值、习俗、传统等的特点和多样性。翻译使遥遥相距的各种文化互相接近，翻译促进了各种文化的相互了解、相互尊重、互相丰富和共同发展。翻译不仅仅是跨语言和跨文化交际的工具，翻译在传播异域文化价值和发展民族文化的进程中起着积极的作用。

跨文化交际本质上是一种文化对话。广义的文化对话是指不同民族文化传统互相影响；而狭义的文化对话指的是不同民族的代表为交流信息所进行的接触。翻译是文化对话的桥梁和中介，文化对话正是借助翻译来进行。翻译可消除误解，化解矛盾，同时翻译也可以挑起事端，引发矛盾。

《古今小说》就有一段翻译佳话，说的是在唐朝，有渤海国派使节递交战书，欲挑起事端。大唐朝野无人识别异国文字，朝野上下为之惊慌。后得知李白通晓该国文字，随召之进殿，进行"跨文化交际"。这才出现了右相国杨国忠研墨，太尉高力士脱靴之场景。这也可能是中国历史上翻译所享受的最高礼遇了。回书中李白洋洋洒洒文字，彰显大唐国力，国富民殷，兵强马壮。番王闻之大惊，唯唯称臣。一句"干戈不动万人伏，一纸贤于十万师"成为跨文化交际史上的美谈。

这一事实也说明了只有交际才能互相了解，只有了解才能促进交际，不交际就会主观臆断，产生误解。从另外一个侧面也体现了翻译在跨文化交际中的桥梁作用。恩格尔（Pol.Engle）说得非常形象，"我们的世界皱起了眉头，恰似一个干缩了的橙子。不同文化的民族在不断接近（有的不乐意，有的忧心忡忡）。这一事实要求人类做出正确的抉择 —— 是要翻译还是选择死亡。有一天可能会发生这样的事：地球上每一个生命取决于能否在一瞬间准确地译出一个词来。"（Pol. Engle, 1985:2）众所周知，1945 年 7 月 26 日，美、英、中三国签署《波茨坦公告》，敦促日本无条件投降。7 月 28 日下午，日本首相铃木贯太郎召开记者招待会发表声明，对《波茨坦公告》进行回应。声明中铃木使用了意义含糊不清的日文"默殺"一词。"默殺"这个词没有对应的英文单词，即使在日文里也可以解作"不置评"或者"拒绝"等意思。铃木本意可能是想说"不置评"之类的外交辞令，而日本同盟通讯社则将铃木的话说成"完全忽略"《波茨坦公告》，路透社和美联社更是将铃木的话译成"拒绝"《波茨坦公告》。当然，美国战时总统和军方首长看到的文本是路透社和美联社发出的版本。结果，日本就是在政客、译者和编辑的疏忽之下,吃了两颗原子弹才宣布无条件投降。

然而,不管是在两大阵营对峙的冷战岁月,还是在当今一些地区局势剑拔弩张时,人们都没有放弃外交努力,而是积极主动进行交际,竭尽全力化解矛盾、避免战争。

2. 跨文化交际的主动性与被动性

文化的差异总是在交际时凸显,总是在出现摩擦和冲突时才引人注意。一种文化融入另一种文化总是伴随着摩擦、冲突,正是摩擦和冲突促进了文化向前发展。不同文化间的差异正如不同文化的产生和形成是历经几百年、几千年发展和沉淀而成的。要抚平文化间的横沟,要化解因文化差异而产生的交际冲突,需要交际双方、交际中介(译者)做出长期不懈的努力。

跨文化交际中不同文化对待异域文化的态度是截然不同的,因而翻译时的策略也要随之而变。有些文化积极地对待异域文化,自觉地与其他文化进行联系,大度宽容地对待异域的风俗、传统和现实,甚至是顶礼膜拜。在这种情况下译者可以"肆无忌惮"、无所顾虑地译入外来文化信息。而另外一些文化封闭孤立,和异域文化交际不积极,很难接受异域文化,有的甚至是疑虑重重地排斥或不友好地对待异域文化。在这种情况下译者要解决的问题是对文化信息的传达不能妨碍交际的效果。翻译时译者不妨采用解释或变通手法处理文化差异,达到尤金·奈达博士的"动态对等"。

我们认为,在跨文化交际中交际的双方要始终积极主动参加交际、成为交际活动的倡导者,使自己在交际中处于有利地位。主动才能有准备,赢得先机,积极主动的交际不但有利于译介异域文化,更有利于传播和弘扬自己的文化。而消极被动才会出现恐慌,消极被动的文化交际可能对民族文化造成很大的冲击、阵痛甚至是毁灭性的打击。当然,一个封闭的文化、不从异域文化中吸取鲜活血液的文化只能慢慢地退化,走向死亡,销声匿迹。西汉的张骞、东汉的班超、唐朝的玄奘和鉴真、明朝的郑和等都是中华民族积极主动开展对外文化交流的使者和楷模。但是中国文化交际史上也有那些不光彩的章节,故步自封、闭关锁国、以我为中心的心态使我们落后挨打。先是一些金发碧眼高鼻梁的传教士,后来又是坚船利炮轰击,才使我们迫不得已打开对外交际之门,开始轰轰烈烈地译介西方先进的文化。

3. 跨文化交际的互动性

在俄、英、汉三种语言中都有同样一个成语:"В чужой монастырь со своим уставом не ходят","When in Rome, do as Romans do","入乡随俗"。这是要求人们在跨文化交际中要压抑个性,尊重他人,否则就会产生矛盾,出现冲突。

俄罗斯媒体以前曾报道了两起跨文化交际冲突的案例。一位在阿联酋工作的澳大利亚男士送其德国女友回宾馆,正当这对国际情侣进行"法兰西式"吻别时。警察出现在他们的身边,并且当即以"违反社会秩序"罪名拘留了这对国际情侣。虽百般解释,但终究无济于事。在情侣的故乡,接吻乃人之常情。而在阿联酋,要在公众场合过分地显露自己的亲昵情感,就会受到法律的惩罚。事后这对情侣被判入狱六个月和课以五百多美金的罚款。而较之另一对跨文化冲突的"殉难者",这对情侣还算幸运得多了。在伊朗举行的国际电影节上,一位著名的女电影演员在颁奖仪式上吻了一下大奖得主以示祝贺。没想到这一吻招来祸端。颁奖者和获奖者双方因"不道德的行为"被判入狱一年和鞭笞七十四下。

很显然,这四个跨文化交际的"罪犯"缺乏文化意识(下文将予以详述),在抵达他国之前未曾仔细研究一下当地的文化习俗。也许研究过,但是他们当时情不自禁,忘记了行为的时间、地点和人物。在一种文化中司空见惯的行为和生活方式,在异域文化中有可能是大逆不道。虽然环境发生变化,但行为主体对其行为并未觉察,因为他的行为和思维已被烙上深深的本民族文化的印痕。

我们以为,冲突的罪责应在交际的双方。跨文化交际本身就是一种文化对话,若要对话,双方就得平等相待、互相尊重。交际活动又是一种互动行为,需要交际双方都做出努力。打开门户就得敞开胸怀迎接外来之风。一个简单的例子,在中国传统文化中讲究男女"授受不亲",多年的对外交际竟使得"勾肩搭背"已司空见惯,即使出现"法兰西之吻"人们也不会大惊小怪。若交际的一方只过分地要求他方尊重己方的文化习俗，那么永远也达不到平等对话，不能实现文化的相互促进。

说到跨文化交际的互动作用，就得旗帜鲜明地反对交际中的民族中心意识和利己主义，反对在跨文化交际中忽视文化差异，不注意文化的民族特色，为了传播自己的文化而贬低、丑化、排斥和否定交际对方的文化。而凭借强权势力强力推行自己的文化模式，压倒和吞灭其他民族文化，则是跨文化交际中的霸权主义。跨文化的交际如同民族文化的形成是一个漫长的过程，文化于人如春雨润物，一点一滴，潜移默化。一蹴而就会导致天翻地覆，只会引起对抗冲突。

4. 跨文化交际中的文化意识

汉维（R.Hanvey）认为，文化意识是指跨文化交际主体对文化因素的敏感性的认识。（Hanvey，1979）具体地讲，文化意识是交际双方对文化差异的高度敏感。而译者的文化意识指的是在跨文化交际中译者对交际双方行为（语言或非语言的）文化差异的识别经验。翻译作为跨文化交际的形式之一，表面上是语言的转换，而实质上是文化的转换，因为语言是文化的载体，是文化的镜子。伊娃·科波斯姬曾经指出，"'文化'表征着传统和信仰，我们一出生就浸润其中，我们的一切行为，包括语言也因此受这种文化所制约。文化潜移默化地影响着我们的思想，我们生活在其思想规范之中。在某个场合说什么话，或想说什么话，常常依从文化习俗，这是任何语言的特点。如果不全面了解文化习俗，或者不尊重文化习俗，就会引起混乱，甚至误解。"（谢天振，2000：202）所以译者就要了解不同的文化规约和文化习俗，了解不同文化环境中人们说话方式和习惯的差异，用自己的经验和意识去预防冲突，化解矛盾。

例如，清朝大臣李鸿章出访美国，在一次答谢宴会上谦谦致词："今天，承蒙各位光临，我感到非常荣幸。我们备有粗馔，聊表寸心，不成敬意，请大家多多包涵。"次日，李大人讲话译文见诸报端，饭店老板阅毕大为光火，认为李大人言辞有玷污饭店声誉之嫌，决定予以起诉，借助法律，讨回公道。平心而论，发生交际冲突的责任不在李大人，而在译者机械复制原文。李大人自幼沐浴中国传统文化，满腹经纶，学富五车。"他的祖先积累了数千年而逐渐形成的所有思想、理想和成见也都铭刻在他的脑海里了"。（帕默尔，1983：148）加之大清多年闭关锁国，致使李大人缺乏跨文化意识，引起冲突责任自然不在李大人。

古人言："夫礼者，自卑而尊人"（礼记·曲礼上）。一句话就道明了中国的传统文化规约，即为人处世要谦虚。"谦虚"向来被中国人视为一美德。要做到谦虚，就得尽量贬低自己，恭维抬高他人。在中国文化中自谦之词可信手拈来，"鄙人，在下，学生，愚，卑职，老朽，拙文，见笑，献丑，不才"不胜枚举。在我们的文化中类似李大人的谦辞我们都习以为常。上例中交际的地点和交际的对象已发生变化，而译者缺乏跨文化意识，忽视文化差异，一味地按照字面翻译，引发冲突就在所难免。由此可见，"对于成功的翻译而言，熟悉两种文化甚至比掌握两种语言更重要，因为词语只有在其作用的文化背景中才有意义。"（Nida，1993）文化背景发生了变化，如何处理文化信息就得多多注意。

文化翻译时，译者先得进行比较，而比较就是要在两种文化中寻找参照物。因为文化的差异是绝对的，故而这些参照物常常是不等值的，所以就得透过词语，去挖掘词语背后深藏的民族文化背景，这就给跨文化交际造成极大的不便。王佐良先生对此曾大为感慨，"翻译里最大的困难是什么呢？就是两种文化的不同。在一种文化里头有一些不言而喻的东西，在另外一种文化里头却要费很大力气加以解释。"（王佐良，1997：34）而这一"解释"也就是翻译中的解释性翻译或称之为描述性翻译。若对这些文化差异置之不理，则会产生文化蒙蔽，进而不利于文化交流；若按字面翻译而不加任何解释，则又会引发文化冲突。由此看来"解释"方显译者的跨文化意识和跨文化交际的灵活性，"解释"有助于预防冲突的发生。

在跨文化交际中，缺乏文化意识可能引发交际冲突，而交际主体具有文化意识也不一定能避免交际冲突。若交际主体有意识地使用文化知识，用文化知识作为一种攻击交际对方的武器时，那么交际冲突的发生就在所难免了。2003年7月德意之间的外交风波是绝好的例证。当时，意大利总理贝鲁斯科尼当选欧盟轮值主席，在回答德国议员马丁·舒尔茨的质询时，为了反击对方，他以文化知识为"武器"，不无讥讽地说："你可以去演纳粹集中营的头子"。此言一出让德国代表颇感震惊和失望，自感深受侮辱，尴尬万分。众所周知，"法西斯、纳粹、盖世太保、希特勒"中的任何一词都具有明显的文化色彩，都会触动德国人的历史伤疤。意大利总理情急之下挑起冲突，铸成大错。当然整个冲突的责任不在翻译，翻译人员准确地转达了原语的文化信息，受信者也做出了发信者所期待的反应。若翻译把这一文化色彩很强的信息过滤掉，虽然避免了冲突，但未忠实地表达发信者的意愿（故意引发冲突），那么这个翻译虽具有文化意识，但却"矫枉过正"，归根结底还是一个不称职的翻译。

总之，跨文化交际中的翻译是一把双刃剑，它既可引发冲突，也可化解矛盾。产生哪一种效果取决于交际的目的和翻译时处理文化信息的方式。

跨文化交际是一种跨语言、跨文化的交际活动。在这种交际中既有顺应和舒畅，也有抵触和碰撞。所以交际的双方及交际桥梁（翻译）都要树立跨文化意识，要深入了解交际对方的语言特点、信仰、风土人情、价值取向、审美趣味、思维方式等因素，尽力避免或化解交际中的矛盾和冲突。

第二节　对外广告宣传翻译与语言文化

广告宣传——现代商业的发动机。

现代经济的发展使企业及产品的竞争已不仅只局限于一个地区、一个国家范围之内，这种竞争已经融入国际大市场之中。因而对外广告宣传已成为宣传企业、寻找合作伙伴，或推销产品、开发市场的重要手段，而这些广告宣传材料的翻译成功与否直接影响着宣传的效果，进而关系到企业的经济效益。

广告宣传对于汉、俄两种语言来说均属于舶来品，因而对广告宣传翻译的研究就具有特别重要的意义。翻译时要注意俄语国家的风俗习惯、宗教信仰、价值取向、审美心理以及两国在政治、经济、文化等方面的联系，缺乏这些知识就会给企业和产品的对外宣传造成损失，使宣传效果适得其反。

1. 对外广告宣传翻译的标准

翻译标准是翻译实践所遵循的准绳，是衡量译文质量的尺度。翻译标准不是绝对的，因文体不同而异。赵少侯认为："译书的标准应就所译书籍的题材和性质而有所区别，所以翻译批评的标准，也应随之而不同。"（翻译通讯编辑部，1984:70）况且翻译的标准也是随着翻译实践经验的积累和翻译理论的发展、丰富而不断地在变化、丰富。我国的翻译标准也是不断推陈出新，流派诸多，各持己言。其中有代表性的要推严复的"信、达、雅"，钱钟书的"化境说"，傅雷的"神似说"。选用其中任何之一标准去要求本节即将确定的对外广告翻译，都是不完全合适的，因为广告宣传的功能在于向消费者传递企业及产品品牌的信息，鼓励消费者购买和使用本企业的产品，为企业赢得商业利润，这就决定了广告宣传的翻译标准必须服从于企业的经济利益。故而广告翻译最基本的标准应以能否有效宣传企业及产品为尺度。在对外广告翻译实践中，常常出现这样的情况：译者完全忠实于原文而忽视语言文化方面的差异，却给企业和产品的宣传造成损失。结合翻译实践，我们认为，对外广告翻译要坚持的基本原则是：1）在语言文化因素允许的范围内最大限度的忠实于原文，否则就要做出相应的变通。2）广告宣传的译文要便于消费者理解。用奈达先生的话讲，"事实上，一篇翻译是否正确，要回答这个问题，就必须提出另外一个问题，即：'译文为谁而作？'译文的特定接受者能不能真正理解译文？译文意思是否晦涩难懂或易于引起误解？如果译文能被理解，那么就必须再问一个问题：'接受者能不能正确理解所传达的信息'。"（谭载喜，1998:45）因此企业名称及产品品牌的对外翻译要让消费者便于理解，不要出现语法、语义、修辞、语言文化等方面的错误。3）译名的选择尽量顾及到音、意、形诸方面，要注意宣传的鼓动效应，要把能吸引消费者放在第一位。在这一点我们同意俄罗斯翻译学家巴尔胡达罗夫（Бархударов Л.С.）观点，即对外宣传材料和出口商品广告在翻译时考虑实用因素至关重要。

2. 语言文化与对外广告翻译

美国的语言学教授萨丕尔（Edward Sapir）认为："语言的背后是有东西的。而且语言不能离开文化而存在，所谓文化就是社会遗留下来的习惯和信仰的总和……"（罗常培，1989:1）英国文化人类学者爱德华·泰勒（E.B.Tylor）也认为，"文化是种复杂体，它包括知识、信仰、艺术、道德、法律、风俗以及其余社会上学得的能力与习惯。"（罗常培，1989:1）从这两种文化的定义中不难看出文化之博大精深、包容之繁杂以及语言与文化关系之紧密。

至于语言文化与翻译的关系，许多译学论者也都提及，限于篇幅本节不再赘述。奈达先生曾经作过精辟的阐述，他认为，"离开了有关语言的各自的文化而谈论翻译是永远不可能的，因为语言本身是文化至关重要的部分（文化是'一个社会的全部信仰和习俗'）。字词只有在使用他们的那种文化中才有其意义，尽管语言不决定文化，它当然要反映一个社会的信仰和习俗。如不考虑语义的文化内涵，就必然会导致错误"。（沈苏儒，1998:165）我们再加一句，必然会给对外广告宣传带来负效应。

1）广告宣传的翻译与译入语民族的审美心理

每一个民族都长期生活在共同的地域，过着统一的政治经济生活，形成了统一的生活习惯，接受着共同的语言文化传统，历史把他们凝结成为一个民族共同体。在这样的历史地理人文条件下，形成了统一的审美意识，共同的审美心理，这是一个不容置疑的事实。汉俄两个民族地理环境不同，民族性格不同，心理气质不同，信仰不同等等，但最根本的原因是俄汉两个民族不同的社会历史发展造就了各自特殊的社会生活条件，从而导致了俄汉两个民族审美观点的种种差异。用黑格尔的一个例证来说明汉民族与异域民族审美心理的差异是再恰当不过的了。哲学家黑格尔曾经说过，中国人的美的概念和黑人的不同，而黑人的美的概念和欧洲人的又不同，如此等等。如果我们看一看欧洲以外各民族的艺术作品，例如他们有的神像，这些都是作为崇高的值得崇拜的东西由他们想象出来的，而对于我们却是最凶恶的形象。他们的音乐在我们听来会是最可怕的噪音，反之，我们的雕刻、绘画和音乐在他们看来也是无意义的或是丑陋的。由此看来不同民族的审美心理之差异是何等之大。

例如"白熊"冰柜、冰箱商标的翻译。熊在中国人心目中一直是被贬的形象，而熊（медведь）对俄罗斯民族来说，则是一个十分讨人喜欢的动物形象，其喜欢程度不亚于中国人喜欢大熊猫。熊的形象散见于俄语的谚语、成语及各类神话、童话故事之中，曾经被用作运动会等的吉祥物，已被世人所熟知。"白熊"英译也走过一段弯路，白熊生长在北极，其英文名字的确为 Polar Bear。从语法、语义结构上讲此种译法本无可非议，但众所周知，Polar Bear（北极熊）在当今国际政治语言里有特殊的意义，最后为了照顾这些方面的因素，为了避免误解，才译为 White Bear。因而"白熊"品牌汉译俄时就要引以为鉴，将其译成 Белый медведь（白熊），而不要译为 Полярный медведь（北极熊），以避免因政治方面的因素而影响到产品对外宣传的效果。

再如带有"龙"字商品品牌及企业名称的翻译。龙（дракон）是中华民族古代传说中的一种神异的动物，是我们中华民族崇拜的一个动物形象，是权力、力量、吉祥的象征。在封建时代龙在中国人心中有至高无上的地位，它是帝王的代用语，是权力的象征，如"龙威、龙颜、龙子龙孙"等，对龙的崇拜从汉语成语中可见一斑，如"龙飞凤舞、龙凤呈祥、望子成龙、龙冠凤冕"等。就是现在我们也常把中华民族比喻为"龙族、龙的传人"。而在俄罗斯则不同，人们视龙为又丑又恶的动物，用龙来比喻那些冷酷的人。中国人对龙极为推崇，也反映在企业名称和产品品牌上，如"科龙""龙丰""卧龙""飞龙""华龙""威龙""贝龙""桂龙""黄龙"等等不胜枚举。国际品牌 MONTBLANC 在汉译时也竟然译为"万宝龙"，虽说外文发音意与汉语译文相差甚远。因而在俄译时，就要注意汉俄文化差异，避免因文化差异对企业及产品的对外宣传带来不应有的损失。如当年的"亚洲四小龙"不译为 Четыре дракона в Азии，而译为 Четыре тигрёнка в Азии（亚洲小四虎）。我们以为，上文所列举的企业名称及产品品牌俄译时，宜音译而忌意译。试比较以下译例：

① "华龙" —— Китайский дракон（意译）
　　　　　—— Хуалун（音译）

② "神龙"—— Волшебный дракон（意译）
　　　　　—— Шэньлун（音译）

　　从以上两例可以看出，音译要好于意译，音译简洁经济，适用于企业名称和产品品牌，而意译则略显冗长，同时音译避免了意译可能产生的文化差异方面的负影响。

　　还有一种集音译与意译为一体的方法也可以使用，权且称之为"音意聚合法"。这种方法在汉译外时使用的场合不多，且要求译者思维敏捷、灵活，侧想、联想能力强，知识面广。然而在英译汉中成功的译例却为数不少，如 Goldlion——金利来（领带），Pepci——百事可乐（饮料），Coca-Cola——可口可乐（饮料），Oil of Ulan——玉兰油（护肤油），L'oreaL——欧莱雅（化妆品）Decis——敌杀死（农药），Bowling——保龄（运动器材），Pentium——奔腾（电脑处理器）等等。但在目前用此方法汉译俄成功的实例确实微乎其微，我们在此不妨尝试一番，以求抛砖引玉，与译事同仁共同探讨。比如：

③ "科龙空调"——Кондиционер марки "Крона"
④ "科龙电风扇"——Электровентилятор марки "Крона"

　　"科龙"音译为кэлун，意译为научный дракон。还有一个发音相近的译文крон（克隆）。初看起来 крона 与"科龙"毫不相干，但是 крона（重音在前一个音节音〔a〕弱化）不但发音与"科龙"相近，且 крона 这个单词在俄语中有"树冠"之意，试想一下，如果再配上造意含蓄，构思巧妙，造型生动的"树冠"图案，就可以使人联想起烈日炎炎似火烧的夏日，体会到"大树底下好乘凉"感受，从而使得整个俄译商标（包括文字和图案）贴切地体现出中文商标的意义，无形中也提高了广告效果。

　　然而，用音译法或用意译法不能一概而论。如果在企业名称或产品品牌中有俄汉两种文化均可接受的形象，如"熊猫"（панда）、"鸽子"（голубь）、"彩虹"（радуга）、"雄鹰"（сокол）等，用意译法则妙于音译法，因为这样既能形意俱全，又能经济节约，增加广告宣传效应。

　　2）对外广告翻译与译入语中的非文雅的暗喻和禁忌语

　　各种语言由于受本民族风俗习惯、政治、经济、文化和宗教信仰等方面的影响，在表达方式及风格上也各有区别，自然就产生了一些非文雅的暗喻，这也是语言文化现象的一部分，研究语言文化就不能避而不谈。对外广告宣传翻译也同样如此，翻译企业名称或商品品牌时必须入境先问俗，不要因译文的失误而损及企业的利益。

　　例如"金鸡"牌鞋油、闹钟的翻译。英译时最初译为 Golden Cock，"Cock"一词除了"雄鸡"意义外，在英美等国家暗喻人体器官。一直到了20世纪80年代 cock 字面上最文雅的意思也只能是"一个男同性恋者"，因而把 cock 用作商品品牌的译名损害了商品本身的形象，使人望商标而却步，产生负面的影响，译者最后选用了美国俗语中的 Rooster。就连我国电影节的大奖"金鸡奖"也尽量避开 cock 词将其译为 Rooster Award。汉译俄时则忽视了这一点，仍译为 Премия "Золотой петух"。"金鸡"译为俄语确为 золотой петух，虽然俄语中 петух 不具有英美等国的暗喻之意，但是在俄语中除了"公鸡、雄鸡"之外，在口语中人们常用来比喻"衣着时髦的花花公子好斗的人、好打架的人、好寻衅的人"，而在黑话、暗语中 петух 有"鸡奸癖者、恋男童者"之意，从而使读者、观众产生不好的印象，损及产品的宣传。

　　而禁忌乃是对神秘力量和神圣物的敬拜和畏惧，它力图控制和限制自己的行为，以免于触犯神秘力量和神圣物，使之不为己害。禁忌是一种民间的习俗，反映着一个民族的文化、历史、传统。"语言中普遍存在着贬义的禁忌语……往往所禁忌的东西只是特指的词语，而不是这些词语所代表的事物，因为对同一事物人们只要换一种科学的语言来表达就完全能被人接受，如英语中的 fuck 和 sexual intercourse 两个词语指的是同一件事，但前者属于禁忌语，后者则是中性表达法。在讲究文明礼貌的场合里，人们对禁忌语一般特反感，即使是大家懂得它们的意思也不会使用，甚至有的词典都不收集，因为这类词会有损使用者尊严。另一方面，语言中还存在着褒义禁忌语。这种禁忌语使人们产生畏惧的联想。如有些词语，人们认为他们具有某种威力，一用错就会给使用者造成灾难。"（谭载喜，1998:178）俄罗斯人的禁忌，有些来源于原始的宗教迷信，有些则出现在近代，当然也有一些是受西方文化的影响所致。

例如数字的禁忌，在汉语中双数是吉数，单数是冥数。故而在喜庆日子里送礼品应送双数，而在殡葬等白事时送祭品应送单数。在俄语中则恰恰相反，人们认为，偶数是同魔鬼联系在一起的，故而是"鬼数"，而单数则表示吉祥如意，其中最推崇"7"。其实在欧洲各主要语言中"7"被视为一个神奇的、奇特的数字。如在俄语中的 на седьмом небе 和英语中的 in the seventh heaven 均表示"如登天堂"。中国的企业名称或产品品牌中也有不少以数字命名的，如"999集团"（Объединение "999"），"505元气袋"（Пояс "505"），"101生发水"（Препараты от облысения "101"）等。随着企业实力加强和对外广告力度的加大，999、505、101、360、361度、柒牌等等也会作为一个企业形象、一种企业文化为人们所熟知。这几个带有数字的企业名称及品牌的翻译还不存在文化方面的差异，因为1、5、7、9几个数字俄罗斯人还乐于接受。但也有一些企业名称及产品品牌翻译时就要谨慎从事，如"王守义十三香"（调味品）。在俄语国家及许多西方国家中"13"是个不吉利的数字，对这个数字的忌讳源于众所熟知的"犹大的接吻"的典故。这些民族凡事刻意避开"13"，而汉语却没有此讲究。那么翻译时怎样才能避免这一文化差异呢？我们以为，我们不妨舍实就虚，把"王守义十三香"译为 Приправы марки "Ван Шоуи"，其中 приправы（调味品）为该词的复数形式，其本身就又表示"多"这一意义，将具体译为模糊。

再如颜色方面的禁忌。大千世界五彩缤纷，因此语言中就少不了表示颜色的词。颜色虽然说是一种客观存在，但反映在人们的脑海里，就会被赋予某些社会意义，被烙上民族主观感情的印痕。同时不同的文化环境里、不同的民族对颜色的偏爱也不尽相同，有时甚至是大相径庭。比如巴西人忌绿色，俄语国家、日本人忌黄色，泰国人忌红色，比利时人忌蓝色，土耳其人忌花色，欧美等国人忌黑色。这就给国际贸易中产品的装潢设计、企业或产品品牌对外广告的翻译增添了诸多麻烦，产品出口哪一国，产品的装潢设计、广告就要考虑哪一民族对颜色的喜好。如"红豆西服"不妨译为 костюм марки "Красные бобы"，因为中国文化和俄语国家的文化中大多对红色比较喜欢，如俄语中的"红军、红场"，汉语中的"红榜、红心、红娘"等。"黑妹牙膏"就不能译为 зубная паста марки "Чёрная девушка (сестра)"，因为不管是"黑妹"或"黑姑娘"俄罗斯人均不乐于接受这一形象，原因在于黑色在俄汉两种语言中都有表"黑暗、不祥"之意，如"黑心、黑帮、黑市、黑名单"等词，在这种情况下音译为 Хэй Мэй 较好。

3）对外广告翻译中一些偶合现象所带来的困惑

在企业名称或产品品牌外译中，有时会出现的一些音意偶合现象。如中国企业名称或产品品牌中常带有hui音的字——"双汇""汇仁""惠威""汇源""辉瑞""佳汇""汇奇""惠达"等，而 hui 音若音译俄语则为 хуй。Хуй 一词在俄语中为土语、非文雅语，意与男性生殖器官有关，一般词典里都不收集。因而类似上述企业名称或产品品牌的俄译中应力避音译。我们以为宜意译则意译，如"汇源"译为 Сбор источников（源泉汇集），"汇奇"译为 Сбор чудес（奇迹总汇）。若无法意译时，则应做一些变通，如将 хуй 改译为 хой，或将 хуй 改译为 хуэй。在这种情况下具体如何翻译更好，还有待于在实践中进一步探索。

很多中国人熟悉的前苏联产的 Лада（拉达）牌汽车，其国内名字为 Жигули（日古利），但由于"日古利"（音译成英语为 zhiguli）其读音与英法语中 gigolo（舞男，以伴舞为业的男子）的发音近似，又像阿拉伯语中的"假货""骗子"的发音，有损于产品的形象，后来前苏联就把出口的产品改名为 Лада（拉达）商标，这一改动使这一汽车风靡全球，获得了很好的经济效益。

在英语中也可以找到类似的例子，美国一家汽车制造商为一种新车取名为 Nova，no 在许多语言中为"不"，拉美一些国家通用西班牙语，而 va 在西班牙语中为"走"，no 加 va 就等于"不走"，这样还会有谁愿意购买此车呢？后来就改名为 Caribbee（加勒比人）。

对外广告作为一种跨语言、跨文化的交际，交际的成功与否在一定程度上取决于策划者（设计者和译者）对另一民族的价值观念、是非标准、社会习俗、心理状态、思维方式、审美心理等文化因素了解的程度。诸多例证的对比分析告诉我们，必须重视对外广告宣传的翻译。翻译时必须顾及语言文化方面的因素，因为没有一定的语言文化知识的支持，就有可能使对外广告宣传失败，也势必会影响到企业的经济效益。

第三节　　饮食文化与翻译

中国地域广袤，文化博大精深。自古以来"民以食为天"，所以饮食文化是中国传统文化的一个非常重要的组成部分。不同的地域、不同的气候条件、不同的物产、不同的宗教信仰、不同的风俗习惯、不同的审美理念和价值取向，造就了我国绚丽多姿的饮食文化。在不同的饮食文化中又包含着不同的饮食理念、饮食礼仪、烹饪方法以及不同的菜肴命名习惯。饮食文化的交流是文化交流的重要环节，对中华饮食文化的了解自然是从菜谱、菜名开始的。中餐菜名是前人深思熟虑，反复琢磨而得来的，菜名融入了中华民族对饮食的色、香、味、形、美的和谐统一的追求，准确到位的菜名翻译对宣传中华饮食文化起着重要的作用。汉译俄时除了使用俄语的其他语法和词汇手段来表达汉语菜名的所指意义外，译者也可以借助俄语前置词所具有的属性，来传达汉语菜名的主料、配料、口味、技法、造型等所指意义。

1. 汉语俄语菜名对比

较之俄语国家传统饮食，中华传统饮食历史更加悠久、品种更加丰富、做工更加考究。对比一下汉语俄语菜肴的烹饪方法，我们可以发现，中华饮食对烹饪方法的认知非常清晰，烹饪方法分门别类，细致入微。如：

炒——炒大虾（жареные большие креветки）
炸——炸子鸡（жареный цыплёнок）
煎——煎肉丸子（жареная фрикаделька）
爆——葱爆羊肉（жареная баранина с луком）
煨——煨牛肉（отваренная на медленном огне говятина）
烤——烤羊腿（жареная баранья нога）
氽——油氽花生（жаренный арахис）
煸——干煸豆角（жареная зелёная фасоль）
溜——溜鱼片（поджаренная ломтиками рыба в соусе）
烩——烩鸡丝（варёное тонконарезанное мясо курицы）
卤——卤口条（сваренный в рассоле свиной язык）
涮——涮羊肉（баранина, сваренная в китайском самоваре）
煮——煮大虾（варёные креветки）
焖——焖扁豆（тушёные бобы）
烧——红烧肉（тушёное мясо в соевом соусе）
炖——清炖甲鱼（съедобная черепаха тушёная）
扒——白扒鱼翅（плавники акулы паровые）
蒸——清蒸鲑鱼（лосось паровой）
拔丝——拔丝山药（засахаренные ямсы）

了解中餐烹饪的人都知道，在菜肴的具体烹制过程中上述烹饪技法在油量的多少、火候的强弱、烹制的速度、施水的多少等方面有着细微的差别。虽说翻译时在俄语中也进行了相应的转换，但明显地可以看出，俄语在表达上述烹饪技法时出现"词穷"现象，即汉语不同的烹饪技法在俄语中却使用同一个词。由于饮食文化传统不同，俄语中缺乏一些汉语烹饪概念的等值词汇，致使中餐烹饪的真谛无法在俄文中准确再现。

另外，从上述的中餐菜名的俄文译名也可以看出，中餐的烹饪技法翻译时多用俄语形容词（形动词）与名词的组配来表示汉语的各种烹饪技法。然而在涉及汉语菜肴的主料和辅料、菜肴烹制的方法、菜肴的形状或口味、菜肴的创研人名或发源地等内容时，除了使用形容词（形动词）等语言手段外，我们常常还可以使用俄语前置词与名词的组配来表达汉语菜名的各种不同的内涵。

2. 介词和前置词使用的对比

在中餐菜名汉译俄时广泛地使用俄语前置词的一个重要的理据性是俄汉两种语言的差别。众所周知，在不同的语言中句子内部的衔接主要依赖三种手段：句法手段、词汇手段、语义手段。句法和词汇手段称之为形合，而语义手段称之为意合。形合是指词语或语句之间的连接主要依仗连接词或语言形态变化来实现，其实质是关联词的撑持。意合则指词语或语句之间的连接主要凭借助词、语义贯通、语境的映衬或语句间的逻辑关系来实现。通过俄汉语对比可以看出，俄语更重形合，汉语更重意合。

俄语更注重形合，是因为俄语具有丰富的形式组合手段，譬如，词缀、词形（单复数、性、格、变位）变化、前置词、指代词，被动语态以及表各种关系的连接词等等。本节研究的重心在于中餐菜名翻译中如何运用俄语前置词，所以俄语中其他形式组合手段将不涉及。

据统计，从数量上看，汉语常用的介词仅仅70个左右，而俄语中常用的前置词就有200多个。从使用频率上看，汉语平均65个左右字中才出现1个介词，而俄语平均10—20个词中就会有1个前置词。（赵敏善，1994:103）很显然，俄汉语中前置词和介词的数量和使用频率差异悬殊，所以中餐菜名汉译俄时要多考虑使用前置词。况且，翻译时为了表达同一意义，较之其他的语言手段（如形容词、形动词词组、副动词词组、表示疏状意义的从句），使用前置词要更加简洁明了，用词也相对经济节约，这一点更符合菜名翻译简明扼要之要求。

我们知道，俄语前置词是一种虚词，表达句中词与词之间的各种关系，在俄语句子结构中占有重要地位。俄语前置词可用来表示实词在语法上对另一实词的从属关系，反映事物与动作、与特征或与另一事物之间的各种关系。俄语前置词词组与被说明的词在句子中间构成主从联系，可以反映三种关系：客体关系、限定关系和补足关系。而中餐菜名翻译中主要借用的则是俄语前置词词组所能表达的限定关系，翻译时使用前置词对事物、动作、状态、特性等从外部特征、内部特征、疏状特征等方面加以说明限定。

3. 中餐菜名翻译中前置词的使用

若中餐菜肴涉及主料和辅料、菜肴烹制的方法、菜肴的形状、菜肴的口味、菜肴的创研人名或发源地等内容时，翻译时可使用表示不同疏状意义的前置词对菜肴的"外部特征、内部特征、疏状特征"加以修饰限定，从而明确菜肴的料、色、香、味、形、器之间的相互关系。菜名翻译时前置词的使用情况具体如下：

1）中餐菜名涉及一种食材或菜肴包含几种食材，可使用前置词 из。如：

回锅肉 поджарка из отварной свинины
烤羊肉串 шашлык из баранины
烤羊排 рагу из баранины
烤羊腿 жаркое из окорока барашка
海鲜菜 блюда из продуктов моря
拌鸭掌 салат из утиных лапок
拌海蜇 салат из медузы
炒鸡丝 жареные соломки из куриного мяса
海带汤 суп из морской капусты
甲鱼汤 суп из черепахи
燕窝汤 суп из гнезда ласточки
鱼翅汤 суп из акульих плавников
酸甜菜花 салат из кисло-сладкой цветной капусты
狮子头 колобок из трепангов и свинины

2）中餐菜名反映菜肴的主料和辅料时，可使用前置词 с。如：

豆瓣鲫鱼 карась с бобами
辣子肉丁 жареная свинина с перцем

冬笋肉丝 жареная свинина с побегами бамбука
木须肉 омлет со свининой
香菇里脊 свиное филе с грибами
青椒肉丝 жареные соломки свинины с перцем
酸菜鱼 кислая капуста с рыбой
麻辣牛肉 холодная говядина с перцем
香菇鸡块 кусочки курицы с грибами
栗子鸡 тушёная курица с каштанами

3）中餐菜名涉及菜肴的口味和盛器时，可使用前置词 в。如：
鱼香肉丝 свинина в рыбном соусе
糖醋鱼 раба жареная в кисло-сладком соусе
番茄青鱼 скумбрия в томатном соусе
红烧对虾 креветки в соевом соусе
糖醋排骨 свиная грудинка в кисло-сладком соусе
五香酱肉 ароматичная свинина в соевом соусе
白斩鸡 курица в белом соусе
麻辣鸡 курица в остром соусе
红烧鱼 рыба в соевом соусе
清蒸全鸡 курица паровая целая в белом соусе
涮羊肉 баранина, сваренная в китайском самоваре
沙锅豆腐 соевый творог в горшке
八珍豆腐煲 тушёный соевый творог с мясом, приготовленные в керамической кастрюле

4）中餐菜名包含创研人或发源地等元素时，可使用前置词 по。如：
宫宝鸡丁 филе кур по-гунбао
叫花子鸡 курица по-бродячему
贵妃鸡 циплёнок по-императорски
北京烤鸭 утка по-пекински
南京板鸭 прессованная утка по-нанкински
蒙古肉烧土豆 тушёное мясо с картофелем по-монгольски
广东烤乳猪 хрустящий поросёнок по-гуандунски
四川回锅肉 рубленое мясо в соусе по-сычуаньски
山西刀削面 резаная лапша по-шаньсийски
扬州炒饭 жареный рис по-янчжоуски
德州扒鸡 тушёный цыплёнок по-дэчжоуски

5）中餐烹制时把调味汁浇在熟食上时，可以使用前置词 под。如：
红油肚丝 свиной желудок под красным маслом
麻辣肚丝 свиной желудок под острым соусом
咖喱牛肉 говядина под соусом карри
糖醋排骨 корейка под кисло-сладким соусом
浇汁鱼 рыба под сладким соусом
杂酱面 лапша под сложным мясным соусом

6）中餐烹制时把热油淋在食材上，不断淋烫，使食材渐渐变熟；或在菜肴即将出锅前或出锅后加入蚝油调味或滑炒，可使用前置词 на。如：
油淋子鸡 цыплёнок на масле
油浸青鱼 сельдь на масле

蚝油菜心 капуста на устричном масле
鸡油白菜 капуста на курином масле
蠔油牛肉 говядина на устричном масле
蠔油扒鸡 утка на устричном масле

4. 中餐菜名翻译中的文化因素

　　饮食文化是一个国家传统文化的重要组成部分，了解饮食文化是文化交流的一个重要环节。中华饮食文化源远流长，它不但关注菜肴的香、味、质、滋、养，而且还会刻意追求菜肴的色、形及器的协调与统一，体现了中华民族的养生与审美追求。这一点可以从菜肴命名上可以看得出，"中式菜名林林总总，多彩多姿。其命名方式也颇有讲究：就有现实主义的写实手法，又有浪漫主义的写意笔调；既蕴含着深刻的历史文化背景，又充满着民俗情趣和地方风味。"（王秉钦，1995：196）除了前文所罗列的反映中餐菜肴原料构成、烹调方法、味道、色泽和地方特色的写实菜名外，我们也会遇见一些写意菜名。这些写意菜名要么是悦耳动听，要么是形象逼真，要么是比喻夸张，要么是诗情画意，要么是吉祥如意。这与俄餐菜名完全不同，中餐写意菜名除了表达所指意义、传达其信息功能外，还包含丰富的联想意义，使人获得审美体验。

　　由于中国和俄语国家饮食文化差异比较大，为了方便交际，避免误解或文化冲突，在中餐菜名俄译时首先应该译出菜名的所指意义（采用的原料和烹饪方法等内容），使俄语译文能够传达菜肴的相关信息的预期功能。否则，盲目地复制中餐写意菜名的结构，会使俄语译名要么让人莫名其妙，要么让人厌恶反感，引起文化冲突，使译文不能达到应有的交际功能。

　　1）中餐的一些菜名寓意深刻，象征吉祥如意，在菜名中寄托着人们美好的愿望或对他人的良好祝福。这些菜名是中华民族崇尚自然、期盼富贵、憧憬美好、追求精致生活的社会心理的真实写照。如：

龙凤呈祥——салат из омара и курятины（"счастье дракона и птицы феникс"）

四喜丸子——мясные тефтели с зимними грибами, каштанами, луком-пореем и т.д.（свиные тефтели "четыре счастья"）

八宝鸡——жареная курица с восемью видами гарнира（курица, фаршированная "восемью драгоценностями"）

全家福——винегрет из самых разных ингредиентов（"семейная фотография"; "семейное счастье"）

双喜临门——ассорти с кусочками курятины, в виде двух сорок（"двойное счастье у порога"）

金玉满堂——суп с креветками и яйцом（"дом полон сокровищ"）

百花争艳 лепёшки（пирожки）с мясной начинкой（"цветы состязаются в красоте"）

大丰收——ассорти из картошки, кукурузы, тыквы, фасоли, мяса с костями（"большой урожай"）

瓜果满园——ассорти из фруктов, овощей и грибов（"сад, полный дынь и фруктов"）

鲤鱼跳龙门——ассорти из карпа, редьки и куриных лап（"рыба проскочила в Ворота дракона"）

　　通过对比可见，中餐菜肴的命名具有浪漫的写意色彩，菜名多是富丽典雅、音韵和谐、寓意深刻、引人入胜。这类菜名一般不体现菜肴的食材成分，也看不出烹制方法和技巧，而了解中华传统饮食文化的人很容易品味出这些汉语菜肴名称的象征意义：福禄、吉祥、喜庆、生机、美好、圆满等。而俄文菜肴命名时用语自然朴实，表达直截了当。汉俄菜肴命名习惯的差异要求译者在翻译时心里要有读者（听众），"译者不单是简单的传声筒，译者要在两种文化的交流中架起沟通的桥梁。交际的成功与否在一定程度上取决于译者对另一民族的价值观、社会习俗、心理状态、思维方式、审美心理等文化要素的了解程度"。（安新奎，2000：96）如果译者为了再现中餐的写意菜名，机械地复制中餐菜名结构（如以上括号内所附的"形象性"译文），不顾及俄语菜名的写实特点，到头来俄语译名会让人们匪夷所思，不知食为何物，达不到交际的目的。如此看来，菜名汉译俄时译者的首要任务是传达中餐菜名的所指意义，这时译者不妨使用俄语前置词，把制作菜肴的原料、配料、烹调方法、口味、色泽、形态、器具等内容译出。

2）中餐中的一些菜肴常常以比喻、象征、夸张等方式取名，从而使中餐的菜名形象逼真，精美雅致，达到感官和精神浑然天成，使人进入一个尽善尽美的境界。如：

辣味锦绣——ассорти из яйца, красного перца, зелёного перца, капусты и грибов
什锦酱菜——засолённые в сое овощи разных видов
砂锅什锦——сборный суп в горшке
芙蓉燕窝——съедобные ласточкины гнезда с яичным белком
芙蓉菜花——цветная капуста рубленная
翡翠虾珠——креветочные тефтели с зелёным шпинатом
象眼鸽蛋——голубиные яйца в тесте
八大锤——блюдо из восьми куриных окороков
蚂蚁上树——жареная вермишель со свиным фаршем
狮子头——колобок из трепангов и свинины
红烧狮子头——тушеная грудинка в коричном соусе
蟹黄狮子头——колобок из трепангов и свинины с крабами
龙虎斗——суп из змеи и дикой кошки
龙虎凤大烩——густой суп с кошачьим, змеиным и куриным мясом
翡翠麒麟豆腐——соевый творог на пару с китайской ветчиной и овощами
灯笼鸡——цыплёнок, приготовленный в целлофане
熊猫戏竹——ассорти из пшеничного крахмала и грецких орехов
孔雀开屏——нарезанный карп поровой
金鱼戏莲——жареный кальмар с ингредиентами
乌龙吐珠——трепанг, фаршированный креветочными тефтелями
八仙过海闹罗汉——ассорти из морепродуктов, ветчины и курятины

为了迎合食客的心理需求，追求视角上的美感，中餐菜肴命名时一般都会以原材料的色、香、味的特点为基础，再加之考虑到烹调方法的特点及菜肴的造型上的特点，菜肴命名时更多追求"意美、音美、形美"。从中餐菜名"形象的描述中可以看得出传统中国文化的痕迹，汉民族形象思维发达，重视形象，喜欢以事物的外部特点为根据展开想象，非常强调在思维认知过程中表象的作用，常常在认识事物的过程中用表象来代替抽象的概念，进行类比推理，以此喻彼，让读者或听众自己去感悟和体会"。（安新奎，2014:36）而俄文菜名则是朴实无华，缺乏形象感。中国人一般都知道，上述菜肴的所谓的"什锦"指的是多种原料制成或多种花样拼成的食品；"芙蓉"指的是鸡蛋清；"翡翠"指的是菠菜或莴苣等起装饰作用的新鲜蔬菜；"象眼鸽蛋"里面压根就没有大象的眼睛，它只不过是由鸽蛋为主要食材做成的一道菜品；"八大锤"指的是用几只鸡腿做的菜肴；而"蚂蚁上树"其实就是肉末粉条，因肉末贴在粉丝上，形似蚂蚁爬在树枝上，因而得名；"狮子头"其实就是四喜丸子；"龙虎凤"指的是蛇、猫、鸡；"麒麟"指的是火腿和香菇片；"灯笼"在这里是指仔公鸡盘成灯笼形；"熊猫戏竹"是指一种由澄粉、绵白糖、核桃仁、食用绿色素等食材制作而成的一道美食，其中核桃仁堆成假山状，将澄粉团制成熊猫状，将绿色素拌在澄粉中，做成竹枝和叶；"孔雀开屏"是指以孔雀的造型而清蒸鲤鱼；"金鱼戏莲" 以鱿鱼为主料巧制而成，鱿鱼卷似金鱼，嬉戏于以鸡蛋、虾料子和青豆精制的群莲中，菜名即由此而得；"乌龙吐珠" 是一道汉族名菜，属满汉全席之一，海参和鹌鹑蛋摆盘后形状似乌龙吐珠，因而得名；"八仙过海闹罗汉"是孔府喜庆寿宴时的第一道名菜，原料多样，汤汁浓鲜，色泽美观，形如八仙与罗汉，选用鱼翅、海参、鲍鱼、鱼骨、鱼肚、虾、芦笋、火腿为"八仙"，将鸡脯肉剁成泥，在碗底做成罗汉钱状，称为"罗汉"。

通过对比可以看出，中餐菜名的俄文译名中那些汉语菜名原有的形象成分荡然无存。译者为了达到交际目的，避虚就实，借用俄语前置词词组表达了汉语菜肴的食材、技法、口味、形状等特点。

3）中餐的一些菜名与历史典故或民间传说有关。人们根据历史典故或民间传说编写了很多这些菜名的起由与故事，至今这些菜名典故依旧流传很广。如.

宫保鸡丁——филе кур по-гунбао; нарезанная кусочками курятина с красным перцем и арахисом（орешками кешью）, в остром соусе

太白鸭——паровая утка по-тайбайскому; тушёная утка с рисовым вином и приправами

贵妃鸡——циплёнок по-императорски; куриные окорочка и крылышки в коричневом соусе

麻婆豆腐——острый соевый творог "мапо тофу" по-сычуаньски; жареный соевый творог, со свиным или говяжьим фаршем и перцем, в остром соусе

夫妻肺片——тушёные шинкованные бычьи лёгкие с говядиной; холодные бычьи внутренности

东坡肉——тушёные по-дунпо свиные ребрышки; тушёная свинина в горшочке

佛跳墙——тушёные морепродукты, цыплята, утиное мясо, свиные ножки и т.д., приготовленные в керамической кастрюле

子龙脱袍——жареный чищеный молодой угорь; жаренные на сильном огне в масле кусочки угря, в соусе

西施舌——съедобный двустворчатый моллюск

"宫保鸡丁" 由清朝山东巡抚、四川总督丁宝桢所创，清廷为了表彰他的功绩，追赠"太子太保"。"太子太保"是"宫保"之一，于是，为了纪念丁宝桢，他发明的这道菜由此得名"宫保鸡丁"。

"太白鸭" 是一种焖蒸鸭子，乃四川传统名菜，相传始于唐朝，与诗人李白相关。它是将鸭宰杀治净后，加酒、盐等各种调味，放在蒸器内，用皮纸封口，蒸制而成，保持原汁，鲜香可口。

"贵妃鸡" 相传宫廷厨师急中生智创造出来的一种菜肴。该菜肴菜色美肉嫩味香，深得贵妃欢喜，于是就有了"贵妃鸡"的美名。

"麻婆豆腐" 四川省汉族传统名菜之一，麻婆豆腐始创于清代同治年间，由成都万福桥"陈兴盛饭铺"老板娘陈刘氏所创。因她脸上有几颗麻子，故称为麻婆豆腐。以豆腐、绞碎或剁碎的猪肉或牛肉、蒜屑、辣豆瓣酱、葱屑及多种调味料配合烹制而成。

"夫妻肺片" 是四川省著名的汉族小吃。20世纪30年代，成都少城附近，有一男子名郭朝华，与其妻一道以制售凉拌肺片为业，深受人们欢迎，久而久之，人们为区别于其他肺片，便称郭氏夫妇所售肺片为"夫妻肺片"。

"东坡肉" 又名滚肉、红烧肉，是江南地区汉族传统名菜，属浙菜系。相传系苏东坡被贬至杭州时，在贫困的生活中，仿制前人的做法并加以改良，将烧猪肉加酒做成红烧肉小火慢煨而成。

"佛跳墙" 是有名的福州菜。使用材料可包括鲍鱼、鱼翅、香菇等，以钵焖煮。佛跳墙乃形容其美味至极，连佛闻香亦会逾墙而来。

"子龙脱袍" 是一道以鳝鱼为主料的湖南省汉族传统名菜。鳝鱼在制作过程中需经破鱼、剔骨、去头、脱皮等工序，特别是鳝鱼脱皮，形似古代武将脱袍，故将此菜取名为"子龙脱袍"。

西施舌或称为"沙蛤"，软体动物名，其状似蛤蜊而较长，足突出，如人舌，肉鲜美可口。相传春秋时，越王勾践借助美女西施之力，行使美人计灭了吴国，大局既定，越王正想接西施回国，越王的王后怕西施回国会受宠，威胁到自己的地位。便叫人绑一巨石于西施背上，沉她于江底。西施死后化为这贝壳类"沙蛤"，期待有人找到她，她便吐出丁香小舌，尽诉冤情。

翻译上述带有文化色彩的菜名时，译者就需要慎重处理。在翻译带有文化色彩的中餐菜名时，译者应先考虑俄语译文接受者的文化感知能力，菜名的翻译不能引起跨文化交际冲突。在表达清楚汉语菜名的所指意义的基础上，如果交际条件允许，对于菜名所蕴涵的那些文化内容，译者可在交际现场予以补充和拓展。当然，要更详尽地介绍一些中餐菜肴名称的文化内涵得依靠专门的中华饮食文化对外宣材料。

中华饮食是中国传统文化的一个重要部分。一些中餐菜肴名称本身就承载着一定的文化信息，在饮食文化的对外交流中起着非常重要的作用。饮食不但是外国朋友为了满足其基本的生理需求，而且也是体验中华饮食华文化的一个重要环节。为了照顾俄语国家人们的饮食习惯和心理感受，避免跨文化交际冲突，对于一些文化色彩较浓的菜名，译者的主要任务是借助前置词等语法和词汇手段把这些菜名的所指意义翻译出来，即把中餐菜肴所涉及的原材料（主料和配料）、刀工、加工方法、口味等外国朋友所关心的要素翻译出来，在此基础上再考虑如何传达菜名本身所包含的文化内容。

译文欣赏 1——中餐宣传翻译

中餐

众所周知，烹饪是一个民族文化不可分割的一部分。每一个民族都有自己传统的饮食、自己民族的菜肴。中国是世界上最古老国家之一。中国的饮食也有数千年的历史，且享誉全球。在世界上很难找到一个没有中餐馆的国家首都。中餐品种丰富，花样奇多。几乎每一个省、每一个城市都有自己的传统菜肴、名优菜肴。例如，北京有著名的北京烤鸭，而在西安则饺子最出名。在西安的饭店里可以烹制出 120 种饺子。饺子馅也最令人难以思议——有猪肉、鸡肉、剁碎的菜和蟹肉等……120 种饺子其馅各异、无一重复。

广东菜也享有盛名。在广东菜中一切都不同凡响。就是菜名也与众不同，如"龙虎斗""水晶猪"等等。当然，这些菜中既无龙也无虎，更无水晶。这只不过是人们的想象而已。中国人开玩笑说，广东人除了天上的飞机、水上的军舰，只要是能飞、能游、能动的都吃。"龙虎斗"的原料主要是蛇和野猫。在广东蛇菜烹制非常有名，同时价格也不菲。

南方人喜食大米，而北方人则偏爱面食。中国北方人最喜欢的饭是面条，因为面条在中国是长寿的象征。在中国你会碰到各种不同名称的面条。且所有这些面条形状与味道均各有所不同。有"龙须面""阳春面""拔鱼儿面""镇江小刀面""刀削面""兰州拉面""油泼面""担担面"。一下子真是难以枚举。若一天选择一种新的面条，要想把全部有名的面条尝完，得花整整一年时间。

中餐的特色是工艺非常复杂，且体力花费较多。许多菜肴的烹制方法复杂，要经过好几道工序。大多数热菜要在明火上烹制。中餐的特点之一乃是香料和调料多。饮食习惯之所以不同，常常是因为各地气候各有不同之缘故。例如，四川、湖南气候潮湿，因此川菜和湘菜以辣而出名。

中国菜肴不仅香，而且对健康有益。除此而外，做好的中餐菜肴其外形也美观。它们不仅解饿、解渴而且给人以美的享受。总而言之，中国菜肴有色、香、味、形之特点。对外国客人来说，中国菜肴是一种奇特、神秘的东西。这就是为什么中餐能吸引大家和为大家所喜欢的原因。

Китайская кухня

Всем известно, что кулинария является неотделимой частью культуры народа. И у каждого народа есть своя традиционная кухня, свои национальные блюда. Китай – это одна из древнейших стран мира. И китайская кухня имеет за собой многотысячелетнюю историю и пользуется большой популярностью во всём мире. Трудно найти в мире столицу какого-нибудь государства, где бы не было китайских ресторанов. Китайская кухня чрезвычайно богата и крайне разнообразна. Почти в каждой провинции, в каждом городе есть свои знаменитые, традиционные блюда. например, Пекин славится своей "Пекинской уткой", а город Сиань известен своими пельменями. В сианьских ресторанах могут приготовить и подать на стол 120 видов и типов пельменей. Начинка самая невообразимая – и свинина, и курятина, и мелко изрубленные овощи, и крабы, и ... так без конца до самой 120-й пельменицы, начинка не повторяется.

Большой славой пользуется гуандунская кухня. В гуандунской кухне всё необычно. Необычным и названия блюд, таких, как "Битва дракона с тигром", "Хрустальный поросёнок"и т.д. естественно, ни дракона, ни тигра, ни тем более хрусталя в этих блюдах нет. А есть тут только фантазия. В Китае в шутку говорят, что гуандунцы едят всё, что летает в небе, кроме самолётов, всё, что плавает в воде, кроме кораблей, и всё, что движется на четырёх конечностях, кроме, разумеется, обеденных столов. Важным сырьем для приготовления блюда"Битва дракона с тигром"является змея и дикая кошка. Змеиные блюда в провинции Гуандуне – это популярные и в то же время довольно дорогие блюда.

В отличие от южан, которые любят есть рис, жители на севере Китая предпочитают мучные продукты. Одно из любимейших национальных кушаний для северных жителей Китая – это лапша. Ведь лапша в Китае – это символ долголетия. Каких только названий лапши не встретишь в Китае! И все эти виды лапши отличаются друг от друга и по форме, и по вкусу. Тут есть и "Драконовый ус" (тонкая лапша), и "Весеннее солнце" (лапша с луком), и "Галушки в форме рыбы" (лапша в виде рыбы), и "Резаная лапша по-чжэньцзянски", и "Строганая лапша Даосяо" (нарезная широкая лапша), и "Тянутая лапша по-ланьчжоуски", и "Лапша на масле по шэньсийски", и "Острая лапша по-сычуаньски". Всех сразу не назовёшь. Чтобы попробовать все известные виды лапши, каждый день выбирая новый, потребуется целый год.

Китайская кухня отличается очень сложной, трудоёмкой технологией. Многие блюда готовятся сложным способом, состоящим из нескольких операций. Большинство горячих блюд готовится на большом открытом огне. Одна из характерных черт китайской кухни – это большое количество специй и приправ. В каждом блюде применяется и меньше десяти специй и приправ. Привычки в еде часто объясняются особенностями местного климата. Например, в провинциях Сычуань и Хунань климат сырой, поэтому сычуаньская и хуаньская кухни отличаются острым вкусом. Повара применяют много перца.

Китайские блюда не только вкусны – они очень полезны. Кроме того, готовые блюда китайской кухни красиво оформляют и красиво подают. Они не только утоляют голод и жажду, но и доставляют нам большое эстетическое удовольствие. Словом, китайские блюда отличаются и цветом, и ароматом, и вкусом, и красивым оформлением. Для зарубежных гостей китайская кухня – это удивительное и какое-то загадочное явление. Вот почему китайская кухня вызывает у всех большой интерес и всем нравится.

译文 2——旅游宣传翻译

西安旅游

西安的旅游业，突出历史文化特色，重视山川秀美工程。涉外饭店、星级宾馆、高质量服务瞄准国际水平！开发旅游品牌，树立精品意识，注重旅客参与性。

到农家观光去，品尝雅洁的农家饭菜，领略纯朴的乡风民俗。看社火游演，观民俗歌舞，听高亢激昂秦腔，欣赏名满天下的户县农民画，如有兴趣时，也不妨拿起画笔，涂抹几笔浓艳的丹青。

想了解神秘的古丝绸之路，可参加国际丝绸之路旅游节，从起点出发走一走。观古城门换岗仪式，参与唐皇选妃和贵妃伴驾游，乐在其中。

要锻炼身体，可在绿草茵茵的高尔夫球场挥几杆。各种各样的健身房里，为游客们提供了多样的选择和最佳的服务！

白天浏览于山水名胜，夜晚观赏古城夜色美景，在仿唐乐舞中陶醉，在秦风秦韵中忘情。

古城西安也是美食的西安，色香味美的小吃、官府宴、饺子宴、仿唐宴，无不蕴含深厚的文化内涵！

西安是古老的城，历史辉煌追随着理想的升华，古老文明伴随着春潮涌动。

西安是青春的城，在西部大开发锣鼓号角声中，如展翅腾飞万里的大鹏！

邀请您到西安来，倾听黄河壶口瀑布的涛声，那是中华民族心律强有力的搏动，走进汉唐帝国的心脏，寻觅中华民族古老辉煌的梦！

邀请您到西安来，兵马俑列队等待游客们的检阅，华贵隆重仪式迎接您入城！皇家园林的温泉为您洗尘，豪华星级宾馆饭店为您接风！

邀请您到西安来，欣赏文物精华，感受汉唐雄风，探索中华文明神秘的源头，领略中华腹地壮丽的山川美景！

Туризм в Сиане

Правительство Сианя выдвигает историческое и культурное своеобразие на первое место в развитии индустрии туризма. Правительство придаёт особое значение мероприятиям по озеленению города и украшению его облика. В городе множество первоклассных ресторанов и звёздочных отелей, которые отличаются своим высоким международным уровнем обслуживания. В Сиане осваиваются разные виды турима, обращают особое внимание на создание образцовых туристических объектов. В Сиане туристы могут участвовать в разнообразных мероприятиях.

В Сиане сейчас модно совершать экскурсию в деревню, там можно пробовать деревенскую еду, наслаждаться простыми деревенскими нравами, смотреть народные гулянья, восхищаться народными песнями и танцами, слушать мощную проникновенную шэньсийскую оперу, любоваться известными всему миру крестьянскими рисунками. Если вас интересует, то можно рисовать своими руками.

Если хотите познакомиться с таинственным древним Великим Шёлковым путём, то можете стать участником международного праздника Шёлкового пути, начать свою экскурсию с отправной точки Шёлкового пути. Здесь можно посмотреть древнюю церемонию смены караула у ворот города, можно поучаствовать в церемонии выбора императором наложницы и пройтись в сопровождении наложниц.

Если хотите заниматься спортом, то можно поиграть в гольф. В различных спортивных комплексах вам предоставят наилучшие и разнообразные услуги.

Днём в Сиане можно наслаждаться великолепной природой и достопримечательностями, а вечером можно осмотреть вечерний вид древнего города, наслаждаться танцами в танском стиле, поближе ознакомиться с местными нравами и обычаями.

Древний город славится своими деликатесами. Здесь вам предложат очень известные местные закуски, дворцовые блюда, пельменный банкет, банкет в стиле эпохи Тан. В этих деликатесах воплощаются культурные элементы.

Сиань – древний город, который известен своей древней историей и высоким уровнем цивилизации.

Сиань – молодой город. В освоении западных регионов Китая, Сиань, как орёл, раскрывая крылья, поднимается в воздух.

Вас приветствует Сиань! Здесь можно услышать, как шумит водопад Хукоу в реке Хуанхэ, ощутить пульс китайского народа. Находясь в этом центре империй Хань и Тан, вы можете понять блестящую и давнюю мечту китайского народа.

Вас приветствует Сиань! Здесь статуи воинов и коней, выстраиваясь строем, ждут вашего внимания. Великолепная и торжественная церемония ждёт вас у ворот города! Горячий источник Хуачин даёт покой всему вашему телу. Роскошные звёздочные отели устраивают банкет в честь вашего приезда!

Вас приветствует Сиань. Здесь вы можете осмотреть ценные памятники культуры, наслаждаться великолепием династий Хань и Тан, искать таинственный родник китайской цивилизации, восхищаться красивыми пейзажами в центральной части Китая.

第十章

应用翻译批评

第一节　应用翻译批评标准

较之文学翻译批评，在应用翻译日益繁荣的大背景下，应用翻译批评不为人瞩目，应用翻译批评明显滞后于轰轰烈烈的应用翻译实践。在一些杂志刊物上虽说也出现了一些零散的、经验式与应用翻译相关的文章，但多为经验式的、不成系统的个人总结，鲜有应用翻译批评的专著问世。原因何在？我们认为，首先，应用翻译是一个特殊的翻译活动，译者仅凭掌握语言是无法承担这项工作的，他还需要懂相关的专业知识。语言学家或文学翻译家虽精于语言文字、文学，却对相关领域的专业知识是门外汉，大多不敢贸然涉足于应用翻译实践或批评。其次，专业水平很高的人要么是外语水平不高，要么是不懂翻译理论和缺乏译事训练。最后，较之皓若繁星的文学翻译及其批评，外语水平很高、翻译理论造诣很深、又热心于应用翻译批评的人士则寥若晨星。

1. "信、达、雅"——应用翻译的标准

在第四章我们经过分析得出结论——"信、达、雅"最初是基于应用文本体裁——社会科学著作的翻译而提出的，所以我们认为自然而然可以作为应用翻译的标准。这一点我们还可以从中美两国翻译的行业标准中得到印证。

中国国家质量监督检验检疫总局于 2003 年 11 月 27 日发布、2004 年 6 月 1 日开始实施的《中华人民共和国国家标准（GB/T19363.1-2003）：翻译服务规范第 1 部分：笔译》中第 4.4.2 规定：

"译文应完整，其内容和术语应当基本准确。原件的脚注、附件、表格、清单、报表和图表以及相应的文字都应翻译并完整地反映在译文中。不得误译、缺译、漏译、跳译，对经识别翻译准确度把握不大的个别部分应加以注明。顾客特别约定的除外。"（杨晓荣，2005：135）

美国翻译工作者协会（ATA）所制定的翻译标准是：

1. 译文之文体及版式应与原文之性质及要求一致，并符合委托人的具体要求（例如整洁、准确等）。

2. 非科技原著应按译语规范、以受过教育的人士通常使用的文体译出，应当是他们为表达同样的意思而会自然而然使用的语言，从而使一般读者读来并不觉得这是翻译文字。

3. 科技译文要求各个方面都明晰准确，任何词语均不得使专业方面的内行觉得有错误、前后不一或不自然。高度专门的术语或委托人自选的术语，如委托人向译者提供，则应纳入译文；如委托人未向译者提供，则译文优劣便唯有从译文本身来判断：所表达的意思是否确切？是否借译文之助便可妥善地操作和调整有关的设备？

4. 一切译文，特别是推销广告和其他宣传品时，主要标准都应毫不歪曲地确切传达原意，同时还要心中有读者，有听众，也就是要考虑到他们的文化背景和心理状态。要做到这一点，有时还要修改原文，以便按译语的规范传达出最接近原文的信息。总之，应了解到各种翻译都是创造性的精神活动的过程，而不仅仅是文字的一种机械性的变换。（杨晓荣，2005：133）

以上两个翻译标准从实质上讲都是针对应用文本翻译的。"译文应完整，其内容和术语应当基本准确"，"不得误译、缺译、漏译、跳译"，"科技译文要求各个方面都明晰准确"，"毫

不歪曲地确切传达原意"都强调对原文信息的忠实；而"原件的脚注、附件、表格、清单、报表和图表以及相应的文字都应翻译并完整地反映在译文中"，"任何词语均不得使专业方面的内行觉得有错误、前后不一或不自然"，"应当是他们为表达同样的意思而会自然而然使用的语言，从而使一般读者读来并不觉得这是翻译文字。"实质上是在表达时除了"自然（'达'）"之外，还要再现应用文本之"雅"——应用文本的文体的特征，即"译文之文体及版式应与原文之性质及要求一致"和"应按译语规范、以受过教育的人士通常使用的文体译出"。这再一次证明，把翻译标准"信、达、雅"用于批评应用翻译也是合理的。

2. 不同应用文本具有不同的"雅"

译者翻译不同的应用文本时，他所面临的主要任务就有所差异，他所使用的翻译方法也就随之而改变，进而翻译标准也就会随应用文本的体裁而变。而作为应用翻译标准的"信、达、雅"中要变的只有"雅"，"雅"字的内涵要随应用文本体裁的变化而变。

英国翻译理论家纽马克认为，翻译方法的使用要考虑到翻译的目的、读者的特点和文本类型。并且他还根据文本的内容和文体的类型把文本分为表达功能、信息功能和呼唤功能三种文本，指出了三种文本的主要任务和翻译三种文本时具体所采用的方法（语义翻译和交际翻译）。他认为，应用翻译属于以表达信息功能为主的文本，多采用交际翻译方法。纽马克之伟大也就在于他突出文本、强调以文本为中心，他所主张的语义翻译和交际翻译是他对翻译理论的贡献。

从宏观上讲，纽马克确实注意到我们所研究的应用文本与其他文本之差异。例如，作为应用文本的科技文本内部就有不同的体裁、不同的层次、有不同的分语体。我国的方梦之教授在这一方面做了详尽的阐述，他认为，"科技文体可划分为多个层次，其中，正式程度最高的当属基础理论科学论著及相关报告（语言学上一般不作研究），其交际的参与者为科学家与科学家之间，语言成分主要为人工符号，常用自然语言表示句法关系。科技文体的另一头即科普读物，交际者为专家与外行，语言的正式程度较低，使用自然语言，偶有人工符号，句法灵活，用词浅显，避免术语（……），多用修辞格。由于语场、语旨和语式的不同，在科技文体的大类下，在基础理论科学论著和科普读物之间存在着许多次领域。其中不同类型的文本（语场），科技专著如科研论文、应用技术文章、实验报告，法律文本如专利文件、技术标准、技术合同，物质生产领域的操作规程、维修手册、安全条例，消费领域的产品说明书、使用手册、促销材料等，应属于不同的次领域。参与交际者可能在科学家、管理人员、职员、工人、消费者、学生的两者或多者之间。不同文本的语言形式变化很大，有的以自然语言为主，辅以人工符号，含较多专业术语，句法严密；有的用自然语言、少术语、少人工符号，句法灵活；有的用套话、行话、使用相对固定的格式。不熟悉科技语言的人，不知科技文体的层次之多，常常只用科普文章的片言只语来研究科技文体。这是以偏概全的。"（郭建中，2004：xv）

这段话概括地说明了科技文本的分类、具体的读者对象及其各自的文本特征。事实确实如此，不同体裁的科技文本使用的交际领域、交际目的、交际对象是有差异的，因而不同的文本就有不同的内涵和不同的外在形式。在前面的相关章节中我们已对科技文本的生产技术性文本、科技事务性文本、科技广告性文本做了详尽的分析研究，下面主要介绍一下学术性文本、教材类文本、科学普及性文本的特点，以突出这些文本的内含和外在"雅"的不同。

学术性文本是用来记录、传递各种科技工作者的科学研究、发明发现、科学观点、学说体系的。较之其他科技分体，我们认为其"雅"就在于这类文本具有高度抽象性、高度逻辑性、高度准确性之特点。具体地说，学术性文本要求叙述客观，概念使用要精确，表达思想要准确，逻辑推理要严谨。因此在翻译科学著作时，要把转达科技信息内容作为翻译活动的主旨，同时要注意行文合乎学术性文本的语言规范，语言要朴实无华，切勿卖弄文字，彰显译者的个性。

教材类文本是针对学生和未来的专家，该文本的任务是向特定水平和年龄的学生完整详尽地传授某一领域的科学文化知识，证明所转达的知识对未来职业是有益的、有实用价值的，通过教学培养学生的逻辑思维能力、认识世界和改造世界的能力。如果说学术性文本主要在于发现并描述新的事实和规律性的东西，那么教材文本则在于教授和描述有关事实，该事实是非常典型的，是要掌握某类材料所必需的。为了使教材发挥其真正的功用，教材在内容上必须突出其基础性（所传授的知识应该某领域最基本的知识）、成熟性（教材中的内容，包括一些基本概念、理论、方法等应该是相对成熟的）、专业性（每本教材都会涉及一定的知识领域，有固定的主题，有自己的知识体系，会使用有关专业的术语、词组、句式、篇章结构）、规范性（使用规范性的语言、使用科学的语言教授科学知识体系，如使用规范的语言表达术语、公式、专业知识等，表达时相对严谨，不用或少用表现力色彩的语言手段）。此外教材的编排还得具有科学性，即编排是要注意知识的输入要循序渐进，要注意到传授知识的内在逻辑与教学法要求的统一。在翻译时译者考虑到交际对象，要文字规范、思维清晰、平铺直叙、深入浅出地把知识道理讲透彻，讲明白。

科普文本是"科技文体的一种变体，是文学和科学相结合的写作体裁，其目的是'普及科学技术知识、倡导科学方法、传播科学思想、弘扬科学精神'"。（郭建中，2004：xxii）科技知识普及的对象是那些专业知识水平不高的读者群体，为了实现科学普及的目的，原科普作家都尽力地去摆脱规范名词术语的束缚，避免科学术语的堆砌，用最通俗的或者是艺术性的语言把最有魅力的科技精髓展现给普通的读者。我们认为，较之其他科技分体，科普文本之"雅"就在于该文体中科学和文学相交融，读者可于有趣之中了解科学。因此在翻译科普文本时要把握住科普文本的特点：科学性、文学性、通俗性和趣味性。首先，翻译时要忠实于原作，确保所传播的科技知识的正确性；其次译文要具有文艺作品的特点，译者必须善于运用艺术的语言表达科学的内容；最后译者的行文可以显露自己的风格，但是不要遮住原作者的"光辉"，两个人的风格要融合得互相映衬、协调一致、恰如其分。

可以看得出，仅是科技文本内部的不同体裁之间就有细微的差异，翻译时有共同的标准，也有不同的差异性要求。试设想一下，包罗万象的应用文本（政论文本、新闻文本、科技文本、事务性文本、外宣文本）的翻译和赏析标准的共性和差异又会有多少！

3. "信、达、雅"——应用翻译的批评标准

由于译者和批评家对原作欣赏的视角可能有所不同，审美观不尽相同，所以对原作的诠释就免不了有差异，加之使用的翻译方法和技巧不同，导致文学翻译的标准和文学翻译的批评标准不尽相同。科普文章、旅游宣传和地区宣传材料常常以文学性见长，不同的译者有不同的个性，但是原作中的精髓实质——信息传达是翻译活动的不变之根本，是翻译的重心。所以从整体上讲，较之文学翻译，应用翻译的标准与应用翻译的批评标准是一致的——都把注意力集中在原作的信息上，以准确转达原作的信息为工作之根本或批评之根本。所以我们认为，"信、达、雅"既是应用翻译的标准，也可以用作应用翻译批评的标准。下文中我们借用两种文学翻译的批评标准，试图从中得到某种印证。

周仪、罗平两位先生在其专著《翻译与批评》中指出，翻译批评"评价的内容包括：1. 译文是否忠实于原作；2. 译文是否流畅；3. 译文是否再现了原作的艺术手法和风格。"（周仪、罗平，1999：146）

奈达先生则认为，"检验译文质量的最终标准在以下三个方面：（1）能使读者正确理解原文信息，即'忠实原文'；（2）易于理解；（3）形式恰当，吸引读者"。（谭载喜，1999：250）

两个标准均不否认忠实于原文所表达的信息（即"信"）和使用通晓畅达的译入语（即"达"）。前一标准中的"译文是否再现了原作的艺术手法和风格"侧重点在原作，而后一标准中的"形式恰当，吸引读者"强调译作和原作功能对等。我们所主张的应用翻译批评标准为"信、达、雅"，"信"和"达"不再赘述。前文已指出，从整体上讲应用文本之"雅"在于其文体特征，每个文本都有外在形式方面的规范和要求，译者若忽视了这些形式方面的因素，就会违背读者（听众）接受信息的习惯，那么翻译就会"有失大雅"。应用文本各体裁也有各自之"雅"，如政论文本、新闻文本、科技文本、事务性文本、外宣文本的"雅"的内涵又各有不同，翻译时的标准就不同，由此看来，"雅"字是一种条件，条件的不同，就产生不同的标准。"没有条件即无法确定标准，反过来，有了条件的限定，标准也就可以明确了。而且，条件越明确，标准越清楚。由于没有任何条件限定的翻译活动是不存在的，因此，任何一个具体的翻译活动只要一出现，与它相关的各种条件也必然同时出现，标准即据此产生。这个标准可以有一定的活动幅度……"（杨晓荣，2005：158）既然翻译标准的形成必须依据具体的条件，那么翻译

批评的标准也必须受一些条件的限制，不能盲目地指点文字、乱下结论。我们认为，应用翻译批评时要考虑到具体的条件——各文本的差异，要考虑到应用文本原作的性质、应用文本翻译的目的、译文的读者对象。应用翻译批评的标准可以有"一定的活动幅度"，即要赋予"雅"字标准以不同的内涵。只有这样所进行的批评才是公正的、合理的、令人信服的。

由于应用翻译有其特殊性，所以对应用翻译质量的监控、对应用翻译质量的评判需要译者遵守翻译标准自我监控，需要语言学者、翻译理论研究者、应用翻译不同专业技术人士、消费者等共同关注，同心协作，这样才能提高应用翻译的质量，促进应用翻译事业的发展。

第二节　国际会展指南误译之语言视角评析

会展手册等指南性文本作为一种旨在向会议参加者传递会议活动日程安排、服务项目、注意事项的信息文本，其译文应该准确、简洁、规范。否则，各种不同性质的误译可能引起不必要的歧义和误解，甚至会造成会议程序的混乱。因而非常有必要对这些误译产生的原因进行分析研究，并在此基础上提出相应的对策来规避这些误译。

1. 正字法错误

正字法，一般是由政府规定、强制执行的文字书写和运用规范，以确保该文字的全民性和规范化。文字体系有差异，其正字法的内容和规定会有很大的不同。现代俄语正字法（правописание）是现代俄语书写的规则，包括了词语的正确拼写（орфография）和标点符号（пунктуация）的正确使用两部分，具体内容涉及文字定型法（包括字母表、印刷体及手写体式样）、字母名称法、字母音值法、缩写法、标点符号使用法、编排法（行款格式）等。在很多大型会议的汉译俄文本中我们就发现了不少的正字法错误。如：

①陕西宾馆
误译：Отель Шэнси
正译：Отель Шэньси

②能源合作分会
误译：Отдельное заседание – энергическое сотрудничество（Чость 2）
正译：Секционное заседание – энергетическое сотрудничество（Часть 2）

③曲江新区
误译：Новый район Цойцзяна
正译：Новый район Цюйцзян

④注册报到
误译：Прибытие И Регистрация
正译：Прибытие и регистрация

⑤中国西部与中亚的经济金融合作
误译：Финансовое и экономическое сотрудничество между западным Китаем и средней Азии
正译：Финансово-экономическое сотрудничество между западными регионами Китая и странами Центральной Азии

⑥参加会议和宴会时，请着正装。
误译：Во время присутствия конференции и банкета, носите официальную одежду пожалуйста.
正译：Во время заседаний и банкета необходимо соблюдать официальную форму одежды.

抛开译文中出现的其他错误不说，仅是正字法的错误就包括字母缺少（例①）、字母多余（例③）、字母写错（例②）、字母大小写错误（例④）、单词之间不空格等错误（例⑤）、符号的多余（例⑥）等。除此而外，译文中还出现标点遗漏、转换错误；字母移行错误等正字法错误。产生以上正字法错误之原因除了语言基础差之外，另一个重要的原因是译者工作不严谨、责任心不强。

2. 语义误译

翻译的首要任务是再现原文的信息,如何再现？再现哪些信息？按照美国翻译理论家尤金·奈达的观点,"所谓翻译,是在译语中用最切近而又最自然的对等语再现源语的信息,首先是意义,其次是文体。"（郭建中,2000：65）从奈达给翻译下的定义可以看出,信息再现的手段是在译文中"用最切近而又最自然的对等语",而原文信息中最先应该再现的是原文的语义信息,译文中的意义应尽可能与原语中的意义保持一致,语义等值是翻译过程中最基本的等值。在翻译实践中由于汉俄民族思维模式差异、语言习惯相差较大,再加之译者对汉语和俄语词义不解或错解,不懂得俄语深层语义搭配习惯等原因,导致对原文的语义理解出现偏差,转换时出现生搬硬套、搭配不妥、有悖译文的惯用法等错误。

1）语义理解错误。理解是翻译的基础,成功的翻译首先取决于对原文的正确理解,在会展指南的翻译中有时译者对一些简单的和复杂的概念、对整个表述的意义了解不深入或理解错了,都会导致语义的误译。如：

①送机

误译：Проводы гостей в аэропорту

正译：Проводы гостей в аэропорт

误译中译者把"送机"理解为在"在机场送别客人",而正确的理解应为"把客人从宾馆送往机场",理解不同,译文所表达的意思就有别。

②上海合作组织国家驻华使节西安行活动

误译：Встреча послов членов-государств ШОСа в КНР в городе Сианя

正译：Мероприятия для послов государств-членов ШОС в КНР

误译中的语法错误暂且不说,例②中一个很大的错误就是对汉语原文语义理解有失误。根据上下文的介绍,文中的"活动"具体是指一些参观、考察、参加活动的仪式等内容,而译者仅理解为"使节们的会见或聚会"。

③创新欧亚合作·共享转型机遇

误译：Содействие инновационному сотрудничеству между государствами Евразии·Совместное использование возможностей преобразования

正译：Инновационное сотрудничество в Евразии и совместное использование возможностей переходного периода.

误译的译者把"转型"理解为"变革、改革",这与原文所表达的意义有偏差,原文中的"转型"指的是我国或欧亚各国"经济方式的转变和经济结构的调整",所以译文"переходный период"是正确的。

2）选词失误。翻译时对原文语义的正确理解并不能完全确保译文的完全正确,因为常常在译文中选词不准确,也不可能准确地转达原文的语义。这一方面的语义误译有可能是译者在同一语义场内的若干词语中做选择时,没有理清这些词语之间的聚合关系,对近义词和同义词识别不清；对上义词和下义词混用；没有注意到词汇之间的组合关系,从而使译文中词语搭配不符合常规。如：

① 2011 欧亚经济论坛日程

误译：Повестка дня ЕЭФ-2011

正译：Программа Евразийского экономического форума-2011

Повестка 多指党组织会议、委员会会议、工人组织会议的日程安排和会议的议题,而论坛日程则是指的是论坛活动的具体内容、程序、活动安排等。

② 2011 欧亚经济论坛文艺晚会

误译：Фестиваль искусств ЕЭФ-2011

正译：Литературно-художественный вечер ЕЭФ-2011（或 Концерт ЕЭФ-2011）

Фестиваль 指的是群众性的音乐、喜剧、杂技、影视等联欢节或汇演，而文艺晚会一定是在晚间举行的综合文艺演出活动，所以译成 литературно-художественный вечер 或 концерт 是比较合适的。

③ "畅游世园" 或参观考察活动

误译：Посещение Международной выставки садово-паркового искусства или другие деятельности

正译：Посещение Всемирной выставки садово-паркового искусства или другие мероприятия

Деятельность 一般概括地指人们所从事的某一方面的、某部门的活动、工作，在俄语中该词也不用复数，所以误译中选择该词是有偏失的；而 мероприятие 则常用复数，多指为实现一定目的而采取的一般是较大的步骤、办法或有组织的活动。

④ 丝绸之路博览会

误译：ЭКСПО Выставка "Шёлковый путь" / ЭКСПО Ярмарка "Шёлковый путь"

正译：ЭКСПО "Шёлковый путь"

ЭКСПО 源自于英语的 EXPO（exposition），是指世界性的博览会，而由于译者语义知识的欠缺或译事经验不足和方法使用不当，导致 ЭКСПО 与 выставка 或 ярмарка 语义重复。值得指出的是，该误译长期堂而皇之地出现在西安举办的丝绸之路博览会的各种宣传品、各种仪式背景文字中。丝博会名称的不规范的译文无疑会使国外参会政要和客商对博览会语言支持的严谨性和权威性产生质疑。

从以上的译例对比中不难看出，原文中某一词的意义，在译文中可能有几个同义或近义的表达手段。译者要辨明这些意义的细微区别，根据原文的上下文确定该词的意义，根据词义宽窄大小、深浅轻重，在译文的几个同义或近义结构中找到一个与原文语义最对等的 "最切近而又最自然" 表达形式。奈达先生说得好，"译者在语义上遇到的问题，主要不是由于同一单词有着不同的意义（如传统词典所示），而是由于不同的词会有着彼此相关的意义。也就是说，翻译问题主要产生于构成同一语义场的语义群。通过语义场的对比来使用词汇，可以使词汇之间的语义区别更加明确化，因为任何一个词的意义都主要是通过相关词项的意义才得以解释的。"（谭载喜，1999：21）如此看来，汉译俄时不能完全依赖汉俄词典，因为汉语词条的俄语释义一般会提供好几个同义词或近义词，译者必须依靠相关的语义群和整个语义场，对词项的意义关系做出分析。只有仔细琢磨、对比和分辨，方可做出最佳的选择。

3）违背约定俗成。在语言的发展过程中一些固定词组或某些事物名称由人们共同认定或共同习惯而形成的，所以在语言的转换过程中译者必须按照这些词语翻译特定的规则，按照约定俗成的表达法译出，不能想当然，自造译名。如：

① 主办单位

误译：Ведущие организаторы Форум

正译：Организаторы Форума

② 承办方

误译：Исполнительный организатор Форума

正译：Устроитель Форума

③ 茶歇

误译：Перерыв чая

正译：Кофе-брейк

④ 自助午餐

误译：Обед самообслуживания

正译：Обед（шведский стол）

⑤ 博鳌亚洲论坛

误译：Азиатский форум Боао

正译：Боаоский азиатский форум

⑥统一退房时间截至 11 月 18 日 14:00，延期费用自理。

误译：Единое время возвращения: перед 14:00 18-го ноября, после этого срока вы сами заплатите.

正译：Срок сдачи номеров: 18-го ноября（14:00）（或 Ваше пребывание в гостинице зарегистрировано до 18-го ноября（14:00）），дальнейшее пребывание в гостинице оплачивается из собственных средств.

⑦中国西部与中亚经济金融合作

误译：Финансовое и экономическое сотрудничество между западным Китаем и средней Азии

正译：Финансово-экономическое сотрудничество между западными регионами Китая и государствами Центральной Азии

⑧国家文物局

误译：Государственное управление по делам древних культурных памятников

正译：Государственное управление по охране древних памятников культуры

⑨西安气温属温带大陆性气候。

误译：Климат здесь относительно к муссонному климату умеренного и полувлажного пояса.

正译：Для города Сиань характерен умеренный континентальный муссонный климат.

通过以上正误译例的对比可以看出，一些误译是由于词语搭配的错误，虽然从表面上看译文没有语法错误，但是词和词之间的联系配合欠妥帖，不符合俄语的习惯。在俄语中"除了语法结构关系以外，决定一个词必须与某一个词搭配而不与另一个词义与之完全相同的词搭配的'理据'，则是惯例规范。搭配的定式化是社会的约定俗成的结果。"（刘宓庆，1990:122）。而另一些误译则是译者不了解词组约定俗成的表达方式来翻译，生编硬造。

值得注意的是，除了其他领域的固有说法以外，在会展业发展的过程中形成了与会展活动日程安排相关的一些约定俗成的表达法。而在会展指南误译中出现问题较多是译者不知道俄语中对应的与会展活动日程安排相关的一些约定俗成的表达法，自己望文生"译"，让读者不得其解。如：

⑩文化遗产保护与旅游发展分会

误译：Отдельное заседание по охране культурных памятников и туристическому промышленному развитию

正译：Секционное заседание по вопросу охраны культурных памятников и развития туризма

⑪中外地方官员联谊活动

误译：Обменивающие деятельности китайских и иностранных местных руководителей

正译：Дружеская встреча китайских и иностранных местных руководителей

⑫中国陕西—哈萨克斯坦投资合作恳谈会

误译 Инвестиционное и сотрудническое собрание Шэньси (Китай)-Казахстан

正译：Круглый стол по вопросам инвестиционного сотрудничества Шэньси（Китай）и Казахстана

以上二例中译者对"分会"和"恳谈会"的翻译均是望文生"译"，未按照俄语的约定俗成的表达方式译出，致使表达不到位。一般情况下大型的国际会展框架内举办的活动很多，有自己一套行业术语（固定表达法）。为了表达精确达意、不讲外行话，译者必须知晓这些行业术语（固定表达法）在俄语中对应的约定俗称的说法，如：代表接站和入住（заезд и размещение участников），胸牌（бейдж），论坛开幕式及参观展览（церемония открытия и осмотр выставки Форума），全体会议（пленарное заседание），高层论坛（форум на высшем уровне），主持人（модератор），发言人（спикеры или выступающие），推介会（презентация），交流会（встреча-семинар），展销会（выставка-продажа），见面会（встреча），新闻发布会（брифинг），商务日（торговый день），圆桌会议（круглый стол），对接会（биржа деловых контактов），说明会（презентация），商务餐（бизнес-ланч），签约仪式（церемония подписания соглашения），颁奖仪式（торжественная церемония вручения премии или торжественное награждение призёров），文化活动（культурная программа）等等。

4）语义流失。在翻译实践中另外一类语义误译就是由于译者在转换过程中疏忽大意或翻译方法使用不当，使原文的语义在转换过程中出现极大的偏失或完全流失，译文没有忠实表达原文的内容和交际意图。如：

①欢送晚宴
误译：Ужин самообслуживания
正译：Заключительный（или прощальный）ужин
例①中译者没有使用约定俗成的译文 заключительный（или прощальный）ужин，把"欢送晚餐"理解成了"自助晚餐"，自己还杜撰了译文 ужин самообслуживания，岂不知俄语中约定俗成的"自助晚餐"也应是 ужин（шведский стол），所以误译造成了原文语义的偏失，改变了原文的初衷。

②国际生态安全组织
误译：Международная организация сотрудничества по вопросам экономической безопасности
正译：Международная организация сотрудничества по вопросам экологической безопасности
我们知道 экономическая безопасность（经济安全）和 экологическая безопасность（生态安全）完全是不同的概念，译者混淆概念完全是由于不细心责任心缺失所致。

③大唐西市博物馆1层遗址展示大厅
误译1：Международный зал в музее западного рынка Датан
误译2：Международный выставочный зал музея Датан Сиши
正译：Музей развалин западного базара в столице династии Тан, 1-ый этаж, зал для показа развалин
例③中除了把"1层"和"遗址展示"信息遗漏掉，造成原文信息的流失外，误译1还把"大唐"音译为 Датан，误译2把"大唐西市"音译为 Датан Сиши，这两个音译均没有再现原文的语义。在翻译实践中一些地名、人名等不承载过多的语义信息，我们可以使用音译法译出，但是本例中的"大唐西市"有明确的所指意义，在本例中属于关键信息，所以我们认为此处不应采用音译法，而应采用意译法，把原文的地名所包含的所指意义传达出来——западный базар в столице династии Тан（唐朝都城之西部市场）。

④参观秦始皇兵马俑、华清池
误译：Посещение музея терракотового войска（"华清池"未译）
正译：Посещение Музея терракотовых фигур и тёплых источников Хуцинчи
举办午餐会、参观华清池都是论坛工作日程中确定的具体活动，译文中这些重大信息的遗漏会扰乱论坛的流程，也可能让外宾对论坛举办者的工作计划、工作的严谨产生质疑。

除了上述语义流失外，汉俄版本中论坛的具体活动安排时间也多处不统一，从而使原文和译文信息不一，论坛"指令"不统一，与会者的"动作"自然就没有章法。诚然，在翻译实践中为了实现一定的交际目的、达到一定的交际目的，允许译者使用一些转换手法，如减词法、加词法、转译法、引申法等，但是一切方法的使用必须以转达原文的内容为基础，不能失"信"

于原文，翻译方法的使用不能使原文的意义发生变化，否则会让交际产生误解，达不到应有的交际效果。

3．语用误译

按照俄罗斯翻译学家巴尔胡达罗夫的观点，语用意义指符号和使用该符号的人之间的关系。它包括交际过程的参与者对某些语言单位和言语产物的理解程度不同，以及参与交际的人根据自己的实际经验对它们做出不同的解释等方面的一切有关因素。（吴克礼，2006：352-353）在具体的交际过程中一些词语或结构表现出来的不一定是其字面意思，这时译者应谨慎对待，仔细揣摩，要在参照语境推理的基础上，合理地转达出原文的词语或结构的语用意义来。语用层面的错误常常是语言的外部形式掩盖了作者（说话人）的真实意图，引起言语作品的读者或听众的其他反应，进而产生对原文表述语用层面的错误理解，所以译者要深入了解原文语言文化、交际场景和交际条件等因素，要透过原文语言的外壳，去挖掘其背后所隐藏的真实含义和意图。如：

温馨提示：
1. 请每天开窗通风换气，保持屋内空气流通。
2. 如有发热症状或其他身体不适，请立即与会议服务中心联系。

误译：Тёплые советы
1.Откройте окно каждый день, сделайте циркуляцию воздуха пожалуйста.
2.Если у вас есть температуру или другие недомогании к центру обслуживания Форума пожалуйста.

正译：Полезные советы
1.Ежедневно необходимо открывать окно и проветривать помещение.
2.При повышении температуры и других признаках недомогания необходимо обратиться в сервисный центр.

抛开误译文在语义、语法、语体面的错误不说，在此着重分析一下译者是如何处理"温馨提示"的语用意义的。误译中译者只译出了句子的字面意思——тёплые советы（温暖的、热情的建议），可以看得出，译者忽视了交际的情境和交际的意图，其译文自然也就达不到原文的交际效果。汉语"温馨提示"其语用意义乃是"有益的建议"，与"热情和温暖"无关，所以我们就要把握住原文的交际目的，考虑到信息的具体接受者和具体的交际情景，为获得理想的交际效果进行必要的语用改译——полезные советы（有益的、善意的建议）。如此看来，"译者除了利用自己的语言知识获取句子本身的意义之外，还必须根据原文语境中提供的各种信息进行思辨、推理，找出原作者隐于明说之后的交际意图和语用用意，以形成自己对原作语篇意义的认知心理图示正确理解原义，进而考虑译文读者的需要，确定相应的翻译策略和译文形式。"（贾文波，2004：121）

4．语法误译

对原文语义的理解和表达与对原文语法关系的理解和表达是统一的过程，二者联系紧密，语义决定语法的内容，而语法则是词语内容的结构化。在翻译中准确的理解原文中的词义后，紧接着就是分析原文中句子、句群和段落的语法结构，翻译实践中对语义和语法的分析和理解往往必须同时进行，因为两者是相互影响的。完全可以这么说，原文的词义搞明白了，译文可能就正确了；原文的语法关系理清了，译文就有可能通顺。反之亦然，若对原文中词汇的语义把握准确，但原文中词汇之间的语法关系搞不明白，表达时词汇之间的语法关系的处理又不妥帖，产生的译文文理就不通，其结果使整个句子的意思晦涩难懂。语法的错误是在会展文本翻译过程中常见的一种错误。翻译时语法关系理解错了，或表达时语法关系处理不当，就会导致整个语义的变化。若译文语法上漏洞百出，怎么会准确地表达原文的意图和思想呢。如：

①乘火车或汽车抵达西安的代表请自行前往注册地点。
误译：Представитель, который прибыл в Сиане на поезде или автомобиле,

приезжайте сам в зарегистрированное место пожалуйста.

正译：Участники, прибывающие в г. Сиань автомобильным или железнодорожным транспортом, добираются до места регистрации самостоятельно.

整个译文从语体上讲与原文就不对等，译文口语色彩太浓。而语法层面的问题也不少，其中有 представитель（代表）应该用复数；Сиань（西安）表目的地，应用第四格，不应用第六格；"注册地点"译为 зарегистрированное место，其中被动形动词的使用不但使译文搭配不符合表达习惯，而且原意也发生了改变。

②……省市政府邀请的外地嘉宾、赞助商、外交部邀请的仅参加开幕式的中外嘉宾、关中—天水经济区城市市长及随员、部分投资环境说明及项目对接会嘉宾。

误译：...Гости из других провинций, приглашённые провинциальные и городские власти Спонсоры, Приглашённые внутренние и иностранные гости Министерство иностранных дел, присутствующие только на церемонии открытия, мэры и сопровождающие городов в экономическом зоне Ганьчжун-Тяньшуй Частные гости, присутствующие на презентации об инвестиционной среде и переговоры о проектах.

正译：...Представители правительства городов и провинций, участвующие в Церемонии открытия ЕЭФ китайские и иностранные гости, мэры и сопровождающие их представители городов Экономической зоны Гуаньчжун-Тяньшуй, присутствующие на презентации инвестиционной среды и участвующие в бирже деловых контактов.

通过对比可见，误译中除了正字法错误以外还存在有：动作主体未使用第五格，使词和词之间的关系表达不明朗；词组中名词的性不统一；音译不准确；术语使用不地道等错误。正译中原文的个别修饰限定成分在译文中被舍弃，因为在交际场景中隐含着这些被舍弃的语法成分的意义和功能。若把这些语法成分都翻译出来，势必会使译文拖沓冗长，不符合指南性文本的简洁明了之要求。"在翻译过程中，译者的任务之一是调整变换源语中的冗余成分，须用适当的目的语的表达。之所以要这样做，从浅层意义上说，是遣词造句、习惯用法等语言差异的需要；从深层意义上说，是思维习惯、审美情趣、心理定势等文化差异造成的。"（文军，2006：180）

③海关和商业界的合作

误译：Сотрудничество между таможней и деловом кругом

正译：Взаимодействие таможни с деловыми кругами

通过对比可见，正译中避免了误译中出现的变格失误和名词的数的使用不当的问题。

④所有会议提供同声传译服务。

误译：На всех заседаниях предоставляем синхронные переводы.

正译：На всех заседаниях предоставляется синхронный перевод.

误译中除了名词的数使用不当外，另一个不妥之处就在于使用动词第一人称复数。本句表示会议主办方的义务，行文近于事务性语体，所以不宜出现第一人称。而在正译中动词用第三人称和带 -ся 动词表被动之意，符合俄语事务性语体之词法要求。

另外一类语法误译已不是单个词转化过程中的语法失误问题，而是更高层次的问题——句法结构的误译。汉语和俄语分属不同的语言系统，其句法结构也不尽相同，各具有其特点。翻译时译者要了解两种语言的句法结构之差异，要熟悉两种语言中各自句法结构的表现手段。汉俄两种语言句子建构的不同法则对汉俄转译造成很大的影响，译者应相应地采取不同的翻译策略进行句法结构的转换。"有些翻译任务要求译者必须原封不动地复制原文的常规，而有些则要求译者按照译语文化标准进行调整"（Christiane Nord，2005：74），避免把原文的句法结构机械地复制在译文中，使译文生硬牵强、佶屈聱牙，所以译者要根据译文表达习惯和特点对原文的句子结构进行改变和调整。如：

⑤注册报到（陕西宾馆12号楼1层大堂及分会场）

误译：Прибытие и Регистрация（Зал на первом этаже здания номера 12 Отели Шэньси и Зал отдельного заседания）

正译：Регистрация участников Форума（Гостиница Шэньси, корпус 12, 1-ый этаж, холл; залы заседаний）

⑥西安凯宾斯基酒店国际会议展览中心1层亚洲厅

误译：Зал Азии на первом этаже международного центра конференции Kempinski Hotel

正译：Гостиница Кемпински（Kempinski Hotel）, 1-ый этаж, Международный конференц-центр, Азиатский зал

从例⑤、例⑥可以看出，误译出现的问题主要是词序问题，俄语中用来表示地址的句子的次序应是由大到小依次排列，而误译中把最小的地点放在句首，其后用一连串的非一致定语来连接和限定所修饰的词，不但违背了俄语表示地址类句子的语法规范，而且使表述繁琐、语意不清。

⑦省市主要领导在凯宾斯基酒店门口迎接国家领导人

误译：Главы провинции и города встречают национальных лидеров у входа отеля Кемпински

正译：Церемония приветствия национальных лидеров главами провинции и города（Вход отеля "Кемпински"）

⑧陕西省、西安市领导宴请上海合作组织国家驻华使节

误译：Провинциальные и городские руководители устраивают торжественный обед и приглашают послов посольств членов-государств ШОС.

正译：Приветственный банкет от имени руководителей провинции и города в честь приезда представителей посольств членов-государств ШОС

会展指南文本中不但术语要前后保持一致，而且表述方式也应前后统一。汉语会展指南文本中对活动安排的表述多用完全句，而在俄语会展指南中对有关活动安排内容的表述常用名词化结构。误译中使用包含谓语在内的完全句，不但不符合常规，而且也使俄语会展指南中有关活动安排表述的整体行文风格不统一。

⑨参会代表抵达西安咸阳国际机场后，将由接待人员统一安排乘车前往陕西宾馆、西安凯宾斯基酒店几个分会场报到注册。

误译：При прибытии в международный аэропорт Сианя, вам помогут приёмщики при посадке в автобус, регистрации и размещении в отеле Шэньси, Kempinski Hotel или другие место отдельных заседаний.

正译：По прибытию в Международный аэропорт Сяньян г. Сиань участников форума встретят и направят в гостиницы "Шэньси", "Кемпински" и другие отделения регистрации гостей.

⑩所有时间列表、演讲人及场地安排，均以本日程印刷时所确认的情况为依据。之后变动在所难免，以会场当时情况为准。请注意会场内或服务中心/酒店大堂的通知。

误译：Все расписания, выступающие и места опираются на окончательное положение в печати повестки дня. После этого изменение будет неизбежным, надо опираться на положение заседания в тот же день. Обратите внимание на заявления в заседаниях, центре услуги, зале отели.

正译：Порядок, время и место проведения мероприятий и все выступления строго соответствуют данной программе. В случае необходимости все изменения утверждаются на текущем заседании. Следите за информацией в зале заседаний, сервисном центре и в зале гостиницы.

汉俄语言的差异同样也体现在句法层面上。通过对例⑨、例⑩的对比可以看出，误译中除了选词失误以外，误译机械地复制原文的句法结构，按照汉语的字面意思和词序结构在转换时对号入座，生搬硬套，望文生句，致使出现典型的中式俄语。这样一来，译文既不"通达、明畅"，其意思表达也不太明朗。而正译中译者充分地考虑到俄语读者的思维习惯和阅读心理，在不改变原文语义的基础上把握住构成句子各成分之间的逻辑联系的特点和交际切分，摆脱汉语原文句子层次和结构的限制和束缚，依照俄语的叙事习惯和上下句逻辑关系重新组合句子，从而使译文句法更规范，行文更流畅，意脉更加畅通。

5．语体误译

不同的语体材料适用范围不同、特征各异，对翻译的要求也就不尽相同，"从某种意义上说，我们可以把这些语体比做一个人在不同场合下为不同目的而穿的各种不同的衣服。……同样，在语言表达中，我们对同一语言信息可以用不同的词语来装饰，以代表各种互不相同的语体。"（谭载喜，1999:226）翻译是一个分析、判断、选择、变通、转换的过程。译者在翻译时既要分辨原文的意图和题材，原文采用的是什么语体，又要遵守译文语言的相应的体裁规范，语言之间的转换不能不考虑语体因素。译文在语义等值、语用等同、语法规范的前提下，译文得体则是一个更高的要求，语体对等的译文更易于读者或听众理解信息，更容易达到原文的交际目的和交际效果。汉俄两种语言的结构和行文风格相差太大，各自功能语体的规范也不尽相同，译者若不顾及这些因素，就会使译文语体不对等，进而也就达不到理想的交际效果。如：

①着装：参加会议和宴请时，请着正装。

误译：Одежда: Во время присутствия конференции и банкета, носите официальную одежду пожалуйста.

正译：Одежда: Во время заседаний и банкета необходимо соблюдать официальную форму одежды.

②在会议、宴请期间请关闭移动电话和其他电子设备，或将其设定为静音状态。请勿在会场内吸烟。

误译：Отключите мобильные телефоны и другие электронные приборы, или поставьте их в беззвучный режим в ходе заседания и банкетов. Курение внутри запрещено.

正译：Во время заседаний и банкетов просьба выключить или поставить в режим без звука мобильные телефоны и другое электронное оборудование. Просьба в помещениях не курить.

③会议期间，请您佩戴证件出入会议驻地、会场和各种活动场所，在指定地点用餐、乘坐大会统一安排的车辆。证件如有丢失和损坏，请立即联系论坛服务中心。

有关部门将会在会议现场设立安检门，请配合和安检工作。

误译：В период форума, пожалуйста, носите свои документы в заседаниях и разных местах. Поужинайте в указанное место, и сидите на автомобили предлагающие форума. Если вы потеряли или сломали документы, пожалуйста, сделать задним числом в центре обслуживания форума.

Заинтересованные отделы безопасности будут устанавливать предохранительные двери, согласуйте работы безопасности пожалуйста.

正译：В период форума необходимо иметь при себе документы при входе в помещение форума, и при участии в различных мероприятиях. Необходимо обедать в установленных программой местах, размещаться в транспорте согласно программе. В случае утери или порчи документов необходимо связаться с сервисным центром.

Ответственные отделы безопасности установят защитные двери, через которые проводится пропуск гостей форума.

可以看得出，误译的错误从整体上并没有破坏原文意义的表达，但是该译文偏离了译文语言的语体规范。众所周知，"翻译——两种语言代码的转换——过程中，必然要重视相应的文体特征。翻译不可能脱离文体。实际上，得体与否正是译品高下的重要尺度之一。"（方梦之，2002:166）从微观角度讲，以上的译例多多少少存在一定的语义、语法等方面的不足；从宏观上讲以上译例的不足就在于原文与译文在语体上不对等，在误译中最明显的问题就在于行文体式口语化太强，与文本使用的环境不相符。同样的道理是，一个译者若穿着背心、短裤、拖鞋去赴正式宴会或参加音乐会，那么在此类交际环境中其仪表行为有失大"雅"。

会展指南类文本属于信息型文本，其中也包含一些指令性的内容，这类文本服务于自己的特定读者群，所以其行文措辞也要适应于读者群常用的语体规范——在一定程度上行文近乎于公文事务性（公文）语体。因此翻译时要明确自己的翻译目的，心中要有自己的服务对象。译文要力求用语严谨，语言流畅、行文层次分明、语体格调相宜，最终达到信息表达准确、指南效果到位。否则，译者若不了解译文语言中会展指南文本的表述形式和语体特征，在转达时机械地复制原文的表述形式，那么所产生的译文就会有悖于译文的语体规范，使会展指南译文所传递的信息在一定程度上失去权威性，达不到应有的交际效果。

在翻译会展指南类文本时，为了达到"信、达、雅"，为了避免语义、语用、语法、语体等方面的失误，译者必须做到："一、首先要抓住对原文的透彻理解；二、译者必须注意汉语语体（刘宓庆先生在此强调英译汉时要研究译语〈汉语〉语体，而本节研究的是汉译俄，所以译者要注意的是汉俄语体对等——笔者注）；三、必须注意研究该材料所涉及的专业内容、了解专业词汇和术语的涵义；最好具有有关专业的必要知识；四、必须注意形式问题，包括公文程式、格式、体例等等；五、译文所用词语应严格遵守'一贯性（consistency）'的原则，在同一篇或同一类材料中不应一词数译，莫衷一是，造成概念混乱"。（刘宓庆，1998:185-187）

第三节　对外宣传误译之文化视角评析

当今社会经济技术趋于全球化、一体化，国际冲突、经济技术合作中矛盾的根源在很大程度上是文化的冲突和碰撞，与此同时文化的传播或渗透是无孔不入，无所不包。文化是一个国家软实力的核心内容，文化的对外传播在当今社会具有非常重要的意义。习近平指出，提高国家文化软实力，要努力展示中华文化独特魅力。在5000多年文明发展进程中，中华民族创造了博大精深的灿烂文化，要使中华民族最基本的文化基因与当代文化相适应、与现代社会相协调，以人们喜闻乐见、具有广泛参与性的方式推广开来，把跨越时空、超越国度、富有永恒魅力、具有当代价值的文化精神弘扬起来，把继承传统优秀文化又弘扬时代精神、立足本国又面向世界的当代中国文化创新成果传播出去。（习近平，2014）在对外文化交流的过程中，"我们不仅要继续吸收借鉴先进的文化成果，更要注重对外传播中华文化，增强中华文化国际影响力，实现中国文化与世界文化和谐共生、共同繁荣。在这样的过程中，翻译工作发挥着跨语言、跨文化传播，沟通交流作用，不仅是决定文化传播效果的直接因素和基础条件，也是衡量一个国家国际传播能力和文化软实力的重要指标。"（王晨，2012）而为了"使中国文化更大规模地'走出去'，除机制、体制建设及其他方面的措施外，翻译工作是其中一个重要环节和条件。因此，更完整、系统、准确、深入地向世界说明中国，真正实现中国文化与世界文化的汇通与融合，这是时代的一个重大命题，也是翻译工作者所应承担的社会责任和历史使命。是机遇，更是挑战。"（蔡武，2007）可以看出，国家层面非常重视外宣翻译在对外传播中国文化、增强中国的软实力方面的作用。较之国家层面的外宣材料，地区层面的外宣材料的内容政治性、思想性、意识形态类的成分要更少一些，文化性、经济性和科技性的内容会多一些。可以说，愈是地区的外宣材料，其文化特征就愈鲜明一些、愈丰富一些，因此如何处理地方外宣文本中文化成分的转换是译者所面对的一项艰巨任务。

1. 文化与外宣翻译

翻译理论家尤金·奈达强调，"对于真正成功的翻译而言，熟悉两种文化甚至比掌握两种语言更重要,因为词语只有在其作用的文化背景中才有意义。"(郭建中,2000:320)王佐良先生也提醒译者要注意翻译时的文化差异问题,因为从表面上看"他(指译者)处理的是个别的词,他面对的则是两大片文化要处理,而在处理小文化的过程中,面对的则是两片大文化。这两大片文化一片是源语文本所包含、所反映的文化及其植根于其中的特定文化,另一片文化就是译者所属的特定文化,这就是我们所说的大文化。"(王佐良,1997:85)由此看来,文化与外宣翻译关系紧密,译者要具有跨文化交际的意识,要善于使用各种变通的手段,跨越语言和文化因素筑起的鸿沟,实现跨语言和跨文化的转换,达到外宣翻译的目的。

2. 地区外宣翻译的文化视角评析

中国和俄语国家两国所处地理位置不同,就有不同的自然环境,两个民族的繁衍生息、经济发展、历史变迁、宗教信仰也各有不同,在长期的发展中也就形成了各自不同的文化。文化包含的面非常广:不同的民族各自所处的不同的自然环境及生活中的各种实物;人们不同的社会生活方式、行为方式、风俗习惯;人们不同的语言文字、思维方式、价值观念、审美取向、道德规范、宗教信仰等等。地区层面的外宣材料的内容主要包括政治、文化、经济、科技等内容。前文已经讲过,地区层面的外宣材料的政治性、思想性不太强。随着经济和技术的全球化,外宣材料中经济和技术方面的翻译相对而言要容易操作,而文化因素的处理方面所出现的问题就比较多,文化因素的转换常常要难于语言的转换,因为"在一种文化里有一种不言而喻的东西,在另一种文化里却要花费很大力气加以解释"。(王佐良,1997:7)有时候在外宣翻译时,有些具有文化意识的译者如果缺乏应有的跨文化的转换能力,虽说他也挖空心思、头晕眼花、筋疲力尽,但是最后还是无法准确地、有效地传递汉语的文化内涵。而一个缺乏文化意识的译者或者不关注汉语宣传文本中的文化因素,或者没有能力辨析汉俄语言和文化的差异,很容易会使文化成分在转换过程中完全失真,甚至有时会造成误解,引起文化冲突,给外宣活动带来损失。外宣翻译中的文化差异问题是译者必须面对的,译者对文化因素处理的成功与否,会影响到一个地区的形象和地区宣传的效果,会关系到一个地区对外文化交流和经济技术合作。本节我们将从自然环境、历史变迁、民俗、宗教、信仰、政策法规、价值观、思维习惯等几个方面来探究文化因素给地区外宣翻译所造成的影响,评析译者在处理以上文化因素时所使用方法的得失。

1)自然环境。俗话说,"一方水土养一方人",一个国家、一个地区文化现象的产生、发展、变化就是在人们不断适应、改变、利用自然的过程中形成的。不同民族生活的地域不同、地理环境不同,这片地域和地理环境的气候、地形、地貌、土壤、水源、人种特征、生物资源以及与之相关的生产生活方式、社会结构、风俗习惯等自然背景和社会背景也会差异明显。而这些因素自然而然也就渗透和映射于一个国家的语言中,地区的外宣材料也不可避免会出现这些地域性的因素。如:

① 自古名城伴名山胜水,西安自然风光秀美壮丽更令人赞叹!秦岭、骊山、华山、太白山,山山有景;黄河、渭水、灞河——古称"八水绕长安"。

С древних времён считается, что знаменитый город известен живописными горами и реками. Природа в Сиане прекрасная и великолепная, Какое восхищение вызывают прекрасные природные пейзажи Сияня! Хребет Циньлин, горы Лишань, Хуашань, Тайбайшань – одна красивее другой. Реки Хуанхэ, Вэйхэ, Бахэ в древности именовали "реками, протекающими в г. Чанъань (название г. Сиань до 14 в.)".

通过对比我们可以发现,汉语原文中几个表示自然环境的山水名称译者均用音译法译出,保留了外宣传文本的地域色彩和文化色彩。"八水绕长安"中的"长安"音译为 Чанъань 并在文中加注"Чанъань – название г. Сиань до 14 в.(14 世纪前西安的城市名称)",因为地区外宣材料的篇幅一般都不太长,所以过多地在文中添加注释会影响到译文的流畅和可读性。

② 西安这座依山傍水的城市，自古至今"八水环绕"，有"天府""陆海"之美称。

原译：Город Сиань, находящийся в подножье горы и воды, с давних времён называли "Опоясыванием Сианя восьмью реками", "Тяньфу", "Морем на суше".

改译：Город Сиань, находящийся рядом с горами и реками, с древних времён до настоящего времени "по территории города протекают восемь рек", и имеет прекрасные названия "Небесное царство" и "Город на воде".

原译中译者没有准确地理解汉语"水"的含义，"依山傍水"之水并非我们所说的无色、无味、无臭的液体，而是具体指河流，因而把此"水"译为вода是错误的。而对描述西安自然环境的"八水环绕""天府"的翻译也是错误的。"八水环绕"是指是渭、泾、沣、涝、潏、滈、浐、灞八条河流，它们在西安城四周穿流，这一自然景观古称"八水绕长安"。而原译Город Сиань... называли "Опоясыванием Сианя восьмью реками（西安被称为'八水环绕'）"有悖于原文的意义，八条河流并非全部环绕西安。"天府"音译为Тяньфу，俄语读者见此译文只能是一头雾水，因为译文把原文所包含的文化意义没有转达出来。我们知道，我国第一个被称为"天府之国"的地区是西安所处的关中平原，见于《史记》"此所谓金城千里，天府之国也"。现多指称以成都平原为中心的富庶之地。在四川省，秦太守李冰在成都建成了举世闻名、万代受益的都江堰，使成都"水旱从人，不知饥馑"，从此被誉为"天府之国"，所以宜改译为небесное царство或благословенный край。

2）**历史变迁**。我国是一个历史悠久、历经沧桑的文明古国。不同的地区有不同的历史积淀，记载着不同地区各自不同的过去，这些历史印痕和积淀物也就成为一个民族、一个地区文化的组成部分。人常说，三十年中国看深圳，两百年中国看上海，千年中国看北京，三千年中国看陕西。不难看出，陕西在中国历史文化中所占的位置，而这也常常成为陕西对外宣传中最喜欢炫耀的、最浓的一笔。如：

① 三千多年前的青铜时代——西周，开始在这片沃土上建都，秦始皇从这里横扫天下，统一六国；张骞从这里出使西域，开创举世闻名的丝绸之路；鉴真从这里东渡日本，传播中华文明。

Более трёх тысяч лет назад в бронзовый век династия Западная Чжоу (1027 до н. э. -770 до н. э.) основала столицу на этой плодородной земле. Именно отсюда император Цинь Шихуан (259-210 гг. до н. э.) начал завоевание Поднебесной и объединение шести царств. Отсюда Чжан Цянь (?-114 до н. э.) отправился с миссией в западные земли, а затем открыл известный всему миру "Великий Шёлковый путь". Отсюда буддийский монах Цзянь Чжэнь (688-763 гг.) отправился в Японию распространять китайскую культуру.

"西周""秦始皇""张骞""丝绸之路"和"鉴真"这些与陕西、与中国历史发展密切相关的历史事件及人物中国读者耳熟能详，自然就不会造成理解困难。而这些不同的时代、不同历史事件、不同的历史人物对于俄语国家的读者就不是那么简单了。外宣翻译时若不增添相关的文化背景知识，俄语读者是无法了解这些文化信息的重要性。而如果为了帮助俄语读者理解，在译文中对这些人名和朝代名称进行大量的注解，则会让俄语读者感到叙述不顺畅，译文臃肿冗长，不符合外宣文本简洁明了之特点。在本例中译者把这些文化色彩太浓的词采用不同的翻译方法译出，此外值得肯定的是译者还在朝代和人名后附加了年代的起止，仅凭这一点俄语读者就明白汉语原文中所述的人和事件的历史是何等之久远。

② 在中国历史上，最强盛时期的周、秦、汉、唐等13个王朝在此建都1100多年。在3100多年的历史长河里，西安的城市规模一代比一代宏伟壮丽，为邻国仿效。

原译：В истории Китая город служил столицей 13 императорским династиям, из которых были самые расцветающие династии Чжоу, Цинь, Хань, Тан. В течение 3100 лет размер города Сиань был грандиознее и величеннее в каждое поколение, что имитировали соседние страны.

改译: В реке истории Китая на протяжении 1100 лет 13 императорских династий, самыми сильными из которых были династии Чжоу (XI в. - 256 г. до н.э.), Цинь （221-206 до н. э.）, Хань （206-220 до н. э.） и Тан （618-907）, выбирали это место для своей столицы. Более чем за 3100-летнюю историю города территория Сианя постоянно увеличивалась и город становился все прекранее, и стал примером для соседних стран.

把两个译文进行对比可以发现，原译选词不准确、表述不地道，而改译选词准确、用语规范。此外，与原译相比，改译在朝代和人名后附加了年代说明，增添了更多的历史文化信息，更有助于俄语读者了解宣传的内容，从而达到宣传的目的。

3）民俗。人常说，"百里不同风，千里不共俗"。而汉俄两个民族在长期的历史发展过程中，由于自然条件和社会环境不同，形成各自不同的行为方式和生活方式，也就是我们所说的风俗习惯，主要表现在饮食、服饰、节庆、居住、礼节、婚姻、丧葬等各个方面。而民间艺术也属于一种文化现象，它源自于民俗，是民俗的重要组成部分。民间艺术的内容和形式大多受地区民俗活动或民俗心理的制约，如各地不同的音乐、舞蹈、造型艺术、工艺美术等。一个地区的风俗习惯更能反映该地区传统文化的深刻内涵，对带有异乡情调的民俗的宣传实质上就是在传播该地区社会生活习俗中所表现出来的民众的个性特征、价值尺度、思维方式、道德标准和审美观念。

① 到农家观光去，品尝雅洁的农家饭菜，领略纯朴的乡风民俗。看社火游演，观民俗歌舞，听高亢激昂秦腔，欣赏名满天下的户县农民画，如有兴趣时，也不妨拿起画笔，涂抹几笔浓艳的丹青。

Если поехать в деревню, то можно пробовать деревенскую еду, наслаждаться простыми местными нравами и обычаями, смотреть народные гулянья "Шэхо", любоваться народными песнями и танцами, слушать торжественную и проникновенную шэньсийскую оперу "Циньцян", любоваться всемирно известными крестьянскими рисунками уезда Хусянь. Если интересно, то можно рисовать своими руками.

农家游是我国一种新的旅游文化形式，而社火、秦腔、农民画则是陕西地方色彩鲜明的民俗和民间艺术形式。"农家游（поехать в деревню）"和"农民画（крестьянские рисунки）"译者采用意译方法译出，而"社火（народные гулянья 'Шэхо'）"和"秦腔（шэньсийская опера 'Циньцян'）"则采用意译加音译方法译出，展示了习俗和民间艺术的地域特色和文化内涵。

② 西安，是东方文化无与伦比的杰出代表。它像一部活的史书，记录着中华文化的历史进程，无论是写实艺术还是雕塑艺术，无论是书法艺术还是绘画艺术，无论是戏曲艺术还是唱腔艺术，无论是手工艺术还是民间绝艺，在这座城市里包罗万象。

原译: Сиань является непревзойдённым выдающимся представителем восточной культуры. Он как живая историческая книга, записывает исторический процесс китайской культуры. Реалистическое искусство или скульптура, искусство каллиграфии или живописи, искусство оперы и драмы или искусство оперного пения, искусство рукоделия или непревзойдённое мастерство в народе, все включены в этом городе.

改译: Сиань – это непревзойдённый выдающийся представитель Восточной культуры. Он как живая историческая книга, в которой записана история китайской культуры. В этом городе представлены реалистическое искусство и скульптура, каллиграфия и живопись, традиционная китайская музыкальная драма и искусство пения, декоративно-прикладное искусство и традиционное народное искусство.

原文中详尽地罗列了地区的各种民间艺术形式，如"写实艺术、雕塑艺术、书法艺术、绘画艺术、戏曲艺术、唱腔艺术、手工艺术、民间绝艺"等。这些民间艺术形式在这片沃土上孕育、发展、传承，历经几千年，是地区文化的重要组成部分。原译和改译在对原文意义的理解上并无大的差异，两个译文的差别之处在于改译中的术语使用更精准，句子各成分的限定指代关系更加明确，从而使整个句子语义表达清晰，句子各成分之间衔接更紧密，句子结构更符合俄语规范。

4）宗教信仰。宗教是一个民族文化的重要组成部分，是社会历史的产物，是一种意识现象，体现了一个民族的伦理观，因而宗教信仰也就成了一个民族传统文化的核心部分。不同的民族有不同的宗教。中国是一个多宗教的国家，有儒教、道教、佛教、伊斯兰教等，而俄语国家的宗教更是五花八门，而在俄罗斯作为基督教三大教派之一的东正教则是最大的和最有影响的宗教。宗教是一种社会历史现象，必然会在一个民族的语言中有所投影和映射，必然会在该民族语言中留下印痕，因此对一个民族宗教特质和精神的把握是理解一个民族文化的前提条件。

① 西安是宗教文化的圣地。中国佛教十大宗派中，（三论宗、成实宗、法相宗、俱舍宗、净土宗、华严宗、律宗、密宗）八宗的祖庭都在西安。

Сиань – священное место для религиозной культуры. Из 10 школ буддизма восемь брали свое начало именно в Сиане.

原文中的"圣地""十"和"八"之对比已经凸显西安在中国宗教（特别是在佛教）发展史上的重要地位。而宗教流派"三论宗、成实宗、法相宗、俱舍宗、净土宗、华严宗、律宗、密宗"是一些专业性比较强的宗教术语，对那些佛教知识不甚了解的俄语读者来说，这一大堆生疏的佛教术语在一定程度上只会增添他们的理解负荷，所以就没有必要把它们逐一译出，况且省掉这些术语而不译并未对原文语用意义的表达造成多大的损失。

② 一千二百多年的化觉巷清真寺是西安最大的伊斯兰教寺院，飞檐斗拱，琉璃瓦顶，中国古典建筑风格与伊斯兰宗教特色融为一体。

原译：Монастырь в переулке Хуацзюэсян был построен более тысячи двухсот лет тому назад, он является самым большим монастырём в Сиане. Здесь можно увидеть загибающийся кверху карниз, консоль, глазурованную черепицу. Здесь переплетаются китайский классический стиль архитектуры и мусульманский стиль сооружения.

改译：Мечеть на улице Хуацзюэсян была построена более тысячи двухсот лет тому назад, она является самой большой мечетью в Сиане. Здесь можно увидеть загибающийся кверху карниз, консоль, глазурованную черепицу. Здесь особый дизайн смешанной архитектуры – традиционный китайский и мусульманский стили.

不同的宗教就有不同的宗教表现形式，如有各自不同的教义、信条、戒律、神话等，不同的礼拜、祈祷、冥思、布施、讲经等，不同的教堂、教派、寺院组织、宗教节日等。翻译时要考虑到这些宗教的特点，选词时要考到宗教差异，选词要准确，不能含混不清。原译中把伊斯兰教的"寺院（**мечеть**）"译为佛教的"寺院（**монастырь**）"，原因是译者宗教概念不清楚，张冠李戴所致。

5）政策法规。一个国家的政治制度、政策、法规是一种社会观念和意识形态，是上层建筑的组成部分，是一个国家发展到一定历史阶段的产物，有其坚实的历史渊源和文化基础。虽说地区对外宣传文本的政治性、思想性不太强，但多多少少会有一些国家的政策、地方的法规方面的信息，以此来表明地方政府经济发展的目标和大方向，这常常也是国外合作伙伴所关心的，因为国家政策的支持、地方法规的保证更有利于未来合作的顺利进行。

① 西安是青春的城，在西部大开发锣鼓号角声中，如展翅腾飞万里的大鹏！

Сиань – молодеющий город, он находится в пору активного развития. В бурном развитии и освоении Западных районов страны он, как огромная птица, расправляет свои крылья и стремительно взмывает ввысь.

西部大开发是我国经济发展的重大战略决策，旨在促进各民族共同发展和富裕的重要举措，是保障边疆巩固和国家安全的必要措施。西部大开发是我国经济发展到一定阶段的产物，有其历史背景和现实意义。西安在对外宣传中也宣称自己是"西部大开发的桥头堡"，以此来强调自己在西部大开发中的战略地位。译文"развитие и освоение западных районов страны"准确无误地把"西部大开发"的意思表达出来，而译文"как огромная птица, расправляет свои крылья и стремительно взмывает ввысь"与原文"如展翅腾飞万里的大鹏"的形象、意义和功能完全对等。

② 为此，西安把建设和谐的城市交通作为构建和谐社会的重要部分，科学规划，合理发展，规范管理，在推进城市交通可持续发展的同时，不断增强城市交通的辐射功能。

原译：И поэтому город Сиань принадлежал построение гармоничного городского транспорта к важной части построения гармоничного общества. Научно планировать, рационально развивать, критеро управлять, наряду с устойчивым развитием городского транспорта, увеличивают городскую функцию переноса.

改译：…поэтому важной частью в построении гармоничного общества является строительство гармоничного городского транспорта, научное планирование, целесообразное развитие, правильное управление по мере продвижения устойчивого развития городского транспорта непрерывно усиливают и укрепляют радиальные возможности городского транспорта.

原文中包含的"和谐社会（гармоничное общество）""科学发展观（научная концепция развития）"和"可持续发展（устойчивое развитие）"是我国经济社会发展过程中根据现实情况所提出的治国和发展经济的新理念和新愿望，是全民族在现阶段的思想模式、行为趋向、价值选择。这些新理念的提出都是基于历史文化基础和现实背景的，比如拿"和谐社会"来说，崇尚和谐是中国传统文化的基本精神之一，是中国古代社会最重要的社会理念和政治理念。和谐精神具有丰富的思想内涵，是中国传统文化中最基本的核心理念之一。崇尚和谐贯穿于中华民族整个历史发展的全过程，成为中国古代社会调整人与人、人与社会之间（乃至民族、国家之间）关系，人与自然之间关系的重要准则。对一个国家和地区的政策法规的对外宣传本身就是一个思想宣传和文化宣传，译者的责任就是要吃透这些政策法规的真实含义，不管是采用直译还是意译，要准确无误地向国外读者传达原文中我国政治经济政策中的新概念、新理念的含义，激发俄语读者对我国政策法规的兴趣，从而达到宣传之目的。原译和改译对原文中这些新理念的理解都没有出现问题，只是改译的词语搭配更精准，句法结构更加清晰，表述从整体上讲更加符合俄语行文规范。

6）**价值观**。价值观是指一个社会群体对周围的客观事物（包括人、事、物）的意义、重要性的总评价和总看法，是一社会群体判断社会事务时依据的是非标准，是这个社会群体内遵循的行为准则。价值观属于精神文化层面的东西，价值观是一个民族精神文化系统中深层的、相对稳定的、起主导作用的成分。"人类社会发展的历史表明，对一个民族、一个国家来说，最持久、最深层的力量是全社会共同认可的核心价值观。核心价值观，承载着一个民族、一个国家的精神追求，体现着一个社会评判是非曲直的价值标准。"（习近平，2014）汉民族和俄语国家各民族分别处于不同的文化环境，他们的价值观有些是相近的，有些则差别比较大，比如对待同一种观念，这些不同的民族难免会出现褒贬不一的心态。人类社会所产生的不同国家、不同民族、不同文化间的矛盾和冲突，究其根源，往往是不同价值观念之间的矛盾和冲突，所以说价值观是跨文化交际的核心。在对外宣传中切勿把自己的价值观强加给译语读者，文化价值观的传播就像文化价值观的形成一样需要一定的历史过程。对外文化传播不能急于求成、暴风骤雨，要耐心细致，润物细无声。

① 西安周至楼观财富酒店西临财富文化景区，置于财富文化商业街最北端。

原译：Гостиница "Богатство" расположена в г. Сиань, уезде Чжоучжи, в районе Лоугуань, в северной части торговой улицы Богатство, примыкая с запада к культурно-ландшафтному парку "Богатство".

改译: Гостиница "Фортуна" расположена в селе Лоугуань уезда Чжоучжи г. Сиань, в северной части торговой улицы "Фортуна", примыкая с запада к культурно-ландшафтному парку "Фортуна".

对待金钱、财富的态度是一个民族价值观的一种表现形式。中华民族传统的价值观是极端抑制利欲，甚至发展到"君子不齿于利"的极致。然而，在世俗民间却有着非常势利的财富观，如民间拜年时的问候语"恭喜发财"、逢庙会烧香拜佛求财、民间家里供奉财神爷等习俗；谚语"有钱能使鬼推磨"，"人为财死，鸟为食亡"等等就是中国人重视财富、强调财富的极好佐证。而俄罗斯民族受东正教的影响，与中华民族有着不同的财富观。"俄罗斯传统财富观的基本内容：俄罗斯民族漠视财富，甚至鄙视世俗财富，重视精神道德追求；反对唯利是图的获取财富方式；追求平均、平等的财富分配。"（朱达秋，2011:95）俄罗斯民族的财富观直接体现在其谚语中，如：Грехов много, да и денег вволю（钱多罪孽多）；Бедность учит, а богатство портит（贫穷教人向上，财富使人堕落）；Богат, да крив; беден, да прям（富人心眼坏，穷人心直率）等等。

通过对比可以看出，原译忽视了俄汉民族对待金钱和财富态度的差异，一味地套用汉俄字典释义，把"财富"译为богатство。而改译则注意到这种差异，把"财富"改译为俄语中的拉丁语外来词 Фортуна（命运女神；幸运，好运，红运），况且在当今的俄语媒体中有关"财富论坛"的报道也多用 Фортуна-форум、Форум "Фортуна" 或直接使用英语单词 Форум FORTUNE，其目的就是为了迎合公众的心理，规避价值观差异带来的冲突和矛盾。

7）思维习惯。汉俄民族分属不同的文化群体，两个民族除了具有人类共同具有的思维规律外，由于各自的文化氛围不同而形成了各个民族的独具特色思考问题、认知世界的习惯和方法。思维习惯和方式的形成是一个历史的、社会文化的产物，它摆脱不了与该民族密切相关的生产方式、历史传统、哲学思想、语言文字等方方面面综合的影响。外宣翻译自然而然不仅仅是语言文字的转换，而且也是思维方式的变换。在外宣翻译时，若忽视原语民族和译入语民族思维的差异就会对翻译的准确性产生极大的影响，最终会影响到外宣的效果。因此在外宣翻译时，我们应充分重视文本转换中的思维因素，注意汉俄民族思维之间的相似与差异，不能用汉民族思维取代俄罗斯民族的思维习惯。

① 如果把五千年中华文明史看作一部连续剧，那么就有四千年在这里轰轰烈烈的演出；如果说中华文明是一棵参天大树，西安就是这棵大树虬龙盘曲的根系！

Если рассматривать историю пяти-тысячелетней китайской цивилизации как многосерийную драму, то грандиозные события четырёх тысяч лет происходили именно здесь. Если сравнивать китайскую цивилизацию с достигающим небес деревом, то Сиань можно считать его извивающейся как дракон корневой системой.

汉语外宣原文中使用了大量的形象类比法，用形象描绘客观事实，通过物体的形象来讲明道理，以此来增强叙述的表现了和感染力。原文中把中华文明史比作"连续剧、轰轰烈烈的演出、参天大树"，把西安比作"虬龙盘曲的根系"。从形象的描述中可以看得出传统中国文化的痕迹，是中国人形象思维发达的具体表现。古代的中国人重视形象，喜欢以事物的外部特点为根据展开想象，非常强调在思维认知过程中表象的作用，常常在认识事物的过程中用表象来代替抽象的概念，进行类比推理，以此喻彼，让读者或听众自己去感悟和体会。上面译例的译者紧紧把握汉语行文的特点，极力挖掘俄语表现力的潜能，从而使译文既表达了原文作者的用意，也使译文表达更自然，形象感更强，感染力更强。

② 西安，这座中国历史文化的首善之都，以世代传承的雍容儒雅、满腹经纶、博学智慧、大气恢弘，成为了中国历史的底片、中国文化的名片和中国精神的芯片。

原译: Сиань – наилучшая столица в истории и культуре Китая, стал негативом истории Китая, визитной карточкой культуры Китая и чипом китайского духа культурностью, эрудированностью, мудростью, великодушии из поколения в поколение.

改译：Являясь самой лучшей столицей в истории Китая, из поколения в поколение заимствуя из прошлого приветливость и изысканность, талантливость и эрудированность, знание и мудрость, безграничное величие, Сиань стал отражением истории Китая, визитной карточкой китайской культуры и основой китайской души.

汉语中有各种各样的成语（或四字词），其中许多都含有比喻、对比、形象和联想的成分。外宣文本中为了使行文鲜明生动，也会使用这类形象的词汇，况且"我国有许多读者喜欢华丽、抒情的文体。报纸、电台常发这类的通讯和特写……然而，对于外国读者，由于感情基础的差异，阅读习惯的不同，华丽辞藻一般只能减少传播的清晰和效果，甚至被视为空话和夸大宣传。"（段连城，1988：106-108）译者在翻译时要注意到汉语的这一特点，若在译语中找不到对等的成语，也可舍弃汉语的成语形式，尽力地把汉语成语所表达的意义传达出来。

不同的文化中表示同一形象的词汇可能会具有不同的联想意义。如果生搬硬套同一词汇、同一形象，就有可能让人费解或误解。这样一来不但达不到宣传的目的，还会产生相反的效果。原文中为了描述西安在中国历史中的地位，把西安比作"中国历史的底片、中国文化的名片和中国精神的芯片"。原译完全复制原文中的类比法，把"底片"译为негатив，把"名片"译为визитная карточка，把"芯片"译为чип，却不知除了визитная карточка（名片）在俄语中能产生同汉语中同样的联想和作用外，而негатив（负片、底片）和чип（芯片）仅仅具有指示意义，人们只把它们用做技术术语，即摄影的胶片和内含集成电路的硅片。另外，俄语的негатив（底片）在行话和土语中被用来指代"黑人"。若在俄语中机械的套用这些形象是难以转达汉语所要表达的语用意义和语用效果。改译准确地把握了汉语的用意，把"底片"译为отражение（影、像），把"名片"译为визитная карточка，把"芯片"译为основа（根基），较之原译，改译更好地表达了汉语的语用意义，并在一定程度成弥补了原译在形象转达方面的不足，况且改译在语言表达上比原译更加严谨、更加符合规范。所以在地区外宣翻译时"译者要从民族文化氛围的总体上研究形象及其所涵盖的寓意和效果，同时在翻译时还要考虑译文的形象是否与原作的整个文化氛围和文化特色相一致，是否与原作的风格效果一致，是否能够在译文读者心中产生与原文读者心中相近的艺术效果。"（张光明，2001：154-155）

③ 雄踞八百里秦川，南倚秦岭，北枕黄河，关山壮美，河岳灵秀，物宝天华，人杰地灵，千年古都，历史辉煌！

Город располагается на 400-километровой Гуаньчжунской равнине к северу от хребта Циньлин, на севере примыкая к Хуанхэ. Здесь величественные горы, прекрасные реки, плодотворная земля, обильные продукты. Здесь не место красит человека, а человек – место. Все это многотысячелетняя столица с блистающей и великолепной историей!

汉语原文的句首"雄踞""倚""枕"三个动词连用，按照空间顺序的逻辑事理形成流水句。虽然省略句子主语，但动作表达先后有序、脉络清楚。而"关山壮美，河岳灵秀，物宝天华，人杰地灵，千年古都，历史辉煌"等六个词组之间没有使用一个关联词，但是有一种隐性的逻辑关系，从而使各部分意义紧密相连。这个句子中体现了中国人典型的思维特点——重意合、重综合。中国人认识事物和处理事物时习惯于概括综合，从整体上把握，不强求于形式上的分析，置语法形式于"不言之中"。汉语语句在衔接形式上呈松散状态，依靠语义或语序隐性地表达衔接，需要读者依靠主观的直觉，从语句的上下文中"悟"出各成分之间的关系来。而俄语的语法结构有明显的形式标志，词、词组与句子的组合要受到严格的语法规则的限制。在谈到中西方民族思维方式的差异时，翻译家傅雷先生就曾经指出，"况东方人与西方人之思想方式有基本分歧，我人重综合，重归纳，重暗示，重含蓄；西方人则重分析，细微曲折，挖掘唯恐不尽，描写唯恐不周。"（罗新璋，1984：694-695）这就要求我们在翻译时要考虑到民族思维方式的差异，按照俄语的句法特点组织译文，该明确主语时就要指明，句子组合时需要前置词和连词的就要补充，在主句和从句组合时该加关联词的就要添加，这样的行文才能符合俄语读者的文化接受心理。

④ 东、西高新技术开发区，走在时代的前列；南、北经济开发产业园，为西安插上一双腾飞的翅膀！

　　Западные и восточные зоны освоения новых высоких технологий находятся в авангарде эпохи, южные и северные производственные парки экономического развития дают Сианю крылья для стремительного подъёма!

"在地区对外宣传材料中出了大量的文笔用于客观传播'信息'，讲述事实，以理服人，同时也会添加一些主观的评价，使用一些有表现力的修辞手段，以热忱来感动人。"（安新奎，2006:45）原文中前后两句除了使用拟人和比喻手法外，在内容和结构上形成一种对称、一种均衡美，在对客观信息的描述中把认知和情感融合在一起，文字整整齐齐、音韵浓郁、富于节奏、艺术性十足。中国人的这种均衡审美心态除了与汉民族认识世界的方式有关，另外也受到汉语结构均衡美的影响。汉语声调的平仄、汉语构词上的均衡和对称、汉语的五言和七律等诗词均体现着汉民族追求语言均衡的审美文化心理。虽说俄语也讲究音韵美，但是遣词造句更注重形合，形合的作用居首位，音韵和节奏居第二位。本例的译者在对这些修辞手段的转换中注意到俄汉语的差异，没有去盲目地复制汉语的修辞特征。虽说俄语译文不对称，失去汉语的均衡美，但是译者考虑到了译入语读者的接受能力，把意义的传达放在了首位。读者难于理解和接受译文，译文中所使用的任何修辞手段就毫无意义。

⑤ 数千年来，无数的文化瑰宝在这里世代相传，无数的民俗风情在这里独放异彩，无数的传统艺术在这里琳琅满目，古老又新兴、传统又现代、纯朴又时尚，在这座城市体现得淋漓尽致。

原译：На протяжении тысяч лет бесчисленные культурные сокровища передали от поколения до поколения, многочисленные замечательные народные нравы и обычаи и неотразимо прекрасные народные произведения искусства здесь были показаны. Старое но и новое, традиционное но и современное, искреннее но и модное, все эти черты выразили наиболее ярко.

改译：На протяжении нескольких тысячелетий несметное количество сокровищ культуры, которые существовали здесь, передавались из поколения в поколение; бесчисленные обычаи и традиции расцветали здесь во всём блеске и великолепии; здесь обилие и богатство произведений традиционного искусства, от них глаза просто разбегаются. Древность и развитие, традиция и современность, простота и изысканность проступают в этом городе во всех деталях.

四字词组是汉语中常见的一种语言现象，汉语的说话和写作中大量地使用四字词语（包括成语和非成语）。汉语的这一特点在本例（"文化瑰宝、世代相传、独放异彩、琳琅满目、淋漓尽致"）和前文中的例子中得到充分展现。汉语四字词结构对称工整、读起来音韵和谐，顺口悦耳，内容表达言简意赅，是一种具有极强感染力的修辞方式。改译较之原译在修辞手法表现方面更胜一筹，改译注意到原文在四字词使用方面的特点，同时又注意到汉俄两种语言在遣词造句方面的差异，在照顾俄语表达习惯和俄语国家人们思维习惯的前提下，译者尽力去挖掘俄语的潜力，使用了几个俄语的固定词组，这在一定程度上再现了原语作者的用意，同时又使译文平添一份文采和感染力。

地区对外宣传的文本中含有大量的文化元素，外宣翻译时文化语境发生了改变，对文化元素的转达就出现了各种各样的障碍，因此译者要善于发现两种文化的细微差异和各自特点，表达时要顾及译入语读者的文化背景和心理状态，要把握住原文的内容和宣传目的，根据译文的预期功能适时对翻译策略进行调整，用规范的译入语传达出最接近原文的信息，从而达到良好的宣传效果。

译文对比 1——会展宣传翻译
2013 欧亚经济论坛

为增进欧亚国家相互了解、推动区域经贸合作，以"深化务实合作 促进共同繁荣"为主题的 2013 欧亚经济论坛定于今年 9 月 26 日至 28 日在西安举办。

欧亚经济论坛是以上海合作组织国家为主体，面向广大欧亚地区的高层次、开放性国际会议。论坛发起于 2005 年，至今已成功举办四届，中国及欧亚相关国家领导人先后出席历届论坛并发表演讲。围绕金融、能源、文化、旅游、教育、生态、物流等领域，论坛开展了深入而富有成效的对话交流，在促进跨区域大项目合作、投资贸易便利化、实现区域共同发展等方面发挥了积极作用，已成为欧亚各国增进了解、扩大合作的重要平台。

2013 欧亚经济论坛由中华人民共和国国务院批准，外交部指导，环保部、商务部、文化部、海关总署、国家旅游局、国务院发展研究中心、国家能源局、国家外国专家局、中国贸促会、国家开发银行、中国进出口银行等国家部委与单位，以及上海合作组织秘书处、联合国开发计划署、欧亚经济共同体秘书处、国际欧亚科学院、国际生态安全组织等国际组织与陕西省人民政府共同主办，西安市人民政府承办。主要内容包括开幕式暨全体大会、平行分会、配套会议、专题活动等四大部分。其中，开幕式暨全体大会，国家政要将就地区经济发展与合作等重大议题发表演讲；平行分会包括金融合作、经济与成长、能源分会、文化分会、教育与人才、科技分会、旅游合作、欧亚生态安全等八大议题，政、商、学界代表将探讨特定领域合作交流，推动有关合作项目加快落实；配套会议为有关方面同期策划举办的专业性会议，包括全球可持续货币峰会、纳米科技大会、低碳地球峰会等，汇集相关领域专家学者就前沿热点议题进行探讨；欧亚大陆桥物流合作与现代服务业会议、中意文化与经贸发展论坛等专题活动，将为地方开展招商引资和项目对接搭建平台。包括中国国家领导人在内的欧亚相关国家政要、部长级官员、地方领导人、国际组织代表、大型企业负责人、知名专家学者约 1000 人将参加本届论坛。

原译： **Евразийский экономический форум -2013**

Для улучшения взаимопонимания между странами Евразии и продвижения регионального торгово-экономического сотрудничества, в городе Сиань Китая, с 26 по 28 сентября текущего года будет проведен Евразийский Экономический Форум 2013 с тематикой"Углубление делового сотрудничества, содействие общему процветанию".

ЕАЭФ это международный форум высокого уровня и открытого типа, созданный на основе государств ШОС, ориентированный на обширный Евразийский регион. Был основан в 2005 году, уже успешно проводилось четыре сессии, руководители Китая и других стран Евразии участвовали в прежних съездах форума, а так же выступали с речью. Форум развернули углубленные и продуктивные диалоги в таких сферах, как финансах, энергетике, культуре, туризме, образование, экологии, логистике и т.д., форум имеет большое значение в продвижении крупномасштабных региональных проектов, облегчении инвестирования торговли, реализации совместного регионального развития и т.д. Форум стал важной платформой в улучшении взаимопонимания стран Евразии и в расширении взаимовыгодного сотрудничества.

ЕАЭФ 2013 утвержден Госсоветом КНР и проведен под руководством МИДа. Форум будет организован государственными комитетами и ведомствами, международными организациями и народным правительством Шэньси: Министерство коммерции, Министерство культуры, Министерство охраны окружающей среды, Управление таможни, Управление по делам туризма, по делам энергетики, Исследовательский центр развития при Госсовете, Управление по делам иностранных специалистов, Торгово-промышленная палата, Банк развития, импортно-экспортный банк КНР, и Секретариат Евразийского экономического сообщества, Международный Евразийский институт, Международная организация экологической безопасности и т.д. Планируется проведение церемонии открытия и общее собрание, проведение восемь параллельных заседаний по финансовому сотрудничеству, развитию энергоресурсов, росту экономики, культурному наследию, просвещению талантов, научно-техническим инновациям, развитию туризма, охране окружающей среды и т.д. Добавлены комплексные специализированные заседания: Саммит всемирной устойчивой валюты, Собрание по вопросам нанотехнологий, Саммит по вопросам малоуглеродистой земли, и т.д. Также будут проведены мероприятия по специальным вопросам форума: собрание по вопросам современной сферы услуг и моста логистики между странами Евразии, форум культурного и торгово-экономического развития Китая и Италии и т.д. Около тысячи человек примут участие в данном форуме, это руководители государства КНР, политики министерского уровня Китая и других стран Евразии, местное правительство, представители международных организаций, ответственные лица крупномасштабных предприятий, известные ученые и специалисты и т.д.

改译: **Евразийский экономический форум-2013**

Для улучшения взаимопонимания между странами Евразии и продвижения регионального торгово-экономического сотрудничества в городе Сиань （КНР） с 26 по 28 сентября текущего года будет проведен Евразийский Экономический Форум-2013 на тему "Углубление делового сотрудничества, содействие общему процветанию".

ЕАЭФ – это международный форум высокого уровня и открытого типа, созданный на основе государств ШОС, ориентированный на обширный Евразийский регион. Форум учрежден в 2005 году, до настоящего времени успешно проведено четыре сессии, в которых участвовали и выступали руководители Китая и других стран Евразии. Форум развивает углубленный и продуктивный диалог в сфере финансов, энергетике, культуре, туризме, образовании, экологии, логистике и др., играет позитивную роль для продвижения сотрудничества в крупномасштабных региональных проектах, для инвестирования содействия развития торговли, для реализации совместного регионального развития и т.д. Форум стал важной платформой для улучшения взаимопонимания и расширения сотрудничества между стран Евразии.

ЕАЭФ-2013 учрежден Госсоветом КНР под руководством Министерства иностранных дел КНР. Форум совместно организован Народным правительством провинции Шэньси при участии Министерства охраны окружающей среды, Министерства торговли, Министерства культуры, Главного таможенного управления, Государственного управления по делам туризма, Исследовательского центра по вопросам развития при Госсовете, Государственного управления по делам энергетики, Государственного управления по делам иностранных специалистов, Китайского комитета содействия развитию международной торговли, Государственного банка развития Китая （ГБРК）, Экспортно-импортного банка КНР и других государственных министерств, ведомств и учреждений, а также Секретариата ШОС, Программы развития Организации Объединенных Наций （ПРООН）, Секретариата Евразийского экономического сообщества, Международной Евразийской Академией наук, Международной организации экологической безопасности и др. Устроителем Форума является Сианьское Народное правительство. Важнейшим содержанием Форума стали церемония открытия, общее собрание, параллельные заседания, комплексные конференции и специальные мероприятия. На церемонии открытия и общем собрании выступят с речью государственные деятели по основным вопросам регионального экономического развития и сотрудничества. Параллельные заседания по 8 пунктам, включающим финансовое сотрудничество, рост экономики, энергетику, культуру, образование и кадры, науку и технику, сотрудничество в сфере туризма, охрану окружающей среды, предполагают рассмотрение сотрудничества и обмена между представителями правительства, бизнеса и науки, продвижение соответствующих проектов сотрудничества. Одновременно намечена организация специализированных заседаний для заинтересованных сторон, включающих Всемирный саммит по вопросам устойчивой валюты, Собрание по вопросам нанотехнологий и Саммит по вопросам низкоуглеродистых технологий, которые объединят ученых и экспертов смежных областей и позволят обсудить актуальные темы. Также будут проведены мероприятия для создания платформы по привлечению местных инвестиций и проектов: Собрание по логистическому сотрудничеству и современным услугам в рамках Евразийского континентального моста. В данном форуме примут участие около тысячи человек, включая китайских государственных деятелей и политических деятелей других стран Евразии, политиков министерского уровня Китая и других стран Евразии, представителей министерств, местных руководителей, представителей международных организаций, ответственных лиц крупномасштабных предприятий, известных ученых и специалистов и т.д.

译文对比 2——旅游宣传翻译

西安大唐西市博物馆简介

西安大唐西市博物馆是建于丝绸之路东方起点唐长安城西市遗址之上，以反映丝绸之路文化和商业文化为主题的中国首座民营遗址类博物馆，占地20亩，建筑面积3.5万平方米，展览面积1.1万平方米，其中遗址保护面积0.25万平方米。馆藏文物两万余件，以西市遗址出土文物和博物馆创办人二十年来精藏文物为主，上起商周，下迄明清，跨越绵绵三千余载。精美神秘的青铜器，绚丽多彩的陶瓷器，千姿百态的陶俑，璀璨夺目的金银器，精美绝伦的丝绸，巧夺天工的玉器，还有大量的货币、墓志、宗教、建筑类文物充盈库藏，为精彩呈现的陈列展览奠定了坚实基础。

大唐西市博物馆的陈列分为基本陈列、专题展览、临时展览、特别展览，艺术空间五个部分，陈列展览体系完备，集历史、艺术、民俗、藏友收藏等内容为一体，常看常新；馆舍建筑造型独特、气势恢宏、功能齐备；周边环境优美高雅、舒适便利；参观服务项目多样，周到一流。先后被评为国家4A级旅游景区、文化产业示范基地、国家二级博物馆。

大唐西市博物馆是西安市重要的文化旅游项目之一，是观众了解隋唐丝路文化、商业文化，进行学习、交流、收藏活动的重要场所，是开展社会教育、是展示传播古都西安悠久历史文明的重要窗口。

原译： **Общие сведения о Музее развалин древнего Западного рынка столицы династии Тан**

Музей Западного рынка династии Тан, построенный на месте развалин древнего Западного рынка столицы династии Тан. Именно с места нахождения нынешнего музея тому назад брал свое начало древний Шелковый путь. Музей является первым частным музеем развалин в Китае, в котором главным образом представлены тематические выставки культуры и бизнеса на Шёлковом пути.

Общая площадь Музея – 1,33 гектаров, строительная площадь – 35 тысяч квадратных метров, выставочная площадь – 11 тысяч квадратных метров, к тому же, площадь охраны развалин – 2,5 тысячи квадратных метров.

В Музее собрано более 20 тысяч памятников культуры. Большинство из них было раскопано на месте развалин Западного рынка и собрано создателем Музея в течение 20 лет. Памятники культуры охватывают по времени огромный период (более 3 тысяч лет) – от династий Шан и Чжоу до династий Минь и Цин.

В Музее собраны изящные и таинственные бронзовые изделия, пёстрые керамики и фарфоры, многообразные керамические статуи, блестящие золотые и серебряные изделия, превосходные шёлковые изделия, чудесные изделия из нефрита; множество монет, надгробной надписи, религиозные памятники, архитектурные памятники, которые составляют основу разнообразных экспонатов Музея.

Выставки в Музее развалин древнего Западного рынка столицы династии Тан разделены на основную выставку, тематическую выставку, временную выставку, специализированную выставку, художественное пространство. В Музее благоустроенная выставочная система, в которой сочетаются исторические коллекции, художественные коллекции, фольклорные коллекции, и коллекции коллекторов, экспонаты часто обновляются. Стиль архитектуры Музея оригинальный и величественный. В Музее имеются все необходимые функции. Среда вокруг Музея прекрасная и уютная. Многообразный сервис в Музее на высоте. Музею были присвоены звания "Государственная туристическая зона категории 4А","Образцовая зона культурной индустрии","Государственный музей второго разряда".

Музей развалин древнего Западного рынка столицы династии Тан является одним из важных культурных и туристических объектов в г. Сиань, важным местом для ознакомления с культурой и бизнесом на Шёлковом пути в династиях Суй и Тан, важным местом для изучения, обмена и коллекционирования, важным окном для общественного воспитания и распространения давней истории и цивилизации древней столицы Сиань.

改译: **Сианьский музей древнего Западного рынка Танской династии**

Музей Западного рынка Танской династии построен на месте руин древнего Западного рынка столицы династии Тан, которое является самым восточным пунктом Великого Шелкового пути. Музей является первым частным музеем Китая, расположенном на бывшем местонахождении торгового города, основной темой которого стали культура Великого Шелкового пути и купеческая культура.

Общая площадь Музея – 1,33 гектаров, площадь застройки – 35000 м², выставочная площадь – 11000 м², из которых 2500 м² – площадь охраняемых руин.

В Музее собрано более 20 тысяч памятников культуры, большинство из которых обнаружено при раскопках на месте руин Западного рынка и собиралось создателем Музея в течение 20 лет. Представленные в музее экспонаты отражают развитие Китая на протяжении более чем 3 тысяч лет – от династий Шан и Чжоу до династий Мин и Цинн.

Основу блестящей коллекции музея составляют изящные и загадочные бронзовые изделия, необычайно красивая керамика и фарфор, многообразные керамические статуи, уникальные изделия из золота и серебра, бесподобные шелка, неповторимые изделия из нефрита, кроме того, представлены памятники материальной культуры: большое количество монет, погребальные эпитафии, культовые памятники и памятники архитектуры.

Основу блестящей коллекции музея составляют изящные и загадочные бронзовые изделия, необычайно красивая керамика, уникальные изделия из золота и серебра, бесподобные шелка, неповторимые изделия из нефрита, кроме того, представлены памятники материальной культуры: большое количество монет, погребальные эпитафии, культовые памятники и памятники архитектуры. Выставки в музее Западного торгового города Танской династии разделены на пять частей: основная выставка, тематическая выставка, временная выставка, специализированная выставка и художественное пространство. Существует завершенная система выставок и экспозиций, которая постоянно обновляется и объединяет в единое целое историю, искусство, народные обычаи и традиции и собрания частных коллекций. Музей построен в оригинальном стиле с большим размахом и величием, вокруг создана красивая и изысканная, уютная и комфортабельная атмосфера. В музее создано всеобъемлющее и первоклассное сервисное обслуживание, поэтому ему присвоены звания"Национальная туристическая зона категории 4А", "Образцовая зона индустрии культуры", "Государственный музей второй степени".

Сианьский музей Западного торгового города Танской династии является важным объектом культуры и туризма в г. Сиань, важным местом для знакомства с культурой и торговлей на Великом Шёлкьовом пути в период династий Суй и Тан, важной площадкой для проведения мероприятий по изучению, коммуникации и коллекционированию, важным фундаментом для общественного воспитания и распространения древней истории и культуры древней китайской столицы – города Сиань.

参考文献

1. Айзенкоп С.М., Багдасарова Л.В. и др., Учебное пособие по техническому переводу, Ростов-на-Дону, "Феникс", 1996.
2. Бреус Е.В., Основы теории и практики перевода с русского языка на английский язык, Москва, издательство УРАО, 2000.
3. Виноградов В.С., Введение в переводоведение, Москва, издательство ИОСО РАО, 2001.
4. Виноградов В.С., Перевод: Общие и лексические вопросы. Изд-во "КДУ",2006.
5. Казакова Т.А., практические основы перевода, Санкт-Петербург, "Издательство союз",2001.
6. Кожина М.Н.《俄语功能修辞学》，白春仁等译，北京：外语教学与研究出版社，1982。
7. Комиссаров В.Н., Современное переводоведение, издательство "ЭТС", Москва, 2001.
8. Латышев Л.К., Технология перевода, Москва, НВИ-ТЕЗАУРУС, 2001.
9. Макарова М.М., Бобковский Г.А.и др., Практический курс перевода научно-технической литературы, Москва, Военное издательство Министерства обороны СССР, 1965 .
10. Мирам Г.Э., Переводные картинки, Киев, Эльга Ника-Центр, 2001.
11. Стековский Г.М., Латышев Л.К., Научно-технический перевод, Москва, "Просвещение",1980.
12. Фёдоров А. В., Введение в теорию перевода. Изд-во "Литературы на иностранных языках", 1958.
13. Christiane Nord《译有所为——功能翻译理论阐释》，张美芳等译，外语教学与研究出版社，2005。
14. Hanvey, R. "Cross-cultural Awareness". In E. C. Smith and L. F. Luce Toward Internationalism: Readings in Cross-Cultural Communication. New York: Newbury House, 1979.
15. Nida, Eugene. Language, Culture, and Translating. Shanghai: Shanghai foreign Languages Education Press.1993.
16. Newmark. P.A. A Textbook of translation, New York: Prentice Hall, 1988.
17. Pol. Engle, H.N.Engle, Forword to Writing from the World: II. Lowa City: International Books and the University of Lowa Press. 1985.
18. 安新奎："语体与对外广告宣传的翻译"，《外国语言与文学研究》，2000（1）。
19. 安新奎："试论企业及产品广告材料的汉译俄"，《西安外国语学院学报》，2000（2）。
20. 安新奎："广告宣传与语言文化"，《俄语学习》，2000（5）。
21. 安新奎："翻译教学与学生创造性思维能力的培养"，《西安外国语学院学报》，2001（2）。
22. 安新奎："口译的预测机制管窥"，《中国科技翻译》，2001（3）。
23. 安新奎："跨文化交际冲突与翻译之策略"，《语言与翻译》，2004（1）。
24. 安新奎："论口译记忆"，《中国科技翻译》，2004（4）。
25. 安新奎：《口译实践教程》，陕西人民出版社，2005。
26. 安新奎："地区对外宣传材料的翻译"，《西安外国语学院学报》，2006（1）。
27. 安新奎："信、达、雅"与科技翻译，《外语教学》，2006（4）。
28. 安新奎：《科技翻译理论及实务研究》，陕西人民出版社，2006。
29. 安新奎："求职简历的书写"，《俄语学习》，2008（2）。
30. 安新奎："翻译课教学改革——复合型人才培养的切入点"，《教育"质量工程"与教学研究》（论文集），陕西旅游出版社，2008。

120.《中华人民共和国专利法实施细则》http://www.sipo.gov.cn/zcfg/flfg/zl/fljxzfg/201001/t20100122_488461.html
121. 周杰:"互联网搜索引擎辅助翻译研究",《外语电化教学》,2007(5)。
122. 周仪、罗平:《翻译与批评》,湖北教育出版社,1999。
123. 周煦良:"翻译三论",《翻译通讯》,1982(6)。
124. 朱纯:《外语教学心理学》,上海外语教育出版社,1994。
125. 朱达秋:"从俄语谚语俗语看俄罗斯人的传统财富观",《外国语文》,2011(2)。
126. 朱星:《汉语语法学的若干问题》,河北人民出版社,1979。
127.《专利审查指南》http://www.chinalaw.gov.cn/article/fgkd/xfg/gwybmgz/201004/20100400253035.shtml